普通高等教育本科规划教材

地面载运工具导论

张三川　李　霞　王婷婷　张伟伟　编著

郑州大学出版社

内容提要

全书共分 8 章,内容包括绪论、轮轨接触几何、轨道机车车辆、车辆地面力学、车辆构型原理、履带式车辆、轮式专用车辆和工程施工机械。本书可作为高等学校车辆工程专业或机械类车辆专业模块的教材,也可供其他相关专业师生参考。

图书在版编目(CIP)数据

地面载运工具导论 / 张三川等编著. — 郑州 : 郑州大学出版社, 2021.9
ISBN 978-7-5645-7379-9

Ⅰ. ①地…　Ⅱ. ①张…　Ⅲ. ①工程车-高等学校-教材　Ⅳ. ①U469.6

中国版本图书馆 CIP 数据核字(2020)第 204270 号

地面载运工具导论
DIMIAN ZAIYUN GONGJU DAOLUN

策划编辑	祁小冬	封面设计	苏永生
责任编辑	李　蕊	版式设计	凌　青
责任校对	杨飞飞	责任监制	凌　青　李瑞卿

出版发行	郑州大学出版社有限公司(http://www.zzup.cn)
地　　址	郑州市大学路 40 号(450052)
出 版 人	孙保营
发行电话	0371-66966070
经　　销	全国新华书店
印　　刷	郑州宁昌印务有限公司
开　　本	710 mm×1 010 mm　1 / 16
印　　张	12.75
字　　数	241 千字
版　　次	2021 年 9 月第 1 版
印　　次	2021 年 9 月第 1 次印刷

书　　号	ISBN 978-7-5645-7379-9	定　　价	36.00 元

前言

车辆工程学科是研究汽车、拖拉机、机车车辆、军用车辆及其他工程车辆等陆上移动机械的理论、设计及制造技术的工程技术领域的学科。因此，车辆工程专业具有明显的宽口径特征，对学生而言，在具备机械基础知识的基础上，对轨道车辆、道路车辆和工程车辆等典型地面载运工具作一个较为全面的概念性认识与了解，对后续面向细分行业的专业课程学习和工程创新思维的培养有重要意义。

本书试图从车辆行走部与轨道间的轮轨接触力学或与地面间轮/履地面力学、基于行走部需求的车辆构型，以及在此基础上的轨道车辆、履带车辆、轮式道路专用车辆及工程车辆的关键部装设计及理论，典型产品介绍等递进式内容安排上，提示出车辆设计的内在创新逻辑，以期在方法学上对学生综合应用所学知识去解决实际问题有所帮助。

本书是在郑州大学 2018 年校级教材建设项目的资助下完成的，本书的出版可望对课程教学水平提升和课程建设特色化产生重要的推动作用。

本书由郑州大学机械与动力工程学院张三川撰写提纲和统编定稿。全书共 8 章，第 1 章、第 2 章、第 3 章和第 7 章 7.5、7.6 节由李霞编写，第 4 章、第 8 章由张伟伟编写，第 5 章、第 6 章、第 7 章 7.1~7.4 节由王婷婷编写。

本书在编写过程中参考了大量的相关著作、期刊文献及学位论文，在此一并向作者真诚地表示感谢。

受教材建设项目的时间周期，以及受编者的学术水平和教研水平的限制，本书难免存在欠妥和遗漏之处，热烈欢迎车辆工程相关专业师生和本书读者的不吝指正。

编　者

2020 年 7 月于郑州大学工科园

目录

第1章　绪论 …… 1
1.1　载运工具类型 …… 1
1.2　地面载运工具的发展 …… 3
第2章　轮轨接触几何 …… 7
2.1　钢轨、车轮及轮对 …… 7
2.2　轮轨接触几何特性 …… 12
2.3　轮轨接触几何参数及其求解 …… 15
2.4　轮轨接触性能评价 …… 19
第3章　轨道机车车辆 …… 26
3.1　车种车型及编码构成 …… 26
3.2　车辆技术性能指标 …… 28
3.3　车体结构 …… 31
3.4　转向架总成 …… 37
3.5　车端连接装置 …… 45
3.6　钢轨打磨列车 …… 51
第4章　车辆地面力学 …… 60
4.1　轮胎接地压力分布 …… 60
4.2　轮胎的侧偏特性 …… 62
4.3　车轮的滚动阻力 …… 66
4.4　轮胎的附着性能 …… 67
4.5　轮胎的振动特性 …… 69
4.6　履带结构简介 …… 69
4.7　履带接地压力 …… 71
4.8　履带行驶阻力 …… 75

第 5 章　车辆构型原理 …… 80
5.1　车辆构型要素 …… 80
5.2　车辆构型 …… 83
5.3　参数最佳选择 …… 90
第 6 章　履带式车辆 …… 98
6.1　概　述 …… 98
6.2　行驶系统 …… 102
6.3　悬挂系统 …… 105
6.4　转向系统 …… 110
6.5　履带式装甲车简介 …… 114
第 7 章　轮式专用车辆 …… 119
7.1　概　述 …… 119
7.2　汽车底盘选用与改装 …… 122
7.3　专用汽车总体设计 …… 126
7.4　常见工作装置 …… 132
7.5　工程专用运输车 …… 144
7.6　矿用汽车总体设计示例 …… 152
第 8 章　工程施工机械 …… 155
8.1　概　述 …… 155
8.2　工程机械底盘 …… 158
8.3　压实机械 …… 170
8.4　平地机 …… 182
8.5　装载机械 …… 187

第1章

绪论

载运工具是使旅客或货物发生空间位移的一种载体,根据运输对象及运输方式的不同,可分为轨道载运工具、道路载运工具、水上载运工具、空中载运工具、管道及其他载运工具五大类型。其中,对地面交通来说,轨道载运工具和道路载运工具是人们在日常生活中最为常见的。

地面载运工具主要包括轨道载运工具和道路载运工具两种。选择地面载运工具时需考察其送达速度、运输成本、投资水平、运输能力、能源消耗、运输的通用性与机动性、对环境的影响程度等因素。轨道载运工具必须沿固定轨道行驶,行驶时多列列车共用路权,计划性强,具有使用性能好,能耗低,运营费用低,耐久性高,行驶平稳舒适,适应性强,对环境污染小,较为安全的技术经济和社会特征,但初期投资高,通达性受限制。道路载运工具利用汽油、柴油、电力或其他能源作动力,通过轮胎、履带等在各种道路甚至非道路上行驶。因此,不同类型的道路载运工具可适用于不同的路面特征,具有全运程速度快,运用灵活,受地形和气候限制小等优点,但单车载运量小和安全性差。

1.1 载运工具类型

1.1.1 轨道载运工具

轨道载运工具主要包括轨道交通机车、轨道交通车辆和动车组等。机车(俗称火车头)是牵引或推送铁路车辆运行,而本身不装载营运载荷的自推进车辆。按动力装置的不同,分为蒸汽机车、内燃机车和电力机车。其中,电力机车按受电方式,还可分为受电弓车和受流器(电靴)车,按电压等级分为直流 750 V 车和直流 1500 V 车等。

轨道车辆主要由车身和转向架组成。按照运行距离分为城市轨道交通载运工具、市郊轨道交通载运工具和城际轨道交通载运工具,城市轨道交通载运工具和市郊轨道交通载运工具又分为有轨电车、地铁列车、轻轨列车、磁悬浮列车等。按照国际标准，城市轨道交通列车可分为 A、B、C 三种车型，列车宽度分别为 3 m、2.8 m、2.6 m。目前，轻轨列车和地铁已成为城市公共交通发展的方向。

轻轨列车多由电动机车牵引，一般作为城市群中的大城市与卫星城市辐射的交通运输工具，具有加减速性能好、轴载较轻、转弯半径小、运行速度较低(60~80 km/h)和运能大、低噪音等显著特征。常见的轻轨列车为跨座式或悬挂式独轨车(如图 1-1 所示)。轻轨列车一般采用 3~6 辆 4 轴、6 轴或 8 轴的 C 型车体铰链式编组，车体长度一般为 14~20 m，铰接车辆长度为 20~32 m。

(a) 跨座式　　(b) 悬挂式

图 1-1　轻轨列车示例

地铁列车(图 1-2)已经不局限于运行线在地下隧道中的形式，而是泛指高规格电客列车。我国已把单向输送能力为 3 万人/h 以上的城市快速轨道交通系统称为地铁，其运行线路一般为地下、地面和高架三者的有机结合，在中心城区多为地下形式，市郊多为地面或高架线路形式。地铁一般选用车长 16~23 m 的 4 轴 A 型或 B 型列车，采用 5~8 节编组，运行速度为 30~50 km/h，通行能力为 20~40 对/h。

图 1-2　地铁列车示例

1.1.2 道路载运工具

事实上,道路载运工具多指在公路上行驶的汽车,按 GB 1589—2016 和用途可分为载货汽车、越野汽车、自卸汽车、牵引车、专用汽车、客车、轿车、半挂车等几种类型,如表 1-1 所示。

表 1-1 汽车类型

类型	分型
载货汽车	微型货车、轻型货车、中型货车、重型货车
越野汽车	轻型越野车、中型越野车、重型越野车、超重型越野车
自卸汽车	轻型自卸车、中型自卸车、重型自卸车、矿用自卸车
牵引车	半挂牵引车、全挂牵引车
专用汽车	箱式汽车、罐式汽车、起重举升车、仓栅式车、特种结构车、专用自卸车
客车	微型客车、轻型客车、中型客车、大型客车、特大型客车
轿车	微型轿车、普通级轿车、中级轿车、中高级轿车、高级轿车
半挂车	轻型半挂车、中型半挂车、重型半挂车、超重型半挂车

汽车按其动力装置种类及所用燃料的不同,可分为内燃机汽车(如常见的汽油车、柴油车)、燃气轮机汽车(如赛车)及电动汽车(纯电动和混合动力汽车)等。汽车可分为轮式汽车、履带式汽车、雪橇式汽车、螺旋推进式汽车、气垫车、轮履复合式汽车以及步行机构式汽车等。其中,轿车类主要有欧系和美系,欧系分类中德国大众汽车最具有代表性,其轿车分为 A、B、C、D 级,其中 A 级车又可分为 A00、A0 级车,分别相当于我国微型轿车(发动机工作容积 1 L 以下)和普通型轿车(发动机工作容积为 1.0~1.6 L);B 级和 C 级分别相当于我国的中级轿车(发动机工作容积 1.6~2.5 L)和中高级轿车(发动机工作容积为 2.5~4 L);D 级车(发动机工作容积为 4 L 以上)为高档轿车。车尾的字母有 G、GL、GLS 等,一般理解 G 为基本型 (Grand,入门级,国内很少见)、GL 为豪华型(Grande, Lux)、GLS 为顶级车(Luxury, and Super),国内多直接将 GL 解释为基本型,GLS 解释为豪华型。美系分类中通用汽车最具代表性,综合考虑车型尺寸、排量、装备和售价,一般将轿车分为 6 级,其 Mini 相当于我国的微型轿车,中级轿车的分类标准比较一致,中级轿车即Interm(B 级),中高级轿车即 Upp-med,如奥迪、别克、雅阁等新型车,高级轿车相对应的是 Large/Lux 级别。

1.2 地面载运工具的发展

1.2.1 轨道车辆

目前,轨道载运工具的发展趋势主要体现在高速化、高安全化和大型化等方面。旅客列车时速达到200 km及以上的技术已日臻成熟,我国已达到高速300~350 km/h的水平,京沪高铁列车(图1-3)等多条高速客运专线均已实现时速350 km,但高速列车转向架和车体轻量化制造等方面仍存在许多关键技术有待突破。随着客、货运输需求的日益提高,列车运行间隔距离越来越小,高速及城市铁路列车的追踪间隔时间已至5 min以下,基于数字信号处理的信号设备和全数字化运行控制系统正在成为列车运行安全和高效运行的技术保障。

图1-3 京沪高铁列车

铁路重载货物运输也是国际公认的铁路运输现代化发展的重要趋势。一般由一台大马力机车或几台机车同时牵引,列车重量达到5000 t至上万吨,如图1-4为大秦线2万吨重载货运列车。由于重载列车编组长、重量大,给运输组织工作和保证列车运行安全提出了许多新的技术挑战,如大功率电力机车制造、多台机车分散配置牵引的同步控制等。

图1-4 大秦线重载货运列车

1.2.2 道路载运汽车

安全、环保和节能是汽车技术发展的永恒主题。随着物联网、大数据、云计算、增材制造和人工智能等新技术在装备制造产业中的不断深度融合，智能制造已使全球汽车呈现出低碳化、信息化和智能化三大发展趋势。因此，节能与新能源汽车、智能网联汽车就成了我国汽车技术发展的产品开发方向，里程碑指标如表1-2。

表1-2 我国汽车技术发展里程碑指标

车种	2020年	2025年	2030年
节能汽车	乘用车新车平均油耗达到5 L/100 km；商用车新车油耗接近国际先进水平	乘用车新车平均油耗达到4 L/100 km，商用车新车油耗达到国际先进水平	乘用车新车平均油耗达到3.2 L/100 km，商用车新车油耗与国际领先水平同步
新能源汽车	新能源汽车销量占比7%以上	新能源汽车销量占比15%以上	新能源汽车销量占比40%以上
智能网联汽车	实现以自主环境感知为主，网联信息服务为辅的部分自动驾驶。驾驶辅助/部分自动驾驶车辆市场占有率达到约50%	实现车路协同（V2X）协同控制、高度/完全自动驾驶功能。实现高度自动驾驶车辆市场占有率达到约15%	完全自动驾驶车辆市场占有率接近10%

节能汽车是指以内燃机为主要动力系统，综合工况燃料消耗量优于下一阶段目标值的汽车。在现有的燃烧方式下，可以通过改进供油系统（如汽油机改装气缸燃油喷射系统，提高汽油燃烧效率）、改进点火系统和减少发动机活塞组件摩擦损失等，也就是需要掌控先进动力系统、高效传动系统、多种混合动力以及整车轻量化、低阻等共性技术在内的节能汽车关键技术，以渐次实现各阶段平均油耗指标。

新能源汽车主要包括纯电动、插电式混合动力及燃料电池汽车，电池、电机及电控是其三大核心技术，其构成如图1-5所示。因此，要全面掌握高能量密度动力电池、高效驱动电机、先进电控系统、全新整车平台以及低成本燃料电池等新能源汽车关键技术，并达到国际先进水平。

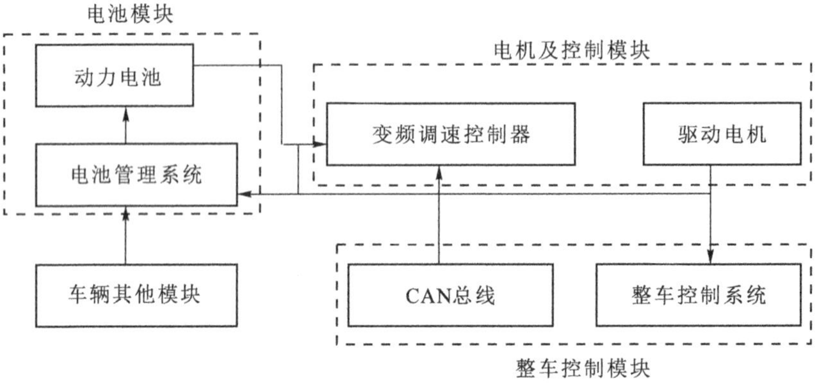

图 1-5　电动汽车“三电”模块

智能网联汽车是车联网技术与智能车有机结合发展至成熟阶段对所有联网汽车的统称。车联网(internet of vehicles,IOV)是其首要的关键技术,其系统空间可分为三层:

第一层(端系统):汽车的智能传感器,采集与获取车辆的智能信息,感知行车状态与环境,具有车内通信、车与车之间通信、车与网通信的泛在通信终端,同时还是让汽车具备 IOV 寻址和网络可信标识等能力的设备。

第二层(管系统):解决车与车(V2V)、车与路(V2R)、车与网(V2I)、车与人(V2H)的互联互通,实现车辆自组网及多种异构网络之间的通信与漫游,在功能和性能上保障实时性、可服务性与网络泛在性,也属于公网与专网的统一体。

第三层(云系统):车联网是一个云架构的车辆运行信息平台,它的生态链包含了与汽车相关的各项使用服务内容,其应用系统也是围绕车辆的数据汇聚、计算、调度、监控、管理与应用的复合体系。

显然,逐步掌握智能网联汽车领域内的车辆感知、决策及控制关键技术、信息交互关键技术,以及高精度地图与定位等基础支撑关键技术,通过搭载先进的车载传感器、控制器、执行器等智能终端装置,并融合现代通信与网络技术,实现车与人、车、路、后台等智能信息交换共享,智能网联汽车就能达到安全、舒适、节能、高效行驶的目的,并最终成为可替代人来操作的新一代汽车。

参考文献

[1]鲁植雄.载运工具原理及应用[M].南京:东南大学出版社,2007.
[2]李骏.现代交通运输与载运工具[M].成都:西南交通大学出版社,2006.
[3]佟立本.交通运输设备[M].北京:中国铁道出版社,2007.
[4]节能与新能源汽车技术路线图战略咨询委员会,中国汽车工程学会. 节能与新能源汽车技术路线图[M].北京:机械工业出版社,2016.

第2章

轮轨接触几何

轨道交通是指运营车辆需要在特定轨道上行驶的一类交通工具或运输系统，常见的轨道交通有传统铁路(国家铁路、城际铁路和市域铁路)、地铁、轻轨和有轨电车，作为国家名片之一的高速铁路也属此范畴，而磁悬浮轨道系统、单轨系统(跨座式轨道系统和悬挂式轨道系统)和旅客自动捷运系统等则称为新型轨道交通。

轨道(钢轨)是铁路机车车辆的运行载体，按重量可分为重型轨道和轻型轨道，按营运速度可分为高速轨道和中低速轨道。轮对是机车车辆与轨道直接接触的部分，由左右两个压装在同一根车轴上的车轮组成，其作用是保证机车车辆在钢轨上的运行和转向，承受来自机车车辆的全部静、动载荷并传递给钢轨，以及将轨道不平顺产生的载荷传递给机车车辆各零部件。显然，明确作为导向的轮轨接触几何关系和支撑车辆重量并提供加、减速条件的轮轨接触力学关系，以及两者之间的协同作用关系，是保证机车车辆运行平稳，降低轮轨相互作用力和运行阻力的关键。

2.1 钢轨、车轮及轮对

2.1.1 钢轨

钢轨有钻孔轨和焊接轨两种轨型，其断面如图 2-1(a)所示的具有最佳抗弯性能的工字形剖面，由轨头、轨腰及轨底三部分组成，轨头冠部是与车轮接触的部位称为顶面，如图 2-1(b)所示的多段曲线构成。钢轨采用碱性氧气转炉或电炉冶炼的镇静钢(U74、U71Mn、U70MnSi、U71MnSiCu、U75V、U76NbRe、U70Mn、U71MnG 和 U75VG)连铸坯轧制制造，其中高速铁路用钢还需经过炉外精炼和真空脱气处理。钢轨的规格以 1 m 长钢轨的质量(kg)来表示，我国铁路上主要使用的钢轨有 75 kg/m、60 kg/m、50 kg/m、43 kg/m 和 38 kg/m 等，其不同规格的钢轨断面结构参数与计算数据可查询《铁路用热轧钢轨(GB 2585—2007)》或《高速铁路用钢轨(TB/T 3276—2011)》。钢轨长度有标准定尺长度和短尺钢轨长度之分,普通干线铁路钢轨的定尺长度有 12.5 m、25 m、50 m 和 100 m 等四种,对应 12.5 m 钢轨的短尺钢轨长度有 9 m、9.5 m、11 m、11.5 m 和 12 m 等五种,对应 25 m 钢轨的短尺钢轨长度有 21 m、22 m、23 m、24 m 和 24.5 m 等五种;高铁钢轨的定尺长度为 100 m,对应的短尺轨长度为 95 m、96 m、97 m和 99 m 等四种。钢轨作为引导机车车辆运行的主要铁道组成部件,承受着车轮的巨大压力,并将其传递到轨枕上,其伤损种类很多,常见的有钢轨折断、磨耗(侧面磨耗、波浪形磨耗)、剥离(接触疲劳伤损)及轨头核伤(黑核或白核)、钢轨接头伤损(轨腰螺栓孔裂纹)等。

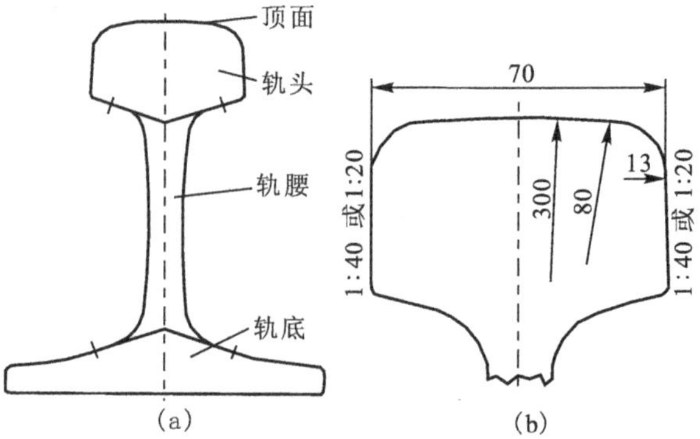

图 2-1　钢轨断面结构

构成铁道的两条钢轨的轨头内侧间距称为轨距,我国采用的是 1937 年国际铁路协会制定的标准轨距(或称普轨,为 1435 mm),而大于标准轨距的称为宽轨,反之则为窄轨。轨道几何参数包含轨距、方向性及水平差和轨面垂直高。轨距在铁道车辆横向稳定性中起重要作用;方向性及水平差是产生铁道车辆横向振动的主要原因,方向性即两根钢轨的平均横向位置点构成的轨道中心线,而水平差则为两根钢轨的高度之差;轨面垂直高则为两根钢轨的平均高度,它对车辆横向动力学特性的影响很小。

2.1.2　车轮

铁路车轮按制造工艺可分为轧制车轮和铸造车轮两种,由钢坯轧制的整体辗制车轮在组织性能、材料利用率和使用寿命等方面均明显优于铸造车轮,因而得到广泛应用。车轮按用途分客车和货车两种,按质量分 A、B 两级。《铁路用辗钢整体车轮(GB/T 8601—1988)》用字母 CL 表示车轮钢,后跟成分钢号表达车轮钢的牌号,多采用抗拉强度大于 860 MPa 的中碳优质非合金钢或低合金钢。车轮命名由客货型代号、轴颈直径系列代号、辐板型式代号或制造方式代号及改型系列代号依次组成，如图 2-2 所示，其中各具体代号参见《铁道车辆轮对及轴承型式与基本尺寸》（TB/T 1010—2016）。

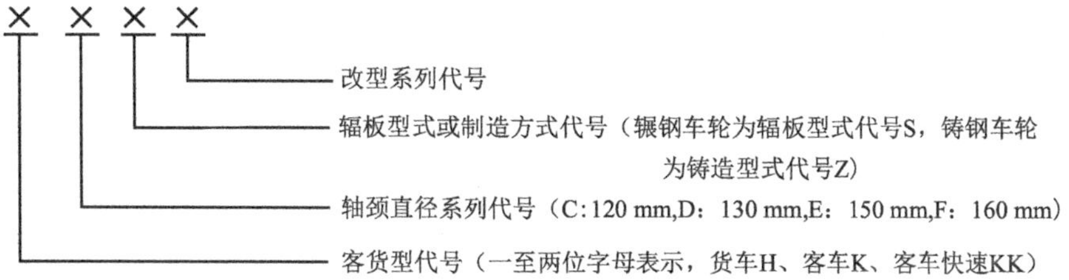

图 2-2　铁路车轮型号

图 2-3 为车轮的两种剖面结构形式及标注符号，其中（a）图对应 HDS 型、HDS_A型、HES_A型、HFS 型和 KKD 型等车轮；（b）图对应 HDZ 型、HDZA 型、HDZB 型、HDZC 型、HDZD 型、HEZB 型、HEZD 型和 HFZ 型等车轮。图中踏面是车轮与钢轨的接触部分，而踏面与钢轨内侧接触的凸出部分称为轮缘，轮缘的作用是防止车轮脱轨，并在车辆通过曲线轨道时，与外轨内侧面接触，引导机车及车辆曲线运行。

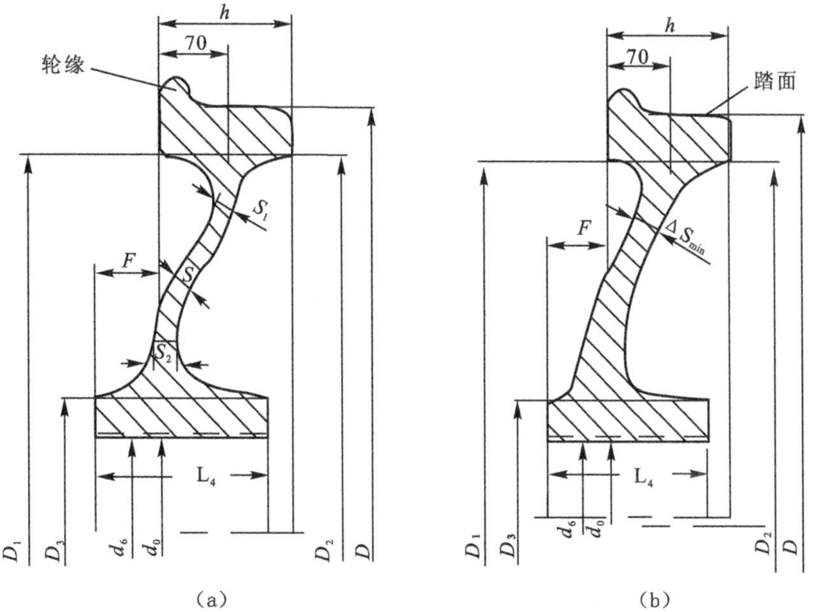

图 2-3　车轮剖面结构形式与标注符号（TB/T 1010—2016）

车轮直径取决于车辆动力学性能需求和车轮寿命设计两个因素。车轮直径越大,车辆重心越高,动力学性能越差。车轮直径越大,其与轨道接触处的综合曲率半径就越大,轮轨间接触应力和车轮磨耗速率也就越小,同时车轮热容量更大,可提高踏面制动热负荷的承受能力。显然,车轮直径大小需要根据车辆情况进行综合考虑来优化确定。目前,国内铁路车轮直径主要采用 840 mm 和 915 mm 两种。

铁路车辆运动是依靠车轮踏面(1:20 锥面)与钢轨踏面间的摩擦接触驱动的,车轮伤损有踏面磨耗、踏面及轮辋疲劳裂纹、热损伤、踏面剥离、崩裂等,其中踏面磨耗和轮辋疲劳裂纹是最主要的两种形式。研究车轮的耐磨性事实上不能脱离与之配副的钢轨,硬度差对轮轨系统磨耗的影响机制表明,提高车轮和钢轨的硬度,均可使车轮和钢轨的磨耗减少。当轮轨硬度相同时,轮轨的总磨耗率最大;当车轮硬度大于钢轨时,钢轨的磨耗量先降低至某一值,然后呈现出不再随车轮硬度的提高而变化的趋势;当钢轨、车轮硬度比小于 1 时,车轮磨耗小于钢轨的磨耗,且轮轨总磨耗降低;当钢轨、车轮硬度比大于 1 时,轮轨总磨耗将随钢轨车轮硬度比提高而呈降低的趋势,但此时车轮的磨耗率不变(都大于钢轨的磨耗率)。轮辋踏面疲劳裂纹是车轮在承受循环交变载荷作用下,次表层中因应力或夹杂缺陷诱导萌生并扩展到轮辋外侧面或轮缘表面,以及沿主应力方向倾斜向上扩展至轮辋踏面表面的一种裂纹,这种裂纹在一定条件下会造成轮辋踏面局部金属大块脱落形成贝壳状点蚀坑,并会因该接触区应力分布状态的改变而快速产生成片的疲劳点蚀坑。

2.1.3 轮对

轮对有车辆轮对[图 2-4(a)]和机车轮对[图 2-4(b)]之分,其中机车轮对依据车类型还可分为内燃机车轮对、电力机车轮对和动车组的动轴轮对等,它们的轴身上均装有传动齿轮,而近年来在我国得到大力发展的动车组因采用盘形制动,在其轴身或车轮上还会装有制动盘。轮对车轮与车轴的组装有注油压装、热装和压装三种方式,需针对具体车型按标准 TB/T 1463—2015 的规定选用,组装后轮对内侧距国内标准值为 1353 mm,最高运行速度介于 120~200 km/h 时,轮对内侧公差为±1 mm,规定的内侧距离也就决定了轮缘与钢轨之间的间隙大小。

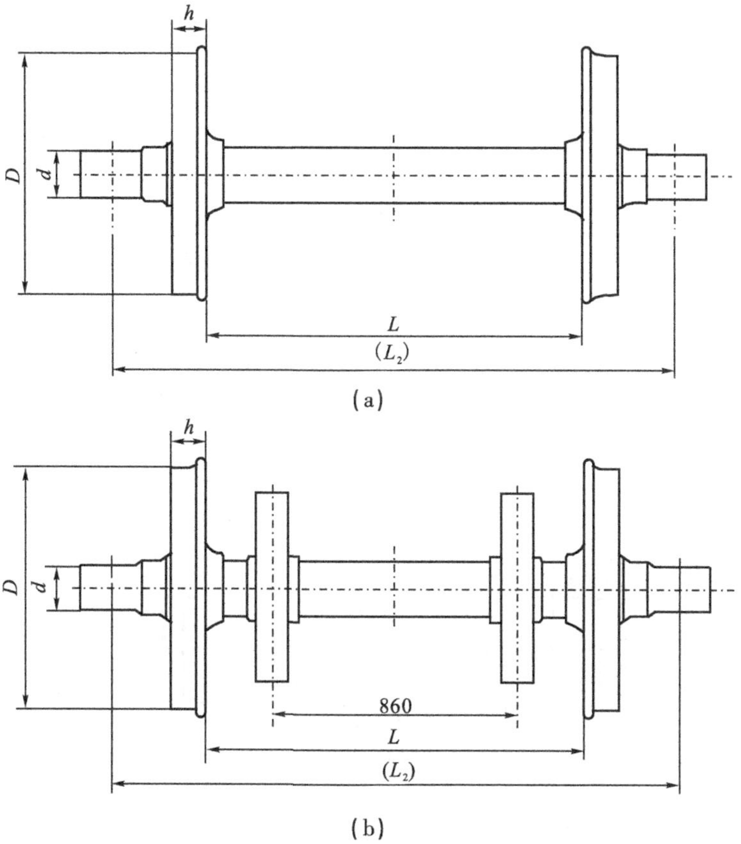

图 2-4 轮对结构形式及标注符号(TB/T 1010—2016)(单位:mm)

轮对的选用需按照最高运行速度和轴重进行,其名称代号与车轴相同,由装用轴承类型代号、轴颈直径系列代号、客货型代号、制动盘数代号及改型系列代号依次组成,如图 2-5 所示。

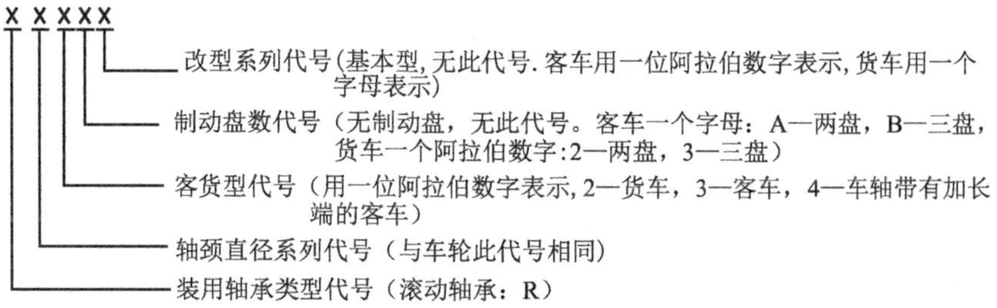

图 2-5 铁路轮对代号

2.2 轮轨接触几何特性

轮轨接触的几何参数主要包括内外轮轨接触点的位置、内外轮轨接触角大小，以及内外车轮滚动圆半径、滚动圆半径差和等效踏面斜度等。图2-6为影响轮轨接触几何关系的结构参数。其中，车轮名义半径是指轮对处在轨道中央位置时，车轮与轨道顶面接触点所在滚动圆的半径，显然接触点不同则车轮的瞬时滚动圆的大小也就不同；轨底坡是指在轨道铺设时，将钢轨向内侧倾斜而形成的轨底与轨道平面之间的一个横向坡度，主要用于补偿车轮踏面与钢轨顶面主要接触部分的斜度。

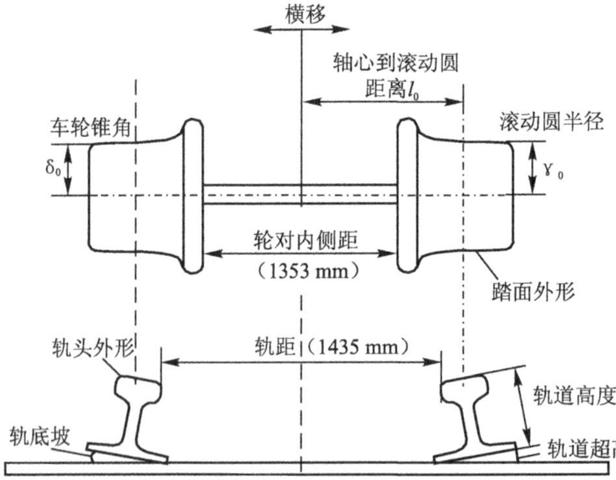

图 2-6　轮轨接触几何影响参数

2.2.1 车轮踏面外形

轮对在曲线轨道上运行时，外轮沿外轨所走距离大于内轮沿内轨所走距离，但由于轮对内外轮是通过过盈配合固装在同一车轴上而无法实现差速，故必然迫使内外轮在钢轨上产生严重的相对滑动现象。为减小这种滑动，可将车轮踏面设计成锥形（锥型踏面，如1∶20），使得内外轮与钢轨的各自接触处的滚动圆半径存在差异，在同一时间内内外轮在各自配副钢轨上滚动距离长度也就可以不同，从而显著减轻车轮在轨道上的滑行行为。需要指出的是，同一轮对内外轮的滚动圆半径差越大，两车轮滚动时走行的距离长度差就越大；车轮滚动圆半径的大小对轮轨接触应力有直接的影响。

事实上，锥型车轮踏面与钢轨轨头顶面的接触面积很小，接触应力很大，因此新车轮运用初期的磨耗很快，运行一段时间后接触部分磨耗后的踏面呈凹形，接触区面积增大，压强减小，磨耗变慢而使踏面外形进入相对稳定期，而且采用磨耗型踏面的车轮，其转向架蛇形波长短、频率高，可实现远离车体的固有振动频率，故现代车轮已将踏面外形直接设计成磨耗型踏面（凹形踏面或圆弧踏面，如图 2-7 所示），以改善轮轨接触条件。

与车轮相关的常用几何参数除踏面锥度外，还有车轮踏面等效锥度（斜度）。

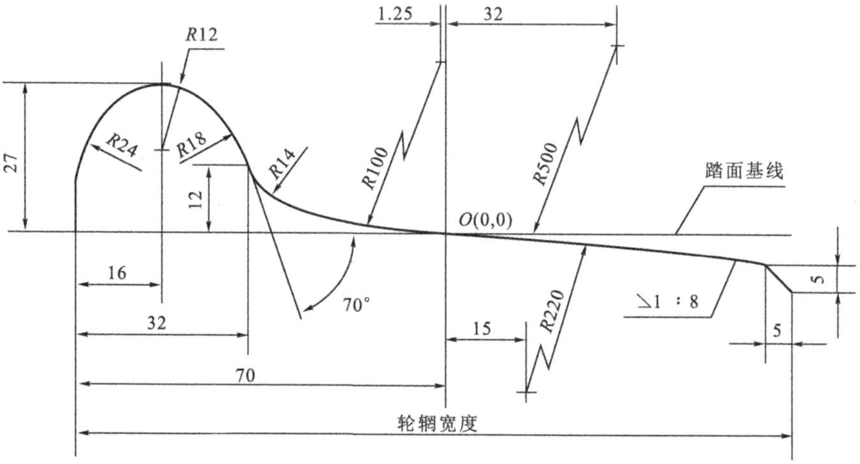

图 2-7　磨耗型（LM）机车车辆车轮轮缘踏面外形（TB/T 449—2016）

锥形踏面车轮在滚动圆附近形成一段斜率为λ的直线段，在直线段范围内车轮踏面斜度为常数，但当轮对中心产生向内或向外横移 y_w 时，内外接触点产生变化，左、右轮实际滚动直径（r_L，r_R）分别为：

$$r_L = r_0 - \lambda y_w$$
$$r_R = r_0 + \lambda y_w \tag{2-1}$$

显然，此时的λ不再是常数，而是随着 y_w 的变化而变化，这时计算车轮踏面斜度要取其等效值，称为踏面等效斜度 λ_e，由式（2-1）可求得：

$$\lambda_e = \frac{r_R - r_L}{2y_w} \tag{2-2}$$

2.2.2　蛇行运动

图 2-8 为轮轨接触受力示意图，n-n为接触点的公法线，t-t 为接触点的公切面，δ 为接触角（轮轨接触点处的轮轨公切面 t-t 与水平面间的夹角），Q

为 1/2 轴重，其横向分力 S_{Bi}（称为重力复原力）：

$$S_{Bi}=Q\cdot\tan\delta \qquad (2-3)$$

式中，$i=L$ 或 R，分别表示内侧或外侧车轮。

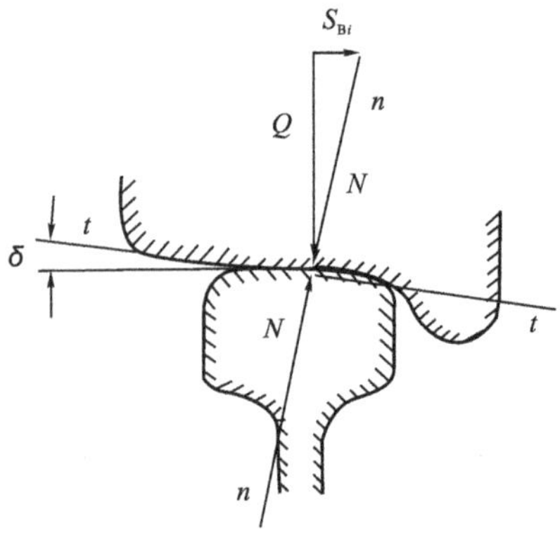

图 2-8　轮轨接触的力分析

当轮对向外横移至外侧车轮轮缘与外轨内侧相接触时（滚动圆达到最大），内外两车轮的重力复原力差 $S_{BL}-S_{BR}>0$，轮对向内侧横移，使轮对重心位置向轨道中心回移，但这个回移不会在重心与轨道中心重合时就停止，轮对会继续向内侧横移直至达到内外两车轮的 $S_{BL}-S_{BR}<0$ 而又将轮对向外侧横移。显然，轮对的横移会造成内外侧车轮的实际滚动圆的大小不同，因而内外侧车轮在各自轨道上滚过的距离长度不同，也就必然迫使内外两轮均会产生纵向（轨道中心线方向）滑动和相对应的纵向蠕滑力 T_{xL} 和 T_{xR}［图 2-9(a)］，而且两纵向蠕滑力产生的力偶使轮对绕垂直于 $x-y$ 平面的 Z 轴偏转一个变化的角度 φ（称为侧滚角），从而也会造成轮对产生横向滑动和相对应的横向蠕滑力 T_{yL} 和 T_{yR}。当轮对重心回到轨道中心线位置时，此时侧滚角 φ 达到最大（重力复原力差值为零），横向蠕滑力 T_{yL} 和 T_{yR} 也达到最大［图 2-9(b)］，以此把轮对推向内侧轨道而不在轨道中心线上停止，而后继续由重力复原力差产生横移和偏转。这样周而复始，轮对在前进中不断地绕轨道中心线做正弦波状来回摆动而实现自导向的所谓蛇行运动。

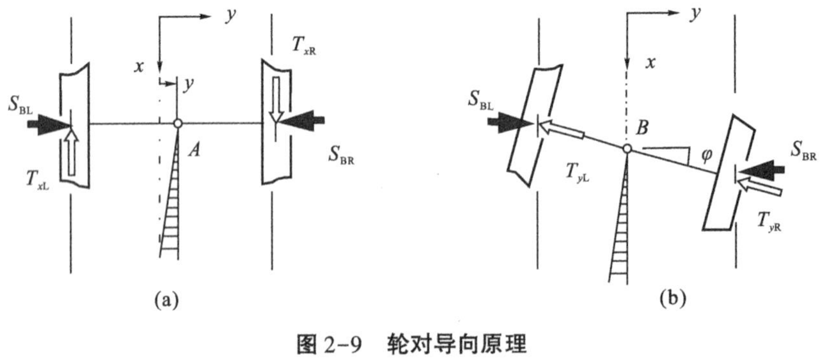

图 2-9　轮对导向原理

从上述过程可以看出，轮对的蛇行滚动过程是一个力作用下的几何变换过程，取决于车轮踏面最大滚动圆半径和踏面锥角，以及轮轨间隙（采用国内标准轨道和轮对时的轮轨间隙为 9 mm）等。轮对明显的蛇行可作为对轨道不平顺的一种低阻尼响应，蛇行急剧增大而达到轮缘与轨道接触的极限时的速度称为临界速度。在临界速度下运行会加剧轮轨磨耗或疲劳破坏，因此车辆运行速度需低于临界速度，这就是车辆设计的防蛇形失稳准则。正确选择车轮踏面形状、悬挂参数和转向架几何尺寸均可提高转向架蛇形（二次蛇行）临界速度；而表现为车体剧烈的横向和摇头振动的蛇行（一次蛇行）的发生有某一速度范围，起因是转向架的横移和摇头振动频率与车体某一自然频率相重合（共振），故可通过正确选择转向架悬挂系统阻尼而得到控制。

2.3 轮轨接触几何参数及其求解

2.3.1 轮轨接触几何关系

轮对在实际运行过程中存在摇头角（轮对在曲线轨道运行时，其轴线与该曲线过轮对横移 y_w 重心点的径向线的最小夹角 ψ，如图 2-10）位移，因而轮轨之间的接触关系不只是车轮滚动圆与钢轨轮廓线之间的关系，需要按空间问题进行求解。由于轮轨空间接触点只可能在一条空间曲线（称为迹线）上，故轮轨空间接触几何计算通常采用迹线法代替整个踏面区域，从而将轮轨接触的两维曲面简化为一维空间曲线。

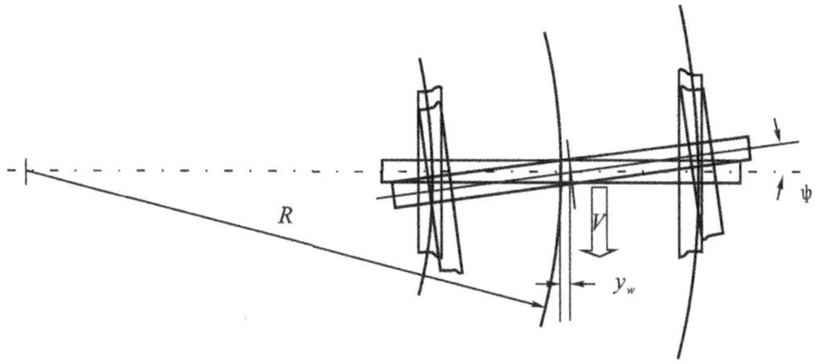

图 2-10 摇头角定义

空间接触几何关系具体求解步骤是：

（1）在某一时刻，通过数值积分方法求解得到轮对及钢轨的运动位移量，主要包括轮对横移、轮对侧滚、轮对摇头及钢轨横移、钢轨扭转。

(2)构建车轮踏面接触点的空间迹线。图 2-11 为轮轨空间接触几何示意图,其中 O_R和 B 分别为空间接触点和滚动圆圆心;A 为接触点公法线与轮对轴线的交点;O_w是轮对坐标系的原点;O'_R、B'、A'及 O'_w分别对应 O_R、B、A 和 O_w点在 OXY 平面内的投影。因此,轮对轴线 O_wB 在 OXY 平面内的投影为 O'_wB';O''_w是 O'_w在 OY 轴上的投影点。从图 2-11 中还可以看出,空间接触点 O_R位于名义滚动圆之前,表示接触点超前,OO''_w则为轮对横向位移量(用 Y_w表示)。

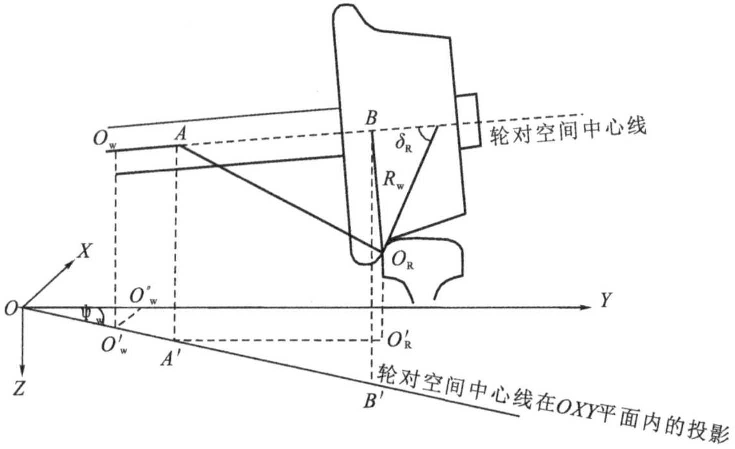

图 2-11　轮轨空间接触几何关系示意图

从空间几何关系可知,接触点 O_R在三个面之内,即包含 B 点的滚动圆平面、以 B 为球心以 R_w(车轮滚动圆半径)为半径的球面、$A-A'-O'_R-O_R$平面。通过三个面的方程可推导得到轮轨接触点 O_R坐标(在绝对坐标系)为:

$$\begin{cases} x = x_B + l_x R_w \tan\delta_R \\ y = y_B - \dfrac{R_w}{1-l_x^2}(l_x^2 l_y^2 \tan\delta_R + l_z m) \\ z = z_B - \dfrac{R_w}{1-l_x^2}(l_x^2 l_z^2 \tan\delta_R - l_y m) \end{cases} \tag{2-4}$$

式中,δ_R是车轮踏面接触角;$m=\sqrt{1-l_x(1+\tan\delta_R)}$;$l_x$、$l_y$、$l_z$分别是轮对中心线在绝对坐标系 X、Y、Z 方向余弦,且:

$$\begin{cases} l_x = -\cos\varphi_w \sin\psi_w \\ l_y = \cos\varphi_w \cos\psi_w \\ l_z = \sin\varphi_w \end{cases} \tag{2-5}$$

式中 φ_w 是轮对侧滚角，滚动圆圆心 B 的坐标可写成：

$$\begin{cases}x_B=d_w l_x\\ y_B=d_w l_y+Y_w\\ z_B=d_w l_z\end{cases} \tag{2-6}$$

式中，d_w是在轮对坐标系中车轮踏面各滚动圆横坐标。

由此通过逐步改变轮对坐标系下车轮踏面各滚动圆横坐标 d_w，即可构成轮轨空间接触迹线。

(3)在绝对坐标系 $O-XYZ$ 中离散内外侧钢轨轨头动态轮廓线。值得注意的是，轨头轮廓线离散点坐标是考虑钢轨振动位移及轨道几何不平顺静态位移后的绝对坐标。

(4)在绝对坐标系中，采用最小距离法求解内外侧轮轨接触点。因轮轨为弹性接触且可能相互脱离，所以内外侧轮轨的最小垂向间距并不一定相等，其正好反映了内外侧轮轨法向弹性压缩量的不同。这一点与传统车辆动力学不同。

(5)根据内外侧轮轨接触点，求解接触几何参量，包括接触点在车轮踏面及钢轨轮廓面上的曲率、接触点在轮对及钢轨坐标系中的位置、接触角等。

2.3.2 轮轨法向力求解

应用 Hertz 非线性弹性接触理论，可以确定轮轨之间的垂向作用力：

$$p(t)=\left[\frac{1}{G}\delta Z(t)\right]^{3/2} \tag{2-7}$$

式中，G 为轮轨接触常数($m/N^{2/3}$)；$\delta Z(t)$为轮轨间的弹性压缩量(m)。

对于锥形踏面车轮

$$G=4.57R^{-0.149}\times10^{-8}(m/N^{2/3}) \tag{2-8}$$

对于磨耗型踏面车轮

$$G=3.86R^{-0.115}\times10^{-8}(m/N^{2/3}) \tag{2-9}$$

式中，R 为车轮半径(m)。

由式(2-7)可知，要正确求解轮轨法向力，必须准确求出每一时刻轮轨接触处的法向弹性压缩量。

当仅考虑轮轨垂向振动时，轮轨法向压缩量就为轮对和钢轨的垂向相对位移，所以显得很简单。但当同时考虑轮轨垂向和横向振动时，影响轮轨法向压缩量的因素较多，如轮对横向位移、摇头角和侧滚角、钢轨的垂向位移、横向位移和扭转角，另外还有轨道几何不平顺等，求解法向压缩量时略显复杂，下面介绍求解过程。

由前面轮轨空间接触几何关系计算(已经充分考虑了上述各种位移量的影响),可得到第 j 位轮对下 t 时刻左、右侧轮轨最小垂向间距 $\Delta Z_{\mathrm{L}wjt}$、$\Delta Z_{\mathrm{R}wjt}$。然后,减去零时刻左、右侧轮轨最小垂向间距 $\Delta Z_{\mathrm{L}wj0}$、$\Delta Z_{\mathrm{R}wj0}$(由对称关系有 $\Delta Z_{\mathrm{L}wj0}=\Delta Z_{\mathrm{R}wj0}=\Delta Z_{wj0}$),从而得到第 j 位轮对下 t 时刻左、右侧轮轨垂向相对位移:

$$\begin{cases}\delta Z_{\mathrm{L}j}=Z_{wj}(t)-(\Delta Z_{\mathrm{L}wjt}-\Delta Z_{wj0})\\ \delta Z_{\mathrm{R}j}=Z_{wj}(t)-(\Delta Z_{\mathrm{R}wjt}-\Delta Z_{wj0})\end{cases} \tag{2-10}$$

式中,$Z_{wj}(t)$ 是 t 时刻第 j 位轮对质心的垂向位移。

根据轮轨法向压缩量与轮轨垂向相对位移之间的几何关系,便可得到左、右侧轮轨法向压缩量:

$$\begin{cases}\delta Z_{\mathrm{L}cj}=\dfrac{\delta Z_{\mathrm{L}j}}{\cos(\delta_{\mathrm{L}}+\varphi_{\mathrm{w}})}\\ \delta Z_{\mathrm{R}cj}=\dfrac{\delta Z_{\mathrm{R}j}}{\cos(\delta_{\mathrm{R}}-\varphi_{\mathrm{w}})}\end{cases} \tag{2-11}$$

式中 δ_{L}、δ_{R} 分别为左、右轮踏面接触角,φ_{w} 为轮对侧滚角。

这种求解轮轨法向压缩量的方法巧妙地避免了轮对横向位移、摇头角和侧滚角、钢轨垂向位移、横向位移和扭转角等众多因素的叠加过程,具有简洁、易实现等优点。显然,当 $\delta Z_{\mathrm{L}cj}$ 和 $\delta Z_{\mathrm{R}cj}$ 小于 0 时,说明轮轨相互脱离,此时的轮轨法向力为零。

2.3.3 轮轨蠕滑力求解

轮轨蠕滑是指弹性钢质车轮在弹性钢轨上以一定速度滚动时,车轮与钢轨的接触表面间所产生的相对微小滑动。Carter 将轮轨接触问题处理成了一无限弹性介质被一存在着局部压力分布与切向力的平面所约束,定义二维纵(横)向蠕滑率为:

纵向蠕滑率=(车轮实际前进速度−轮周名义速度)/实际车辆前进速度 (2-12)

横向蠕滑率=(车轮实际横向速度−纯滚动时的横向速度)/实际车辆前进速度 (2-13)

由于车轮和钢轨都是弹性体,滚动时轮轨间的切向力将在接触斑面上形成粘着区(切向力较小时为主)和滑动区(切向力超过某一极限值时,其为仅存)两个性质不同的区域,因此轮周接触点的水平速度与轨头上对应接触点相对轮心的水平速度并不相同,存在着微小的滑动,称为纵向蠕滑。当车轮受到横向外力作用时,会产生微小的横向移动,称为横向蠕滑。

对于轮轨清洁接触条件下获得的蠕滑率与蠕滑力关系与 Kalker 的理论曲线相近。小蠕滑下的蠕滑力与蠕滑率呈线性关系，其斜率可分别定义为纵向蠕滑系数或横向蠕滑系数，故蠕滑力可写为：

$$\text{纵向蠕滑力}=-\text{纵向蠕滑系数}\times\text{纵向蠕滑率} \tag{2-14}$$

$$\text{横向蠕滑力}=-\text{横向蠕滑系数}\times\text{横向蠕滑率} \tag{2-15}$$

当车轮绕接触斑的垂向主轴旋转时，可以形成旋转蠕滑，会产生旋转蠕滑力矩。在 Kalker 线性理论中，假定接触区全部为粘着区（当各向蠕滑率都很小时，滑动区也就很小，其影响可以忽略），且切向力分布对称，故纵向蠕滑力与横向蠕滑率无关，而横向蠕滑力也与纵向蠕滑率无关。常用的轮轨蠕滑力计算方法是首先按 Kalker 线性理论计算，然后进行非线性修正。与经典的车辆动力学不同，在车辆-轨道耦合动力学中，计算轮轨蠕滑率时需考虑内外钢轨的垂向、横向和扭转振动速度，具体过程比较复杂，详细内容可以参见本章文献[1]。

2.4 轮轨接触性能评价

2.4.1 运行安全性指标

车辆运行安全性主要涉及车辆是否会出现脱轨和倾覆问题，轮轨单侧相互脱离会使车辆有倾覆危险，内外侧均相互脱离接触而悬浮的特定瞬时状态则有较大的脱轨危险。根据脱轨产生过程的不同，其可分为爬轨脱轨（车轮轮缘逐渐爬上轨头而引起的脱轨，是车辆运行中较常见的脱轨形式）、跳轨脱轨（车轮在滚动过程中受到瞬态冲击振动，导致车轮突然抬升而跳上钢轨产生脱轨）、掉道脱轨（一侧或两侧车轮发生轮重减载）等基本形式。在机车车辆动力学性能评价中，一般以脱轨系数、轮重减载率、倾覆系数等指标来评定车辆运行的安全性。

(1)脱轨系数

脱轨系数是某一时刻作用在车轮上的横向力 Q 和垂向力 P 的比值（Q/P）。我国国家标准《机车车辆动力学性能评定和试验鉴定规范》《GB/T 5599—2019》规定，为防止脱轨，车辆脱轨系数应符合的条件为：

$$\begin{cases} Q/P\leqslant 1.2\ (\text{危险限度}) \\ Q/P\leqslant 1.0\ (\text{允许限度}) \end{cases} \tag{2-16}$$

我国铁道行业标准规定的机车脱轨系数界限值如表 2-1。

表 2-1　机车脱轨系数界限值(TB/T 2360—1993)

评定等级	优	良好	合格
脱轨系数最大值	0.6	0.8	0.9

此外,我国关于高速试验列车性能应符合 95J01-L 和 95J01-M 规定:

对于高速动车:

$$\begin{cases} Q/P \leqslant 0.8 \ (\text{脱轨系数大于 0.8 的时间}(t) \geqslant 0.07 \text{ s}) \\ Q/P \leqslant 0.056 \dfrac{1}{t} \ (\text{脱轨系数大于 0.8 的时间}(t) < 0.07 \text{ s}) \end{cases} \tag{2-17}$$

最高运行速度 200 km/h 以上的电动车组,脱轨系数 $Q/P \leqslant 0.8$。《高速铁路设计规范》(TB 10621—2014)将此脱轨系数限值限定到设计行车速度 250~350 km/h 的旅客列车。

对于高速客车:

$$\begin{cases} Q/P \leqslant 0.8 \ (\text{脱轨系数大于 0.8 的时间}(t) \geqslant 0.05 \text{ s}) \\ Q/P \leqslant 0.04 \dfrac{1}{t} \ (\text{脱轨系数大于 0.8 的时间}(t) < 0.05 \text{ s}) \end{cases} \tag{2-18}$$

(2) 轮重减载率

轮重减载率定义为减载侧车轮的轮重减载量与轮对的平均静轮重之比,记作 $\Delta P/\bar{P}$,其安全标准(GB/T 5599—2019)为:

$$\begin{cases} \Delta P/\bar{P} \leqslant 0.65 \ (\text{危险限度}) \\ \Delta P/\bar{P} \leqslant 0.60 \ (\text{允许限度}) \end{cases} \tag{2-19}$$

高速试验列车和高速试验客车要求:

$$\Delta P/\bar{P} \leqslant 0.60 \tag{2-20}$$

由于脱轨系数和轮重减载率是主要针对轮对横向力 $H>0$ 和 $H=0$ 两种不同情况下评价车轮脱轨的指标,都是根据车轮的受力平衡条件得出的,故一般情况下,应以脱轨系数作为行车安全性的评价指标,而将轮重减载率的限值视为静态或准静态条件下的评价指标,不宜用于动态减载评定。

动态减载是指机车车辆以较高速度运行时,由于车辆通过钢轨接头、轨面局部凹凸不平或道岔等地段可能产生冲击振动而引起较大的瞬态轮重减载现象。我国现行《高速动车组整车试验规范》规定,对最高运行速度 200 km/h及以上的电力动车组,轮重减载率执行标准为:

$$\begin{cases} \Delta P/\bar{P} \leqslant 0.65 \ (\text{准静态}) \\ (\Delta P/\bar{P})_{\text{dyn}} \leqslant 0.8 \ (\text{动态}) \end{cases} \tag{2-21}$$

(3)倾覆系数

倾覆系数用于评价车辆在侧向风力、离心力、横向振动惯性力同时作用下是否会导致车辆倾覆。定义倾覆系数 D 为：

$$D=\frac{P_d}{P_0} \tag{2-22}$$

式中，P_d为单侧轮轨垂向动荷载；P_0为相应的轮轨垂向静荷载。

我国 GB/T 5599—2019 和 95J01-M 标准均规定：

$$D<0.8 \tag{2-23}$$

同时，规定当车辆同一侧各车轮倾覆系数均达到或超过 0.8 时，方可确认为有倾覆危险。

2.4.2 轮轨动态性能评价

车辆与轨道动态作用是指运行车辆对轨道结构的动力作用，需要从轮轨动态作用力(轮轨垂向和横向作用力)、轨道结构动态变形和轨道结构振动三方面综合考虑。采用由轮轨横向力、垂向力导出的线路横向稳定性系数 C 来评定线路可能产生的轨距扩大或轨排横移的程度。

(1)轮轨动态垂向力(应力)

一般沿用英国铁路所定义的轮轨垂向作用力 P_1、P_2作为衡量车辆对线路动力破坏效应的指标，其限制标准如表 2-2。P_1是由机车车辆簧下质量与钢轨质量之间所发生的高频(大于 500 Hz)接触振动而引起的冲击力，它是导致车轮扁疤、轨头破损、螺栓孔裂纹及鱼尾板折断的主要原因。P_2是整个机车车辆系统与轨道线路系统受脉冲激励而出现的中低频响应力(通常在 30~100 Hz 范围内)，它能直接向轨下部件传播，因而对轨道变形及轨下基础破坏起主要作用。

表 2-2 轮轨垂向力 P_1和 P_2的限制标准 (kN)

车种	车轮踏面外形	P_1	P_2	P_1+P_2
货车	锥形	400	250	650
	磨耗形	425	250	675
机车	锥形	480	340	820
	磨耗形	510	340	850

德国联邦铁路规定非冲击性的中低频轮轨垂向力(类似于 P_2)不允许超过极限值 170 kN。我国《高速动车组整车试验规范》规定,对于最高运行速度 200 km/h 以上的电动车组,轮轨垂向力最大限值也为 170 kN。

根据英国铁路规定,在轮轨垂向荷载 P_1、P_2 和轮轨静载荷作用下,轮轨接触应力 σ_{P1}、σ_{P2} 和 σ_{P0} 不得超过表 2-3 所示限值。

表 2-3　轮轨接触应力的限值　　(MPa)

车种	车轮踏面外形	σ_{P_1}	σ_{P_2}	σ_{P_0}
货车	锥形	2300	2300	1500
	磨耗形	1600	1600	1000
机车	锥形	2280	2030	—
	磨耗形	1470	1280	—

(2)轮轨横向力

一般采用单侧轮轨横向力和整个轮轴横向力两种指标来评价。轮轨横向力是导致轨排横移、轨距扩大、曲线横向变形的主要根源,其限值主要是根据木枕线路道钉所能承受的横向力极限或钢轨弹性扣件的横向设计荷载(GB/T 5599—2019)确定:

$$\begin{cases} Q \leqslant 29+0.3P_{st}(\text{危险限度}) \\ Q \leqslant 19+0.3P_{st}(\text{容许限度}) \end{cases} \tag{2-24}$$

式中,P_{st} 为车轮静荷载(kN)。

对于当今铁路轨道已普遍采用的混凝土轨枕,其线路单侧力 Q 的最大允许值应根据扣件横向抗力特性及钢轨倾翻限度等,通过试验并结合轨道结构强度设计规范加以确定。欧美国家一般取 0.4 倍轴重作为横向力的允许限度,即要求:

$$Q \leqslant 0.4P_w \tag{2-25}$$

式中,P_w 为静轴重(kN)。

(3)轮轴横向力

对无缝线路稳定性问题的研究表明:过大的轮轴横向力是导致轨排横移、无缝线路动态失稳现象的主要原因。因此,除了保证线路的纵、横向阻力外,限制轮对作用于线路的最大横向力也是很重要的一个方面。

根据本章参考文献[16],对轮轴横向力(H)的限值可采用以下计算公式

$$
\begin{cases}
H\leqslant 0.85\left(10+\dfrac{P_{w}}{3}\right) & \text{（木枕线路）} \\
H\leqslant 0.85\left(15+\dfrac{P_{w}}{3}\right) & \text{（混凝土轨枕线路）}
\end{cases}
\tag{2-26}
$$

95J01-L 和 95J01-M 规定动力车及车辆轮轴横向力允许限度采用式(2-26)中的第一个公式计算。

对最高运行速度 200 km/h 及以上的动车组，TB 10621—2014 和 TB 10761—2013 均规定高速客车的轮轴横向力的允许限值采用计算公式：

$$H\leqslant 10+\frac{P_{w}}{3} \tag{2-27}$$

(4)线路横向稳定性系数

线路横向稳定性系数 C 表示线路在机车横向力作用下,可能产生的轨距扩大或轨排横移的程度,TB/T 2360—1993 中线路横向稳定性系数 C 的计算公式为：

$$
\begin{cases}
C=\dfrac{|Q_{L}+Q_{R}|}{10+\dfrac{P_{L}+P_{R}}{3}} & \text{（木枕线路）} \\
C=\dfrac{|Q_{L}+Q_{R}|}{15+\dfrac{P_{L}+P_{R}}{3}} & \text{（混凝土轨枕线路）}
\end{cases}
\tag{2-28}
$$

式中,Q_{L}和 Q_{R}分别为作用于同一轮对下左、右侧轮轨横向力(kN);P_{L}和 P_{R}分别为作用于同一轮对下左、右侧轮轨垂向力(kN)。

线路横向稳定性系数 C 的评定界限如表 2-4。

表 2-4　线路横向稳定性系数 C 的评定界限

优	良好	合格
0.70	0.85	1.0

(5)道床应力

《铁路工务技术手册-轨道》规定道床顶面应力为：

$$\sigma_{b}\leqslant 0.5\ \text{MPa} \tag{2-29}$$

(6)路基应力

《铁路工务技术手册轨道》规定,既有铁路和新建铁路路基基床表面应力应满足标准：

$$
\begin{cases}
\sigma_{f}=0.15\ \text{MPa（既有线）} \\
\sigma_{f}=0.30\ \text{MPa（新建线）}
\end{cases}
\tag{2-30}
$$

参考文献

[1]翟婉明.车辆-轨道耦合动力学:上册[M].4 版.北京:科学出版社,2015.

[2]JENKING H H. The effect of track and vehicle parameters on wheel/rail vertical dynamic forces[J]. Railway Engineering Journal, 1974,3(1) :2-16.

[3]SATO Y. Abnormal Wheelload of Test Train[J]. Tokyo:Permanent Way, 1973,14:1-8.

[4]NEWTON S G,Clark R A. An investigation into the dynamic effects on the track of wheel flats on railway vehicles [J]. Journal of Mechanical Engineering Science, 1979,21 (4):287-297.

[5]左藤裕.轨道力学[M].卢肇英,译.北京:中国铁道出版社,1981.

[6]ZHAI W M,WANG K Y,LIN J H. Modelling and experiment of railway ballast vibrations[J]. Journal of Sound and Vibration,2004,270(4-5) :673-683.

[7]翟婉明,韩卫军,蔡成标,等.高速铁路板式轨道动力特性研究[J].铁道学报,1999,21(6):65-69.

[8]王开文.车轮接触点迹线及轮轨接触几何参数的计算[J].西南交通大学学报 1984,(1): 89-99.

[9]VERMEULEN J K, JOHNSON K L. contact of non-spherical bodies transmitting tangential forces[J]. Journal of Applied Mechanics,1964,31:338-340.

[10]中华人民共和国铁道部.铁道机车动力学性能试验鉴定方法及评定标准:TB/T 2360—1993[S].北京:中国铁道出版社,1993.

[11]国家铁路局.高速铁路设计规范(试行):TB 10621—2014[S].北京:中国铁道出版社,2010.

[12]中华人民共和国铁道部.高速铁路工程动态验收技术规范:TB10761-2013[S].北京:中国铁道出版社,2013.

[13]夏禾,张楠.车辆与结构动力相互作用[M].2 版.北京:科学出版社,2005.

[14]蔡成标.高速铁路列车-线路-桥梁耦合振动理论及应用研究[D].成都:西南交通大学,2004.

[15]翟婉明.货物列车动力学性能评定标准的研究与建议方案(一):防脱轨安全性评定标准[J].铁道车辆,2002,40(1):13-18.

[16]翟婉明.货物列车动力学性能评定标准的研究与建议方案(二):轮轨横向力评定标准[J]. 铁道车辆.2002,40(2):9-10.

[17]翟婉明.货物列车动力学性能评定标准的研究与建议方案(三):轮轨垂

向力及车钩力的评定标准[J].铁道车辆,2002,40(3):10-13.
[18]颜秉善,王其昌.钢轨力学与钢轨伤损[M].成都:西南交通大学出版社,1989.
[19]王其昌,韩启孟.板式轨道设计与施工[M].成都:西南交通大学出版社,2002.
[20]铁道部工务局. 铁路工务技术手册-轨道[M].北京:中国铁道出版社,1998,235-239.
[21]罗仁,石怀龙. 铁道车辆系统动力学及应用[M].成都:西南交通大学出版社.
[22]张斌,卢观键,付秀琴,等. 铁路车轮、轮箍失效分析及伤损图谱[M].北京:中国铁道出版社,2002.
[23]陈泽深,王成国铁道车辆动力学与控制[M],北京:中国铁道出版社,2004.

第3章

轨道机车车辆

轨道机车车辆是运送旅客和货物的工具,普通轨道车辆上一般没有动力装置,需要把车辆连挂成一列,由机车(L)牵引在线路上运行。由于运输对象不同或其他某些特殊需要,轨道交通车辆常采用不同的外形和内部结构,可分为客车(代号P,包括硬座车、软坐车、硬卧车、软卧车、行李车、餐车和邮政车)及货车(代号F,包括敞车、平车、罐车及冷藏车等通用性货车,以及专用货车)两大类。在每一大类中还可按用途进行细分,若按运行性质或范围,可分为轻轨车辆及地铁车辆、市郊客车、普速客车(<160 km/h)、准高速客车(160~200 km/h)、高速客车(≥200 km/h)等。

轨道机车车辆主要由车体及车底架、转向架、车钩缓冲装置、制动装置和车内设备五部分,以及受流装置和车辆电气系统等组成。车体及车底架包括底架(俗称车底盘)、侧端墙、车顶,它们构成一个整体以容纳旅客或装载货物,承担车辆上部重量和车辆运行中的纵向冲击力等。轨道交通车辆走行装置由两台二轴转向架构成,通过机车牵引在轨道上行驶,用于承受车辆簧上质量,其转向架主要由构架(或侧架)、轮对、轴箱、弹簧等部分组成,是保障机车车辆安全运行和旅客乘车舒适性的关键部件。车钩缓冲装置由车钩及缓冲装置(缓冲器)组成,安装在车底架中梁两端的牵引梁上,实现机车与车辆或车辆与车辆之间相互连接成列车或车列,并传递牵引力和缓和机车车辆冲击。制动装置保证列车按需要实现减速或在规定的距离内实现停车或在溜放调车时使车辆停车,一般由制动缸驱动其动作。车内设备包括客车内的座席、卧铺、茶桌、行李架、卫生间、给水、取暖、通风、照明、空调等旅客必要乘车条件设备或保证运输货物品质要求所配置的设备。

3.1 车种车型及编码构成

为表示车辆类型、构造特点以及便于识别运用和管理,须在车辆上涂刷规定的车辆标记，包括共同标记（原属铁道部的车辆必须涂刷的“人民铁路”路徽标记，以及车型车号编码标记、客车顶标记和货车性能标记等）、特殊标记（因车辆设有特殊设备或有注意事项，如运输危险化学品的车辆须涂刷骷髅图案标志）、厂矿专用车标记（由厂矿自定，其中有部分标记与铁路标记不同）。

（1）机车。机车车种是按动力类别和传动方式特征分类，如内燃机车、电力机车等。车型是指按同一车种中的机车产品定型或局部改进时间顺序赋予具有同一技术特征的机车的分类，车型编码构成如图3-1。机车车号是对每一台机车赋予的序列编号，用四位阿拉伯数字表示。由机车车号与机车的基本型号代码组合构成机车车型车号的唯一性。

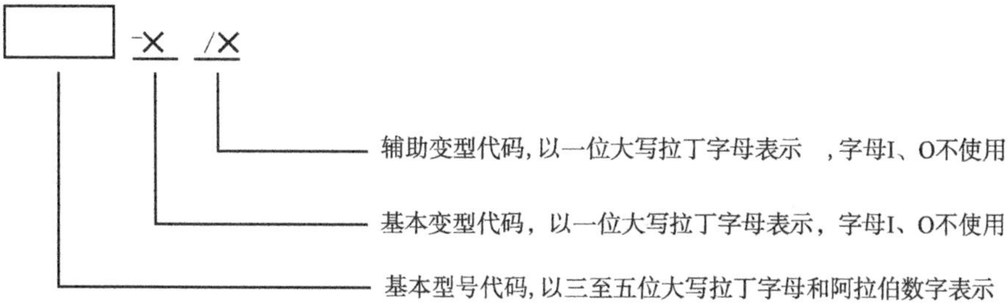

图3-1 机车车型编码构成（TB/T 3443.1—2016）

（2）客车。客车车种是按客车的座别或使用特征进行分类，用两到三位大写汉语拼音字母表示，如硬座车YZ、软座车RZ和餐车CA等。车型是按车辆速度特征及产品定型或局部改进的时间顺序分类，由速度特征代码（以最高运行速度km/h的百分位和十分位的阿拉伯数字表示）、变型代码（首次定型为A，按改进顺序依次为除I和O外的B、C、…）和技术平台代码（除I和O外的A~Z）构成，代码结构如图3-2所示。客车车号是每一铁道客车赋予的唯一序列号。

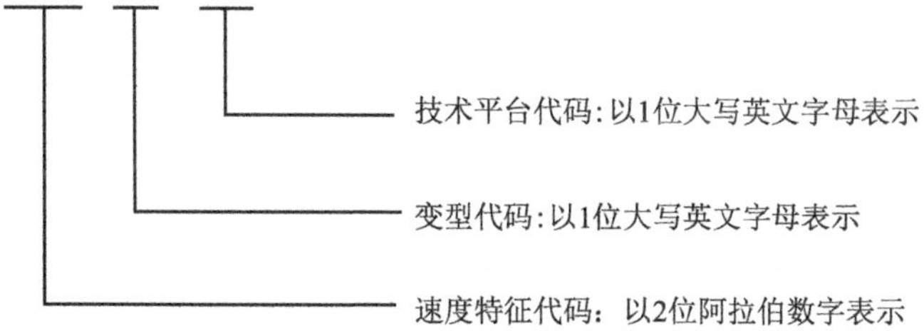

图3-2 客车车型代码构成（TB/T 3443.2—2016）

(3)货车。按货车的形状特征和所装货物的特征或车辆的技术特征划分货车种类，用车种名称汉语拼音的第1个大写字母表示，如敞车C、罐车G和集装箱专用车X等。货车车型是用来表征车种和车辆用途、技术和结构特征等的大写拼音字母和阿拉伯数字的组合，其编码结构如图3-3所示。其中辅助编码1用于区分各车种货车的用途或特殊结构，如保温车车种中包含的两个辅助编码1代号的H(货物)、F(发电)；辅助编码2用于区分酸类罐车、化工类罐车、压力罐车、粉状货物罐车和食品类罐车等车型的不同用途，如化工类罐车车种的辅助编码2为A，则表示所装货物为第3类易燃液体，而F表示所装货物为第9类杂项危险物质和物品。重量级别、速度级别、顺序系列编码按1~3位阿拉伯数字表示，对大长货物车载重量级别采用百位和十位数字，特种车采用顺序系列表示，其他车辆当最高运行速度小于或等于120 km/h时采用1~3位数字表示载重级别，当大于120 km/h时采用3位数字表示速度级别。定型序号规定首次定型的车型无定型序号，其后定型的同类货车依次用A、B、C、…表示。

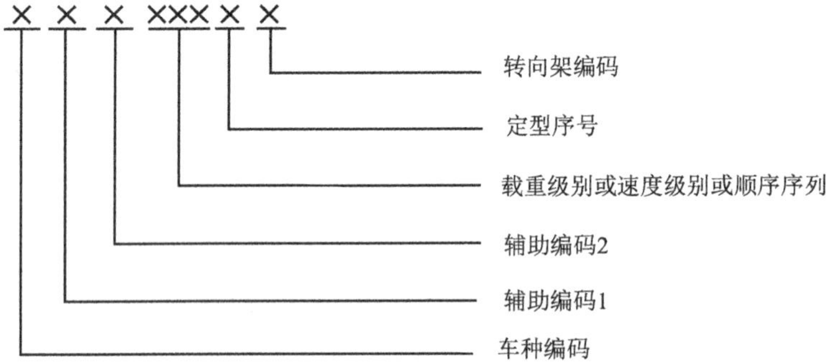

图3-3　货车车型编码结构(TB/T 3443.3—2016)

3.2　车辆技术性能指标

轨道机车车辆的技术参数主要指性能参数和主要尺寸两大类。其中性能参数包含车辆自重(其与设计标记载重的比值称为自重系数，是评定货车设计合理性的重要指标)、载重与容重(容重是设计容积与标记载重的比值，用于评估货车车辆运用的合理性)、轴重(车辆自重与载重之和的总重量与车辆轴数之比)、最小曲线半径、车辆构造速度(指允许车辆运行的最高速度)、平均启动加速度、制动形式、轴列数、供电电压与牵引电机功率等。车辆乘坐舒适性和运行平稳性主要按车体振动加速度和平稳性指标来评定。这里仅以客车和动车组为例。

3.2.1 车辆性能评价

(1)车体振动加速度指标

客车运行速度 $v<140$ km/h 时,车体平均最大振动加速度应符合 GB/T 5599—2019 的要求,可按式(3-1)进行简化计算:

$$\bar{A}_{max} \leqslant 0.0027v+C \tag{3-1}$$

式中,$\bar{A}_{max}$为客车车体平均最大振动加速度(g);v 为客车运行速度(km/h);C 为常数(表 3-1)。

表 3-1 客车车体平均最大振动加速度计算常数

运行平稳性等级	C	
	垂向振动	横向振动
优	0.025	0.010
良好	0.030	0.018
合格	0.035	0.025

按照《高速动车组整车试验规范》的规定,我国高速铁路客车车体垂向和横向振动加速度的试验评定限值均为 2.5 m/s²。

当列车以各种不同限制速度通过不同半径的曲线区段时,车体未被平衡的离心加速度都应符合 TB/T 2360—1993 和 95J01-L 的规定:

$$a_{ec} \leqslant 0.784\ \text{m/s}^2 \tag{3-2}$$

(2) 平稳性指标

我国机车车辆运行平稳性指标(W)采用的是欧洲 Sperling 指标,它主要反映力变化引起的冲击和振动对舒适度的影响。按式(3-3)计算:

$$W=7.08\left[\frac{A^3}{f}F(f)\right]^{0.1} \tag{3-3}$$

式中,A 为车体振动加速度(g);f 为振动频率(Hz);$F(f)$ 为频率修正系数(表 3-2)。

表 3-2 机车车辆平稳性指标计算公式的频率修正系数

垂向振动		横向振动	
0.5~5.9 Hz	$F(f)=0.325f^2$	0.5~5.4 Hz	$F(f)=0.8f^2$
5.9~20 Hz	$F(f)=400/f^2$	5.4~26 Hz	$F(f)=650/f^2$
>20 Hz	$F(f)=1$	>26 Hz	$F(f)=1$

由于车辆的振动是随机振动，其加速度和频率都随时间变化。实际评定时需将所要分析的加速度波形按频率分组，根据每一组的加速度和频率按式(3-4)计算该组的平稳性指标 W：

$$W=\sqrt[10]{(W_1^{10}+W_2^{10}+\ldots+W_N^{10})} \tag{3-4}$$

式中，N 为整个波段的分组总数。

TB/T 2360—1993 及 GB/T 5599—2019 规定的机车车辆平稳性等级如表3-3，其中垂向和横向平稳性采用相同的评定等级。

表 3-3　机车车辆平稳性评定等级

平稳性等级	评定	机车	客车	货车
1 级	优	$w\leqslant2.75$	$w\leqslant2.5$	$w\leqslant3.5$
2 级	良好	$2.75<w\leqslant3.10$	$2.5<w\leqslant2.75$	$3.5<w\leqslant4.0$
3 级	合格	$3.10<w\leqslant3.45$	$2.75<w\leqslant3.0$	$4.0<w\leqslant4.25$

注：一般新造机车车辆应不低于 2 级标准。

对于高速动车组，《高速动车组整车试验规范》规定：客车平稳性指标 $W\leqslant2.5$，司机室平稳性指标 $W\leqslant2.75$。

需要指出的是，旅客乘坐舒适性在《高速试验列车客车强度及动力学性能规范》(95J01-M)中已作为指标参数提出，并推荐使用 UIC513 舒适度评定方法，但目前不作为评判依据。乘坐舒适度指标 N 的计算公式为：

$$N=6\sqrt{(a_{XP95}^{W_d})^2+(a_{YP95}^{W_d})^2+(a_{ZP95}^{W_b})^2} \tag{3-5}$$

式中，舒适度等级如表 3-4 所示；a 为加速度的均方根值；W_d 和 W_b 分别与按加权曲线 d、b 的频率加权值有关(参见 ISO2631 标准)；X,Y,Z 分别表示纵向、横向、垂向三个测量方向；P 表示地板面；95 表示分布概率分位点 95%。

表 3-4　曲线轨道上乘坐舒适度等级划分

舒适度等级	舒适度指标	评定结果
一级	$N<1$	非常舒适
二级	$1\leqslant N<2$	舒适
三级	$2\leqslant N<4$	还算舒适
四级	$4\leqslant N<5$	不舒适
五级	$N\geqslant5$	非常不舒适

当列车在曲线轨道上运行时,行车速度和曲线超高往往使车辆及乘客在圆曲线部分受到未被平衡的恒定离心加速度作用,以及在缓和曲线部分又会受到随时间变化的未被平衡的离心加速度作用而产生不舒适感,故还需满足表3-4的评定要求。

3.2.2 车辆主要结构尺寸

车辆主要结构尺寸包含车全长(车辆两端车钩均处于闭锁状态时,两钩舌内侧面之间的距离)、全轴距(车辆两转向架的外侧轴之间的距离)、轴距(同一转向架的两轴之间的距离)、车辆销距(车辆前后转向架的心盘中心之间的距离),最大宽度和最大高度,以及车钩高、地板面高度等(如图3-4所示)。

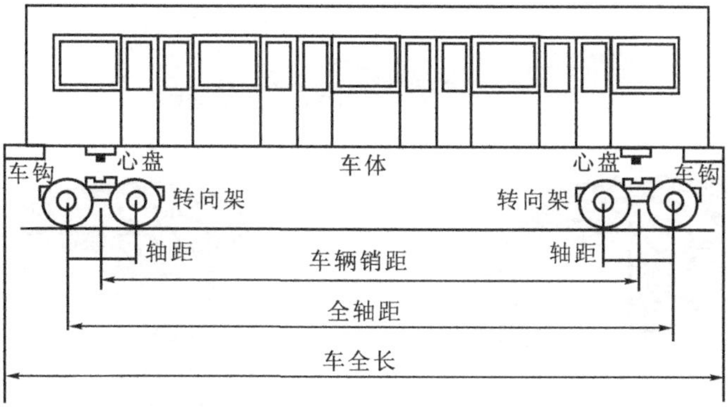

图3-4 轨道车辆主要尺寸

3.3 车体结构

轨道车辆车体结构依据承载形式,可分为整体承载、底架(车架)承载(如平车)和侧壁与底架共同承载(如敞车)三大类。车体承载结构一般有底架、侧墙、端墙及车顶等几大部件,通常由质强比高、耐腐蚀性好的钢木混合结构和钢、铝合金铆接或焊接结构制成,玻璃钢、三明治复合板材等多种轻量化复合材料也已应用于轨道车辆车体结构。车体设计的结构要求、设计载荷工况、材料许用应力、强度分析和试验验证原则须符合GB/T 33194—2016等标准要求。

3.3.1 整体承载结构

将车辆底架、侧墙、端墙及车顶等几大部件焊接或铆接成为一个箱形整体,而使所有结构件都能参与承载作用在车体上的各种载荷,故称该种形式的承载结构为整体承载结构,可分为开口筒形结构和闭口筒形结构等两种。

图 3-5 为常见的 25 型客车及其两种全钢焊接无中梁底架筒形车体结构,其中,图 3-5(b)为开口筒形结构,1 为车顶钢结构,2 为侧墙钢结构,3 为车底钢结构;图 3-5(c)为闭口筒形结构,与开口筒形结构的区别在于其底架横梁上或横梁下焊装有钢板 4。侧墙、端墙及车顶由纵(横)向梁和蒙皮(薄钢板)或挤压型材组焊而成,其型钢和大于 6 mm 的钢板均采用碳素钢,蒙皮钢板按选用板厚的不同而采用镍铬系耐候钢、05CuPCrNi 或 09CuPCrNi-B 等材料,车厢内通长波纹地板和车顶空调机座处平板、盥洗室地板均采用不锈钢。

(a)

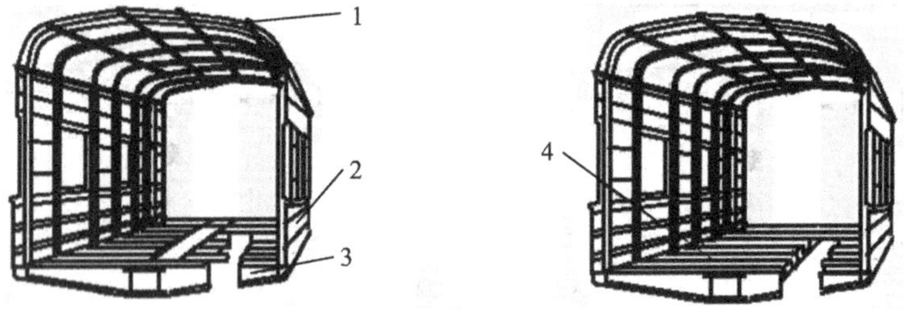

(b) (c)

1-车顶钢结构;2-侧墙钢结构;3-车底钢结构;4-钢板

图 3-5 整体承载车体结构

图 3-6 为 25 型客车底架结构示意图,由缓冲梁 1(中部开有车钩安装缺口,并与牵引梁 2 端部相互组焊,在缓冲梁与端梁 3 间有 2 根短纵梁)、牵引梁 2(自上心盘中心到缓冲梁 1 之间的中梁,由 2 根 30A 型槽钢及上下盖板组焊而成)、枕梁 5(为近似等强度鱼腹梁结构,靠近牵引梁 2 的一端为大端,靠近侧梁 6 一端为小端,与牵引梁交叉处安装心盘座)、横梁 7(缓冲梁和枕梁之间、两枕梁之间都需较均布设置)、侧梁 6[或称下边梁,18A 型槽钢,沿底架两端梁间的两侧全长纵向布置,且与枕梁 5 及全部横梁 7(包含枕外横梁 4)的端部焊接,金属地板也与侧梁的上翼缘表面搭接;侧墙的主柱、侧墙板分别焊在侧梁的上翼缘表面和腹板外表面上]、枕梁间的纵向金属波纹地板及枕梁外金属平地板等组成。

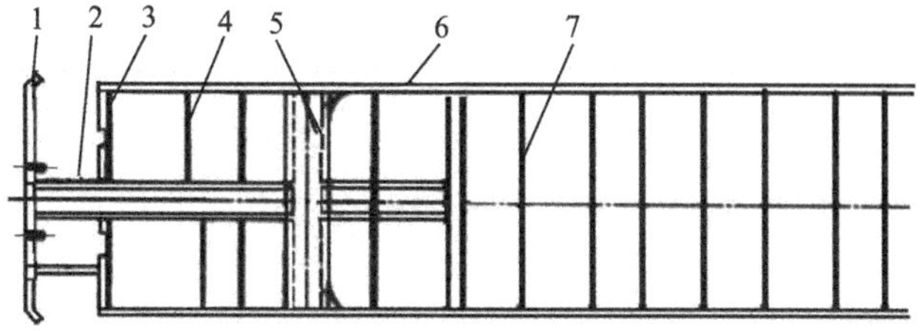

1-缓冲梁;2-牵引梁;3-端梁;4-枕外横梁;5-枕梁;6-侧梁;7-横梁

图 3-6 客车底架结构

25 型客车车体钢结构侧墙外表面一般为无压筋平板,内侧焊有 31 根垂直立柱(侧立柱)和 3 根水平纵向梁(窗上 1 根,窗下 2 根),再与上侧梁、下侧梁连接组成侧墙承载钢结构。车顶由上边梁、车顶弯梁、车顶纵向梁、空调机组安装座平台、水箱盖及车顶板构成。其中沿车顶两侧全长的 2 根上边梁与 18A 槽钢制成的顶端横梁组成车顶下部框架,5 根车顶纵向梁与 30 根设置在车顶中间部分的车顶弯梁,以及一、二位端各一个空调机组安装平台钢结构和二位端水箱活盖共同组成车顶承载结构。车顶板由冷轧型钢侧顶板和大圆弧中顶板两部分组成。

25 型客车车体钢结构的两外端墙均由 2 根 24B 槽钢制成的折棚立柱 2、2根角柱 4 和 2 根门边立柱 5 和横梁 1,以及位于端门立柱 5 和角柱 4 之间的乙形立柱 3 等构件焊接成承载骨架结构(如图 3-7)。其中所有立柱的上端与车顶顶端横梁相焊接,下端与底架缓冲梁上翼缘焊接,角柱 4 与门边立柱 5 之间焊有 2 根角形断面的水平横梁(图中未示出)。骨架外表面焊钢质蒙皮墙板,与钢骨架组成梁板组焊结构。

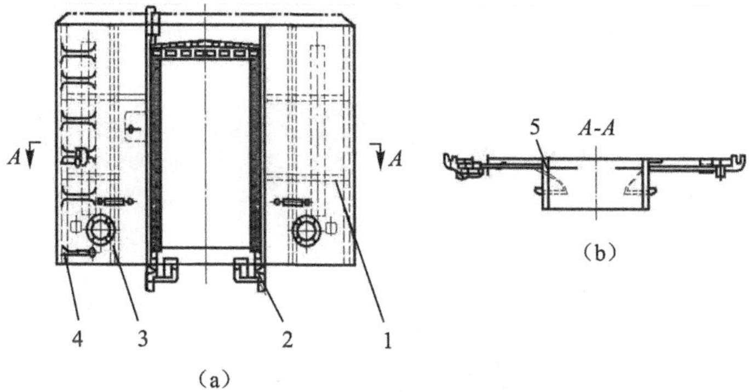

1-横梁;2-折棚立柱;3-乙形立柱;4-角柱;5-门边立柱

图 3-7 车体端墙结构

3.3.2 底架承载型

货车中的平车[如图3-8(a)]为底架承载型结构,装载货物重量及其他载荷均由底架(或称车架)承担。显然,这种型式底架结构要求边梁1及中梁2必须具有较高强度,往往设计成图3-8(b)所示的鱼腹型梁底架承载结构。

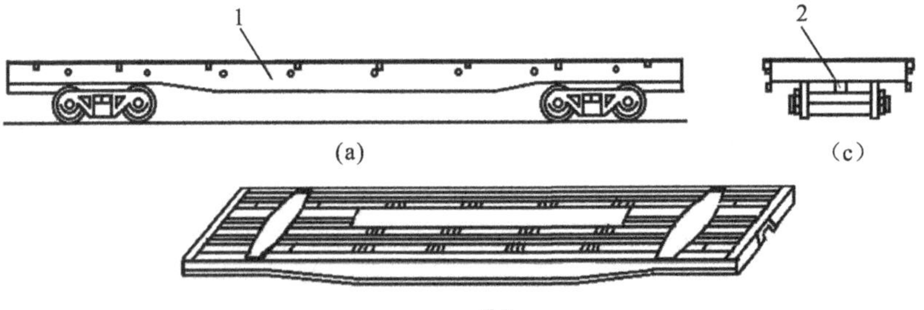

1-边梁;2-中梁

图3-8 平车底架承载型结构

3.3.3 侧壁底架共同承载型

侧壁底架共同承载结构也称为侧壁承载结构,可分为桁架式结构和板梁式结构两种。桁架式结构的侧、端墙为桁架式骨架和木墙板结构,当侧、端墙骨架上焊接金属薄板后则称为板梁式侧壁承载结构。侧壁底架共同承载结构多用于如货车车种中的敞车,由于没有车顶,载荷由侧墙、端墙和底架共同承担垂向载荷和部分纵向力。为保证金属板受力后不致失稳,敞车车体常采用压筋钢板来增加侧壁稳定性,如图3-9所示。

图3-9 侧壁底架共同承载结构

3.3.4 高速列车车体

高速列车通常是指最高行车速度每小时达到或超过200公里的铁路列车。随着近年来高速铁路的大发展,高速列车的运行速度一再提高,如国内包括京沪在内的“四横四纵”客运专线运行速度大都已高达350 km/h。由于气动阻力(包含头车尾车压差阻力、空气与车体间的摩擦阻力和车体上突出物干扰阻力等)与列车运行速度的平方是呈正比的,因此高速列车与传统客车相比,其所受气动阻力就成了影响列车运行的最主要因素(节能、气动升力、横向力、纵向力和转动力矩),其外形构型、结构强度、密封性等就成了高速列车车体设计必须科学合理解决的关键技术问题。空气阻力关系到列车安全,列车运行气动阻力 F 可表达为:

$$F=S\cdot\frac{C_{\mathrm{D}}}{2\rho}\cdot v^{2} \tag{3-6}$$

式中,S 为列车迎风面积,C_{D}为空气阻尼系数,ρ 为空气密度,v 为列车速度。

由式3-6可以看出,列车迎风面积 S 和空气阻系数 C_{D}至关重要,头车头部外形对列车运行的空气阻力、气动噪声、列车交会压力波、隧道微气压效应及移动压力场等影响较大。对于短编组列车的气动阻力中头车和尾车占27%以上,因此其外形常设计成气流主要从上方二维形状逃逸的流线形,且长细比一般达到3左右或更大。如图3-10所示为组焊蒙皮后的车头司机室外壳,其以骨架外壳结构为基础,将布置成环状的纵向骨架与横向骨架叉接组焊,再在骨架外焊接铝制外板蒙皮构成。

图3-10 动车组头车司机室外壳

对长编组高速列车,由转向架、车轮以及列车侧边和顶部的表面摩擦造成的阻力超过整车气动阻力的70%,同时车体还需考虑两列车交会和过隧时产生的压力波、明线横风气动侧向力及侧滚力矩的影响，车体外形断面常设计成鼓形[如图 3-11(a)，车顶为圆弧形，侧墙上部向内倾斜并以圆弧过渡到车顶，侧墙下部向内倾斜并以圆弧过渡到车底]，同时为考虑地板下部设备对空气阻力的影响，还采用了车底封舱罩，并设裙板及其圆弧过渡。

(a)

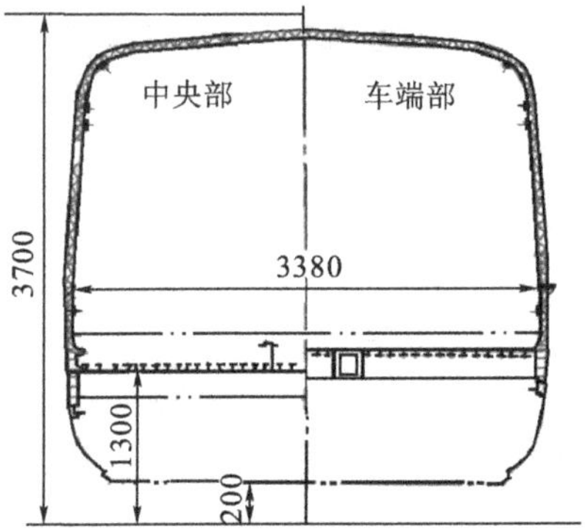

(b)

图 3-11　车体端面及断面形状

如图 3-11(b)车体断面图所示，高速列车车体采用铝合金挤压中空双层结构型材组焊结构，以使车体具有较高的弯曲刚度和提高车体整体振动模态频率，而地板则采用单层结构型材。

高速列车车体底架分为头车和中间车底架两种，头车底架又由车头底架和车身底架两部分构成(如图 3-12)，而中间车底架只有车身底架，其结构形式与头车车身底架相同。高速列车车体底架与普通客车底架结构一样，也由牵引梁 2、枕梁 3、侧梁(边梁)4、端梁 1、横梁 5 和波纹地板(图中未示出)等组成。牵引梁 2 与底架端梁 1 和枕梁 3 相连接，并为车钩缓冲装置提供安装位置，它与枕梁 3、端梁 1 都是主要由铝合金挤压型材和铝合金板焊接而成；侧梁采用通长铝合金挤压型材拼焊而成。

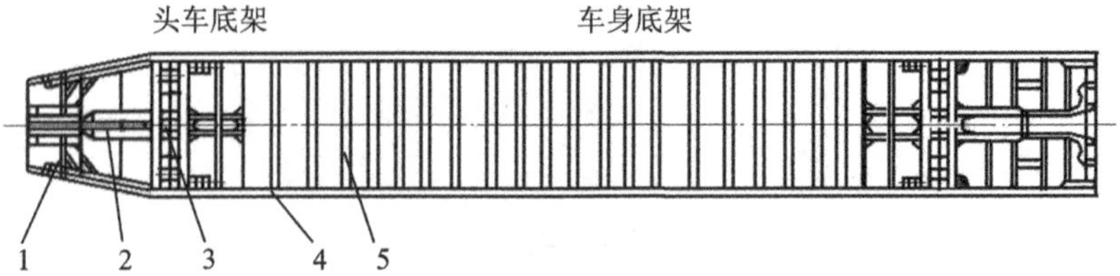

1-端梁；2-牵引梁；3-枕梁；4-侧梁(边梁)；5-横梁

图 3-12　动车组头车底架结构

高速列车侧墙和车顶结构均采用大型中空挤压型材，头车与中间车的侧墙结构相同，且未设车内侧立柱，所有型材之间的焊接采用车体长度方向上的连续焊接方式，侧墙与车顶间采用车内侧、车外侧连续双面焊，侧墙与底架边梁间采用车内侧点焊和车外侧连续焊接；受电弓、高压电缆等设备安装位置加焊适应安装需要的结构件和车内骨架。高速列车端墙结构依据盥洗间布置有分体式（设有盥洗间）和整体式（未设盥洗间）两种，分体式端墙结构设有卫生间玻璃钢物品搬运开口，并用可拆卸螺栓连接闭塞板（填充密封材料的铝型材骨架与铝板组焊结构）封闭；整体式为铝型材骨架-铝板焊接结构。两种结构的端墙均设有适于螺栓快速连接的风挡安装结构。图 3-13为焊装完成的车体结构。

图 3-13　车体焊装结构

为保证高速列车（车速 200 km/h 及以上）车内的舒适度，现阶段国内要求气密性必须满足车内外压力差从 3600 Pa 降至 1350 Pa 的时间大于 18 s（即泄压时间 $t \geqslant 18$ s）。影响气密性的因素，除端门、侧门、车窗结构和组装工艺外，还有车体结构焊接、车端连接结构、地板上直通车下管路和电缆孔、污物处理装置和通风换气装置的具体结构。目前主要采用的是连续焊缝车体结构制造工艺，取消排水孔，设计风挡密封的侧门和端墙结构，选用密封式盥洗和压力控制的空调环控设备等密封技术。

3.4　转向架总成

转向架是由轮对轴箱装置、弹簧减振装置、构架或侧架、摇枕、基础（单侧或双侧闸瓦)制动装置等几部分组成的能相对车体回转的行走装置,是轨道车辆(铁路机车车辆、动车组、城轨车辆等)实现承载、牵引、缓冲、导向和制动等功能的最重要的核心组成部件。轮对轴箱轴承可以采用滑动轴承或滚动轴承,轮对轴箱与构架之间一般设有弹性悬挂系统(称为一系悬挂,机车、客车和地铁转向架的一系悬挂一般包括轴箱弹簧、垂向减振器和轴箱定位装置等,重载货车转向架一般采用金属-橡胶复合弹簧作为一系悬架),构架与车体之间也设有弹性悬挂(称为二系悬挂,包括二系弹簧、各方向减振器、抗侧滚装置和牵引装置等),该弹性悬挂在地铁、高铁等车辆中多采用空气弹簧悬挂。与传统拖动型转向架不同,高速列车(动车组)转向架还设有异步牵引动力驱动装置(包括牵引电机、齿轮箱、联轴节或万向节和各种悬吊机构等)。

根据机车车辆的功能不同,转向架可分为机车转向架、客车转向架、货车转向架、动车组和城轨车辆转向架四大类,也可按轴数分为单轴转向架(轻轨车辆专用的单轮对转向架或独立旋转车轮转向架)、两轴转向架和三轴转向架、四轴转向架(重载货车有应用)等,也可按转向架承载方式分为心盘集中承载、心盘部分承载和非心盘承载三种。

3.4.1 客车转向架

客车作为乘用车辆,应具有符合速度要求的运行安全性、平稳性、舒适性和良好的曲线通过性能,因此客车转向架通常采用二系弹簧悬挂形式(提高垂向动力性能),并专门设置横向弹性复原装置和减振装置(提高横向动力性能),以及轴箱弹性定位装置(抑制转向架蛇行运动)。客车转向架主要按运行速度进行分类,包括最高运行速度不大于 120 km/h 的转向架(采用摇动台悬挂结构或无摇动台悬挂结构、盘形制动被置和制动电子防滑装置或采用踏面制功装置,可辅以轴端接地、空重车调整装置)、最高运行速度大于 120 km/h 且不大于 160 km/h 的转向架(采用摇动台悬挂结构或无摇动台悬挂结构、制动电子防滑装置、盘形制动被置,可辅以踏面增粘装置、抗蛇行运动装置、抗侧滚装置,以及轴端接地、空重车调整装置)、最高运行速度大于160 km/h且不大于 200 km/h 的转向架(在满足前一种主要结构型式外,可辅以其他型式的制动装置、用于提高性能的其他装置)。我国常见的客车转向架有 206 系列、209 系列、XW 系列(长客 CW 系列、四方 SW 系列和浦镇 PW 系列)等,其中 209 系列是目前我国干线铁路客车的主型转向架,适于 25 型客车(160 km/h)的运行要求,已形成 209T 型、209P 型、209PK 型、

209HS 型、PW-200 型等产品。

图 3-14 为 209T 型转向架结构图,主要由构架 1、摇枕弹簧悬挂装置 2(二系悬挂)、轮对轴箱弹簧装置 3(一系悬挂)、轴端发电机皮带传动装置 4 和基础制动装置 5 等部装件构成。

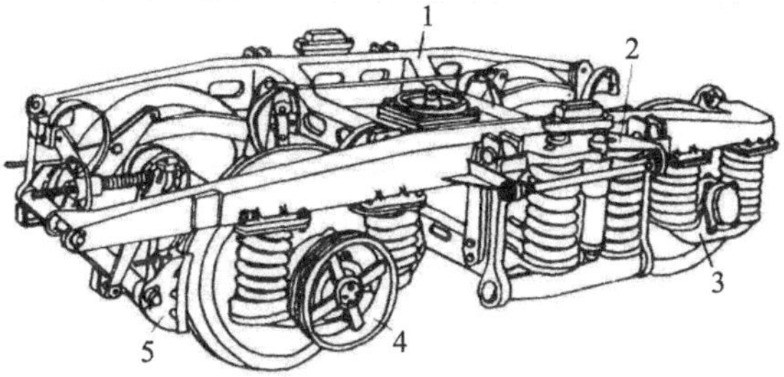

1-构架;2-摇枕弹簧悬挂装置;3-轮对轴箱弹簧装置;

4-轴端发电机皮带传动装置;5-基础制动装置

图 3-14　209T 型转向架结构示意图

转向架构架(如图 3-15)为铸钢一体式 H 形构架,由两根侧梁 1(包含四根悬臂小端梁 5)和两根横梁 9 构成。横梁 9 及端梁 5 下部铸造有 8 个弹簧支柱安装座 3,摇枕吊座托架 2(其上组焊有摇枕吊座 10)位于侧梁外侧,闸瓦托吊座 4 位于端梁 5 中部,缓解弹簧座 6 和固定杠杆支点座 7 位于端梁 5 的内端面处,制动拉杆吊座 8 位于横梁 9 上。

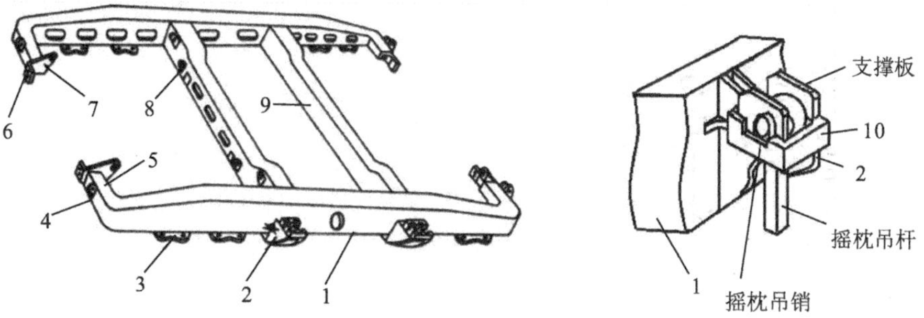

1-侧梁;2-摇枕吊座托架;3-弹簧支柱安装座;4-闸瓦托吊座;5-悬壁小端梁;

6-缓解弹簧座;7-固定杠杆支点座;8-制动拉杆吊座;9-横梁;10-摇枕吊座

图 3-15　209T 型转向架构架

209T 型转向架的摇枕弹簧悬挂装置(或称中央悬挂,如图 3-16),为摇动台式结构,采用带油压减振器(位于图 3-14 中央悬挂的两圆弹簧之间)和圆弹簧组的单节长吊杆构架外侧悬挂。

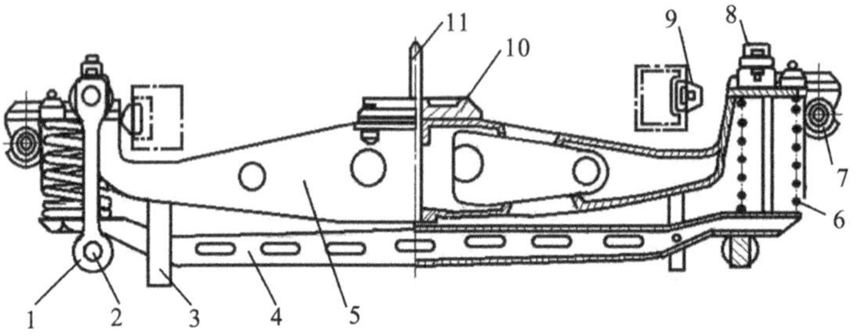

1-吊杆;2-吊轴;3-安全吊;4-弹簧托梁;5-摇枕;6-弹簧;7-纵向牵引拉杆装置;
8-下旁承;9-横向缓冲器;10-下心盘;11-中心销

图 3-16　摇台式摇枕弹簧悬挂装置示意图

摇枕 5 采用变截面的空心铸钢等强度梁,位于侧梁(图中点画线方框)处下方的梁段向上凹,而其两端向上翘起形成下旁承座(外侧旁承),以安装下旁承 8,可便于检修和减小车体侧滚振动。与传统纵向摇枕挡不同,209T 型转向架采用安装方向相反的一对纵向牵引拉杆装置 7(利用带有可控压缩量橡胶垫的牵引拉杆将摇枕和构架连接,拉杆固定端设置在构架上,调节端设置在摇枕上)使摇动台得到纵向定位,并可减缓摇枕和车体的纵向振动。横向缓冲器 9 与侧梁摇枕吊座固联,用于吸收摇枕 5 的横向振动能量。下心盘 10 采用螺栓组固联于摇枕 5 上部中央的下心盘座。置于吊轴 2 上的弹簧托梁 4 的设置是 209T 型转向架的独特之处,摇枕弹簧 6 和油压减振器位于弹簧托梁 4 和横梁下方弹簧支柱安装座之间,通过吊杆 1 与摇枕吊座相连(安全吊 3 起保护作用)构成完整的摇台式摇枕弹簧悬挂系统。

轮对轴箱弹簧装置是把两个轮对和构架连为一体的关键部件,采用无导框式结构,由迷宫式密封结构的轮对轴箱装置、干摩擦导柱式弹性定位的轴箱定位装置和单卷圆柱螺旋弹簧轴箱弹簧装置三部分组成。其中,轴箱定位装置是轮对轴箱和轴箱弹簧装置的连接组件结构,具体结构关系如图 3-17所示,侧梁弹簧支柱安装座 1 通过螺栓与导柱 2 连接,再通过弹性定位套 4 安装于轴箱装置 7 上的定位座 6 中;轴箱弹簧 3 下部衬垫缓冲垫 5,并外套装于导柱 2 和定位座 6 之间。

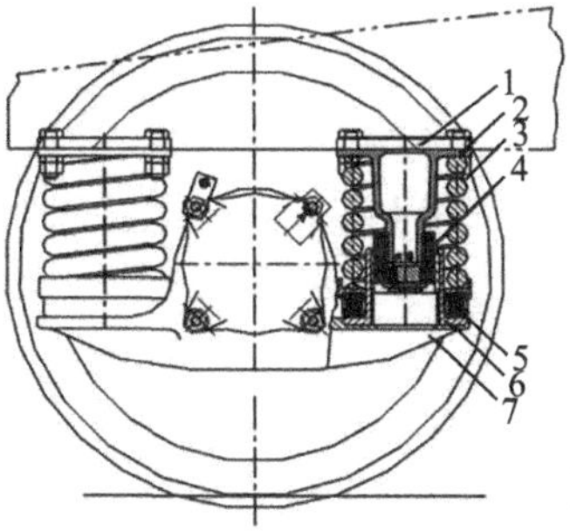

1-支柱安装座;2-导柱;3-轴箱弹簧;4-弹性定位套;5-缓冲垫;6-定位座;7-轴箱装置

图 3-17 轴箱定位装置

转向架轴端发电装置是将一皮带轮装配于转向架的某一轮对的轴端(图 3-17 中构件 4),在车辆运行时皮带轮随轮对转动,通过皮带传动带动发电机转子转动,达到随车发电的目的。

209T 型转向架基础制动装置采用杠杆传动双片吊挂直接作用式双侧闸瓦制动系统(如图 3-18)。主要由移动拉杆、制动拉杆、制动拉杆吊、拉环、制动梁、制动圆销、缓解弹簧、闸瓦托吊、闸瓦托、闸瓦及闸瓦间隙调整装置等组成。制动梁为扁钢结构。闸瓦间隙调整装置如图 3-18 的 *A*-*A* 剖面图所示,调整弹簧座与闸瓦托吊焊接成一体。

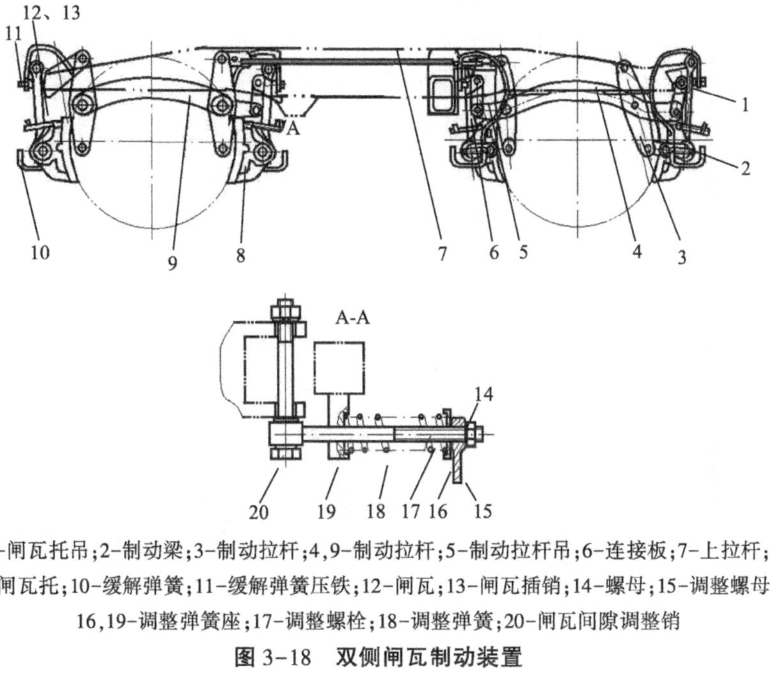

1-闸瓦托吊;2-制动梁;3-制动拉杆;4,9-制动拉杆;5-制动拉杆吊;6-连接板;7-上拉杆;8-闸瓦托;10-缓解弹簧;11-缓解弹簧压铁;12-闸瓦;13-闸瓦插销;14-螺母;15-调整螺母;16,19-调整弹簧座;17-调整螺栓;18-调整弹簧;20-闸瓦间隙调整销

图 3-18 双侧闸瓦制动装置

3.4.2 货车转向架

铁路货车主要用于各种货物的运送,其载重量一般比客车载重量要大得多。目前商业运营速度为120 km/h的主型转向架多为转K2(侧架交叉支撑转向架)和转K4(摆动式转向架)两种。

(1)转K2转向架

转K2转向架实物照片及其结构爆炸图如图3-19所示,其为铸钢三大件式(两侧架、一摇枕)货车转向架,轴重21 t,铁路提速货车。侧架(由侧架、支撑座、保持环、立柱磨耗板、滑槽磨耗板等构成)、摇枕(由固定杠杆支点座组成、托架组成、摇枕、下心盘、斜面磨耗板组成)均采用B级钢材铸造,在两侧架之间安装弹性下交叉支撑机构(由1个下交叉杆、1个上交叉杆、8个轴向橡胶垫、4个双耳垫圈、4个锁紧板和4个紧固螺栓组成),交叉杆从摇枕下面穿过,4个端点用轴向橡胶垫与侧架连接;中央悬挂系统采用两级刚度中央枕簧悬挂系统(图中未示出,由材质为60Si2CrVA的10个外圆弹簧、10个内圆弹簧和4组双卷减振弹簧构成。其中外圆弹簧自由高比内圆弹簧自由高高出22 mm,空车时仅由外圆弹簧承载,重载时内、外圆弹簧共同承载);减振装置采用分离式斜楔减振装置(由侧架立柱磨耗板、左分离式斜楔、右分离式斜楔、楔形插板和双卷减振弹簧组成)或整体式斜楔减振装置(由侧架立柱磨耗板、斜楔、摇枕斜面磨耗板和双卷减振弹簧组成);采用JC型双作用常接触弹性旁承(由弹性旁承、旁承座、滚子、调整垫板、调整垫片等组成),可消除旁承纵向间隙,保持稳定的旁承回转摩擦阻力矩,有效抑制转向架蛇行运动,提高临界速度;基础制动装置为中拉杆结构单侧闸瓦基础制动装置、L-A或L-B型组合式制动梁(L-B型为国内货车主型制动梁,如图3-20所示)、新型高摩合成闸瓦,车体上拉杆越过摇枕与游动杠杆连接;采用轻型新结构HEZB型铸钢车轮或HESA型辗钢车轮和双列圆锥滚子轴承;安装有心盘磨耗板(上下心盘之间)、侧架滑槽磨耗板和侧架立柱磨耗板等。

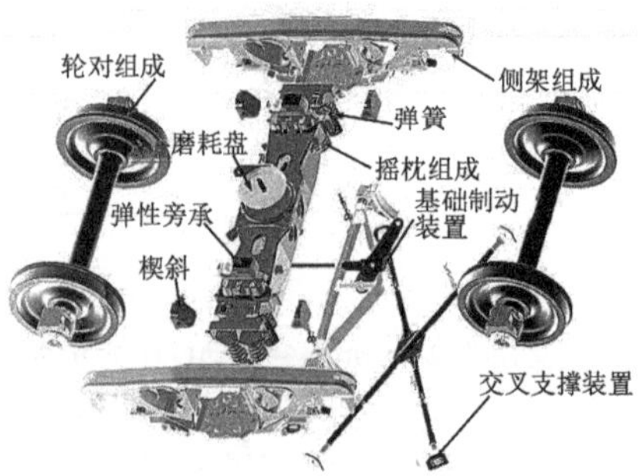

图3-19 转K2转向架结构

图 3-20 L-B 型组合式制动梁

(2)转 K4 转向架

转 K4 转向架如图 3-21 所示,结构上也属铸钢三大件式货车转向架,轴重和最高商业运营速度与转 K2 转向架相同。在原三大件式转向架基础上增加一个弹簧托板,该弹簧托板通过摇动座坐落在侧架中央承台内的摇动座支承(安装于侧架中央方框下弦杆处弹簧承台的腔形结构中)上,以此把左右侧架连接在一起,同时左右侧架通过其顶部导框摇动座(底面为圆弧形)分别支承在前后两承载鞍(顶面也是圆弧形,与导框摇动座底面圆弧形成滚动副)上,使左右两侧架成为可横向同步摆动的吊杆,增加了货车的横向柔性(横向具两级刚度特性);摇枕下部铸出两块三角形挡(组焊为 0Cr18Ni9 八字面磨耗板),并与弹簧托板上的挡块配合,限定了摇枕的最大横向位移(摆动加横移共为±32 mm),可防止摇枕窜出,起到安全挡板的作用。同时,摇枕档位于摇枕下部,其位置的下移,降低了振动转动中心,使侧滚振动控制得以加强,可有效减少爬轨和脱轨的可能性。

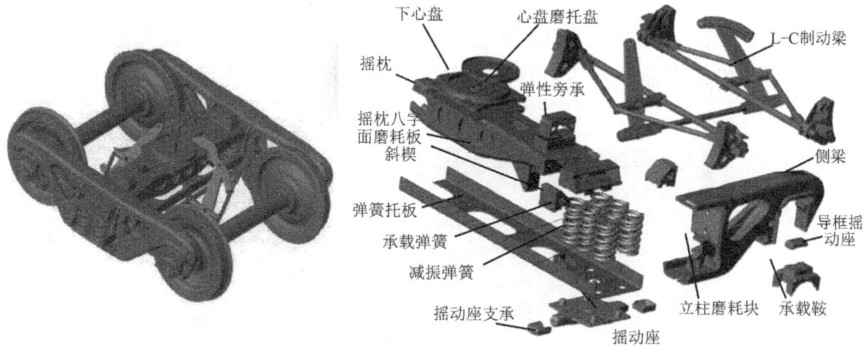

图 3-21 转 K4 转向架

3.4.3 动车组转向架

动车组转向架由构架、弹簧悬挂、轮对轴箱和基础制动等装置组成(如图 3-22 所示),一系悬挂包括轴箱弹簧、垂向减振器 8 和轴箱定位装置等,承担轴重分配和缓和线路不平顺对车辆的冲击。二系悬挂 4 包括二系空气弹簧、高度调节阀、各方向减振器(3 和 9)、抗侧滚装置和牵引装置等,传递车体与转向架间的垂向力和水平力,通过曲线时相对车体回转,并依据两侧车高变化由调节阀排气,进一步减缓车体与转向架间的冲击振动,保证转向架安定。基础制动装置包括制动缸(气缸或油缸)、放大系统(杠杆机构或空—油转换装置)、夹钳式制动器 7 等。动车组转向架有动力转向架和拖车转向架之分,每一动力转向架均装有两套驱动装置,包括牵引电机 1、车轴齿轮箱 2,以及联轴节或万向轴和各种悬吊机构等,如图 3-23 所示。

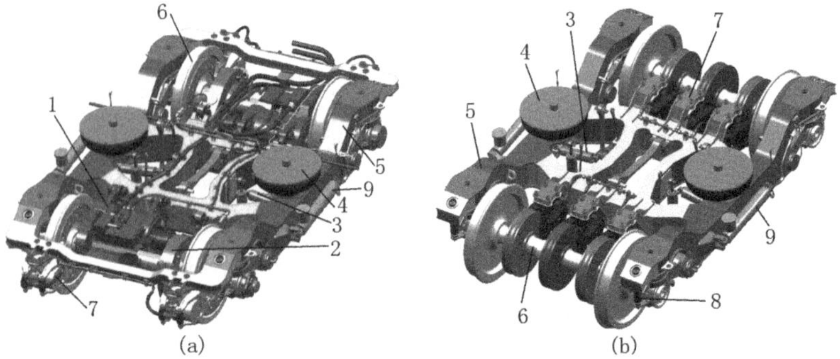

1-牵引电机;2-齿轮箱;3-横向减振器;4-二系悬挂;5-构架;6-轮对;
7-夹钳式制动器;8-轴箱减振器(一系悬挂);9-抗蛇行减振器

图 3-22　CRH 系列动车组转向架

目前,国内 CRH 系列动车组转向架均采用转臂式轴箱定位的无摇枕转向架,全部车轮安装踏面清扫装置和电子防滑装置,基础制动装置为轴盘(非动力转向架用)和轮盘制动(动力转向架用),并且配置机械或者涡流制动盘。

图 3-23　动车组转向架牵引装置

3.5 车端连接装置

车端连接装置是指连接两车辆间或两车列间的所有机械、空气和电气装置,具有连接、牵引、缓冲、灵活转动和易摘挂等特性,通常称为牵引缓冲装置,有前端缓冲器(安装首车和末车厢尾端,为全自动车钩缓冲器)和中间车缓冲器(安装在中间车辆之间,多为固定编组运行的半永久车钩缓冲器或半自动车钩缓冲器)。常见车钩缓冲装置如图 3-24 所示,一般由车钩(传递牵引力/制动力)和缓冲器(传递和缓冲压缩力)两部分组成,车钩 1 和钩尾框 2 由钩尾销 3 连成为一体,钩尾框 2 内依次安装有前从板 4、缓冲器 5 和后从板 6。

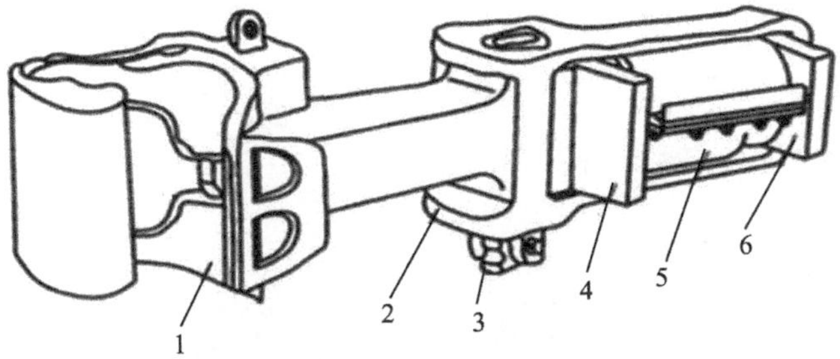

1-车钩;2-钩尾框;3-钩尾销;4-前从板;5-缓冲器;6-后从板

图 3-24　车钩缓冲装置

为满足高速列车、城市地铁和轻轨等启动和变速过程中纵向加(减)速度大、乘用舒适度标准高的要求,这些车辆普遍采用了密接式车钩缓冲器,如图 3-25 所示。密接式车钩为刚性自动车钩,连接后两车钩之间无上下和左右的移动,且纵向间隙可限制在约 1~2 mm 的范围内,能显著提高列车运行平稳性和降低车钩零件磨耗与噪声。目前,国际上主要有半圆形钩舌密接式车钩和锁型密接式车钩两种类型。

图 3-25　密接车钩缓冲器

客车及动车组列车车端连接装置除车钩和缓冲器外，还包含内风挡（车辆间的柔性运动部件和旅客通道）、外风挡（车外噪声防护与车体振动抑制装置）、车体间减振器（抑制车辆间的相互摇动）和电气连接器等。限于篇幅，本节主要介绍车钩及缓冲器。

3.5.1 车钩

（1）传统车钩

传统车钩可分为自动车钩（非刚性车钩、刚性车钩）和非自动车钩，由钩头、钩身、钩尾三个部分组成，如图 3-26 所示，钩头与钩舌通过钩舌销相连接，钩舌可绕钩舌销转动，钩头内部装有钩锁铁、钩舌推铁、钩提销（下作用式车钩为钩推销）等零件。

图 3-26　车钩基本结构

目前，我国新造货车几乎全部采用 13 号或 13A 型车钩，新造客车采用 15C 号车钩，以及为满足煤炭敞车翻车机卸煤需要，还有 16 号、17 号联锁式固定和转动车钩。17 号联锁式固定车钩已经成为新的通用车钩，可与 13 号车钩、13A 型车钩及 15 号车钩等正常连挂使用。如图 3-27 所示为 17 号联锁式固定车钩结构，由钩舌 1、钩舌销 2、钩头 3、联锁套口 4、联锁套头 5、联锁辅助支架 6、钩身 7、钩尾端面 8 和钩尾凸肩 9 构成。16 号联锁式转动车钩与 17 号车钩唯一不同的是钩尾为球台状钩尾 9，其车钩转动系统如图 3-28 所示，由钩头 1、转动套 2、钩尾销 3、从板 4、钩尾框 5、钩尾销托 6、开口销 7 和插销 8 等构成。当车辆进入翻车机位置时，翻车机带动车辆以车钩中心线为旋转轴翻转 180°，底架连同 16 号钩尾框以车钩中心线为转轴，相对于 16 号钩体旋转，16 号钩体则由于受相邻车辆及其连挂的 17 号钩体的约束而静止不动，而被翻转车辆另一端的 17 号车钩随同底架沿车钩中心线旋转，并带动相邻车辆与其连挂的 16 号车钩一起旋转，从而实现不摘车钩即可在翻车机上卸货的目的。

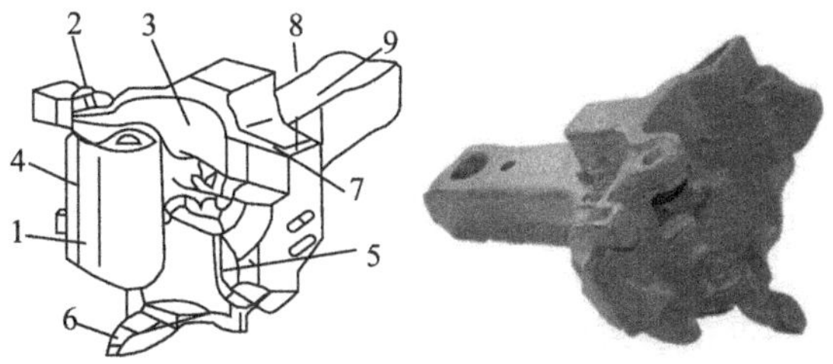

1-钩舌;2-钩舌销;3-钩头;4-联锁套口;5-联锁套头;
6-联锁辅助支架;7-钩身;8-钩尾端面;9-钩尾凸肩

图 3-27 17 号联锁式固定车钩结构

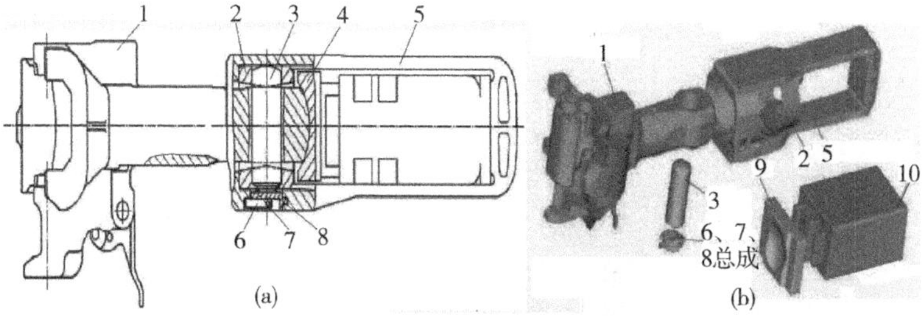

1-钩头;2-转动套;3-钩尾销;4-从板;5-钩尾框;6-开口销;7-钩尾销托;8-插销;9-钩从板;10-缓冲器

图 3-28 16 号车钩转动系统图

车钩具有闭锁、开锁、全开三种作用状态,如图 3-29 所示。车辆连挂后,两个车钩必须处于闭锁位置[如图 3-29(a)所示],车钩的钩舌 3 被钩锁铁 5 挡住不能向外转开,具有闭锁作用以保证列车运行时各车钩不能任意分离;摘挂车辆时,钩锁铁 5 被提起,一个车钩的钩舌 3 只要受到拉力就可以向外转开[如图 3-29(b)所示],以便使两连挂的车钩脱开;连挂车辆时,车钩应具有全开作用,使其中一个车钩钩舌 3 完全张开[如图 3-29(c)所示],才能使另一车钩的钩舌进入其钩腕内,以便两钩连挂。

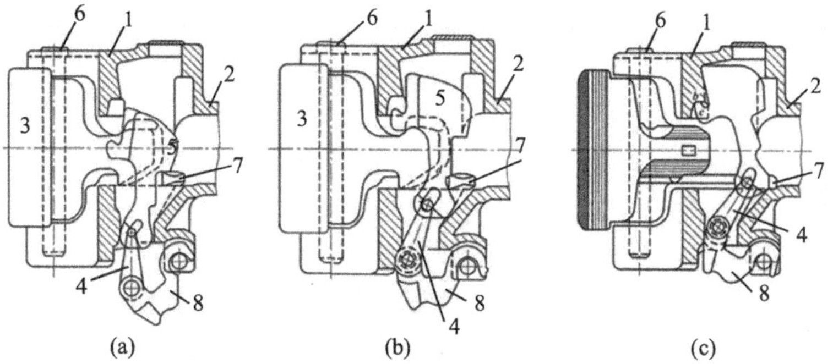

1-钩头;2-钩尾;3-钩舌;4-下锁销;5-钩锁铁;6-钩舌销;7-钩舌推铁;8-下锁销杆

图 3-29 车钩三态作用位置

(2)密接式车钩

密接式车钩构造如图 3-30 所示,主要由凸锥钩头、钩舌和钩头凹锥和解钩风缸等组成,其工作原理与前述传统车钩完全不同,如图 3-31 所示,连接时凸锥钩头 3 插入需连接的另一钩头的凹锥,凸锥压迫使可旋转的半圆形钩舌 2 顺时针旋转 40°,并压缩解钩风缸弹簧(图中未示出),连接到位后,两连接面相互接触,钩舌在解钩弹簧作用下复位,车钩处于闭锁状态;分解时,由司机操纵分解阀,压缩空气由总风管进入本车解钩风缸 4,同时经过解钩风管连接器将压缩空气送到相连挂的另一辆车的解钩风缸,带动解钩杆,使钩舌顺时针方向转动 40°到开锁位置,此时两钩即可解开(当采用手动解钩时,操作人员人力扳动手动解钩杆 1,使钩舌转动到开锁位置,也可实现两钩的分解)。

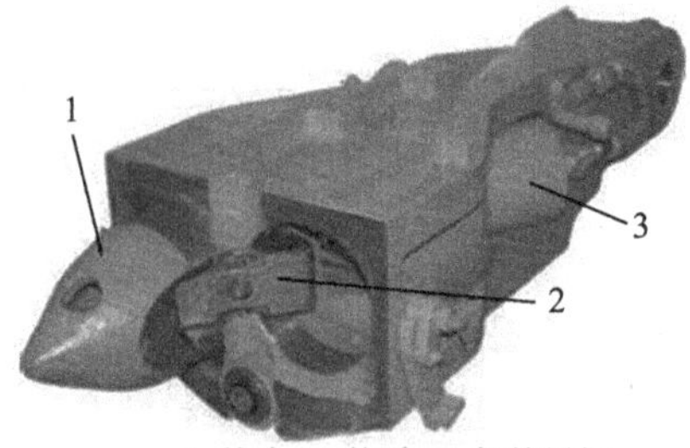

1-钩头;2-钩舌;3-解钩风缸

图 3-30 柴田式密接车钩构造

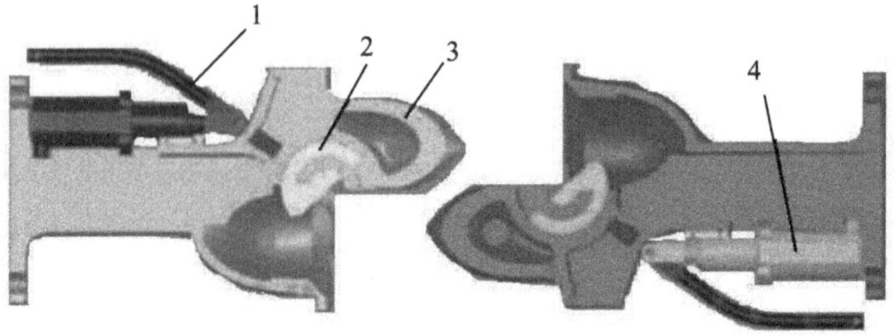

1-手动解钩杆;2-钩舌;3-钩头;4-解钩风缸

图 3-31 密接式车钩原理

Scharfenberg 密接车钩如图 3-32 所示,其工作原理如图 3-33 所示,准备连挂时[图 3-33(a)],车辆相对移动,当两车钩的前端面密贴后,连杆 2 前端的销子即卡入对面车钩的钩板 1 的缺口内,形成间隙非常小的稳定连接图[3-33(b)];解钩时只需拉动解钩绳或使用风缸转动钩板 1,使连杆销脱离对面钩板缺口[图 3-33(c)],然后车辆后退即可实现解钩,解钩后,在拉伸弹簧 3 的作用下钩板和连杆恢复至准备连挂状态。

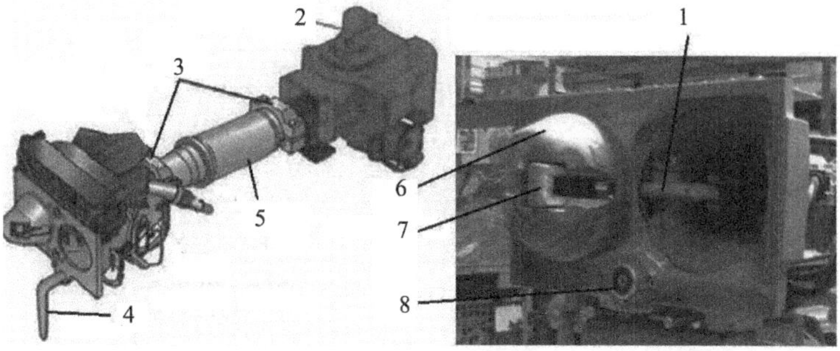

1-转动钩板;2-钩尾;3-卡环;4-导向杆;5-钩身;6-钩头锥;7-连杆销;8-风管

图 3-32 Scharfenberg 密接车钩

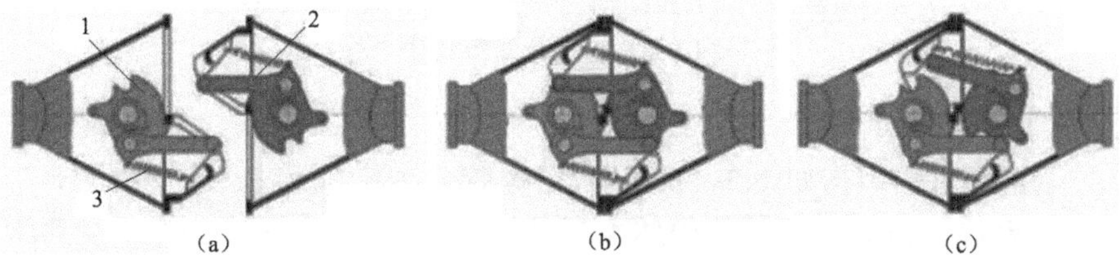

1-钩板;2-连杆;3-拉伸弹簧

图 3-33 Scharfenberg 密接车钩原理

3.5.2 缓冲器

缓冲器的主要性能参数包括缓冲器的行程(缓冲器受力后产生的最大变形量,弹性元件处于全压缩状态)、最大作用力(缓冲器产生最大变形量时所对应的作用外力)、容量(缓冲器在全压缩过程中,作用力在其行程上所做的功的总和)及能量吸收率(缓冲器在全压缩过程中,被阻尼所消耗的能量与缓冲器容量之比,一般要求能量吸收率不低于 70%)、初压力(缓冲器的静预压力,对列车启动加速度有影响)等,它们直接影响着列车的牵引总重、运行速度、车辆的总重、编组作业效率、货物的完好率等铁路运输效能指标。缓冲器种类很多,传统铁路机车车辆上使用最广泛的是摩擦式缓冲器和摩擦橡胶式缓冲器,而高速动车组多采用橡胶缓冲器和黏弹性橡胶泥缓冲器。

(1)摩擦式缓冲器

图 3-34 为 MT-3 弹簧摩擦式缓冲器,其容量为 45 kJ,最大阻抗力 2000 kN,行程 83 mm,能量吸收率 80%,一般用于通用货车。

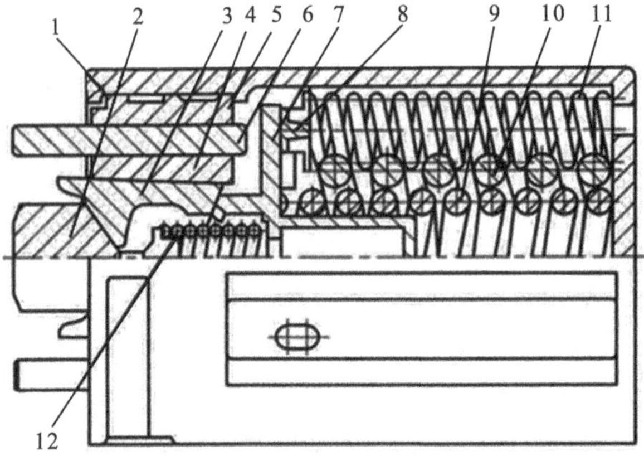

1-箱体;2-中心楔块;3-楔块;4-固定斜板;5-外固定板;6-动板;7-中心弹簧座;
8-角弹簧座;9-内圈弹簧;10-外圈弹簧;11-角弹簧;12-复原弹簧

图 3-34　MT-3 弹簧摩擦式缓冲器

(2)橡胶缓冲器

橡胶缓冲器结构如图 3-35 所示,由橡胶金属片 3、前从板 1、牵引杆 7、缓冲器后盖 6、滑套 2、缓冲器腔体 4、后从板 5 共 7 部分组成。当车辆受到压缩冲击载荷时,缓冲器腔体 4 和牵引杆 7 受压,牵引杆 7 台阶端面传递力至后从板 5,橡胶片产生弹性压缩变形吸收冲击能量,起缓冲作用,并将剩余力继续传至前从板和缓冲器的前端,橡胶金属片受到压缩。在牵引载荷工况下,牵引杆 7 受拉,力作用在牵引杆左端滑套上,使前从板 1 向右移动压缩橡胶金属片 3 起到缓冲作用,并将剩余力继续传至后从板和缓冲体后盖。

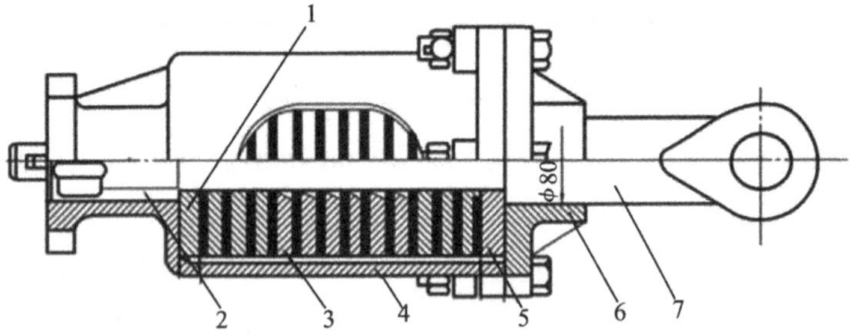

1-前从板;2-滑套;3-橡胶金属片;4-缓冲器腔体;5-后从板;6-缓冲器后盖;7-牵引杆

图 3-35　橡胶缓冲器

(3)弹性胶泥缓冲器

弹性胶泥缓冲器利用其弹性胶泥芯良好的流体动态和静态特性,可使得机车车辆间的车钩力和机车车辆的纵向加速度很小,舒适性较高。图 3-36 为 KC15 弹性胶泥缓冲器结构示意图,在充满弹性胶泥芯 4 的缓冲器箱体

5内,内筒1中为多片碟簧(图中未示出),箱体5内腔与内筒1间为半环3。当活塞(牵引杆)6受到冲击力时,弹性胶泥材料受压缩产生阻抗力,并通过半环3间隙的节流作用和胶泥、蝶簧的压缩变形吸收冲击能量。当活塞(牵引杆)上的冲击压力撤除后,弹性胶泥体积膨胀并通过环形间隙流回复原,并与蝶簧回复力一道使活塞(牵引杆)回到原位。由此也可见,无论车钩受拉或受压,缓冲器是始终受压的。与一般摩擦式缓冲器相比,在相同的阻抗力和行程条件下,弹性胶泥缓冲器的容量要大得多。

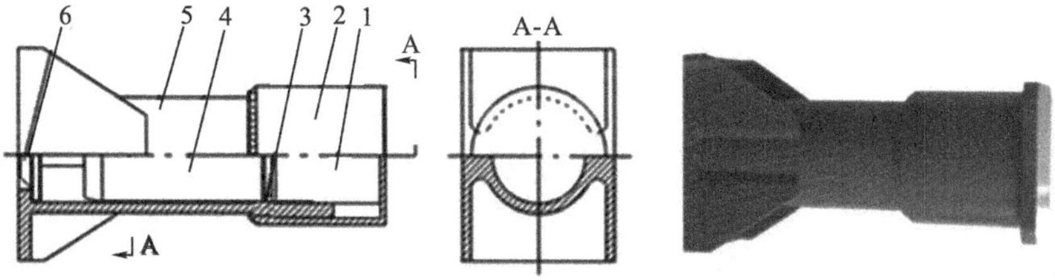

1-缓冲器内筒;2-大套筒;3-半环;4-弹性胶泥芯;5-箱体;6-活塞(牵引杆)

图3-36 KC15 弹性胶泥缓冲器

3.6 钢轨打磨列车

钢轨打磨可以消除钢轨波磨、飞边、接头不平顺等病害,以及修正钢轨轮廓,从而减小列车运行的噪音,改善轮轨接触关系,降低轮轨接触应力和磨耗,提高列车运行的舒适性。

3.6.1 钢轨打磨小车

钢轨打磨技术主要有砂轮端面打磨、砂轮周面打磨、铣磨复合打磨、砂轮高速打磨和砂带打磨等。打磨小车是钢轨打磨列车的作业装置,每台打磨小车一般由8个打磨电机及砂轮、磨头角度偏转机构(包括调节油缸、偏转电机)、磨头伺服油缸、导向轮、悬挂机构(包括锁止装置)、车架以及控制系统等部分组成,如图3-37所示。每个磨头砂轮均由1个打磨电机单独驱动,每2个打磨电机安装在一个摇架上(两个电机中心线呈1.5°夹角安装)构成一个打磨单元,每台打磨小车上一般装有4个打磨单元。一个摇架由一组磨头角度偏转机构控制。角度偏转机构调节油缸只有全收缩位和全伸出位两个位置,可实现内侧和外侧的角度偏转。打磨小车导向轮为独立导向行走轮对,由钢轨打磨列车与打磨小车相连的牵引杆提供牵引动力。磨头伺服油缸(图中未示出)用于升起或下降打磨电机,以调节作业过程中的磨头与钢轨间的垂向磨削作业压力。

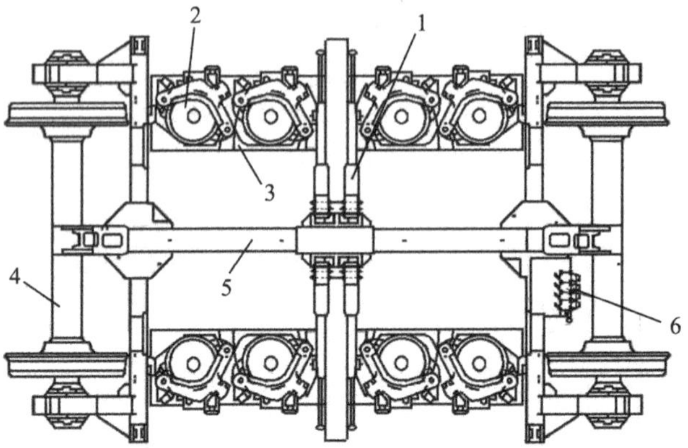

1-偏转电机;2-打磨电机;3-打磨电机摇架;4-导向轮对;5-小车架;6-控制阀路

图 3-37　打磨小车结构

此外,打磨小车由 4 个提升油缸来实现其升降,可以平稳地降到轨面(由导向轮与钢轨保持定位,进行打磨作业),也可以可靠地提升到锁定位置(非作业状态,锁定后随列车快速行驶)。

3.6.2　钢轨检测装置

轨道的轨廓与波磨检测由轨廓波磨检测装置完成,有接触式和非接触式两种。钢轨打磨列车的检测作业小车一般采用探测器(CCD)成像和激光三角测距相结合等非接触式检测方案,可以一次测量完成钢轨的扭曲度、弯曲度和外形尺寸精确检测。典型的激光三角测距系统由激光光源、会聚透镜、成像透镜、探测器和信号处理控制器等组成,光路如图 3-38 所示。

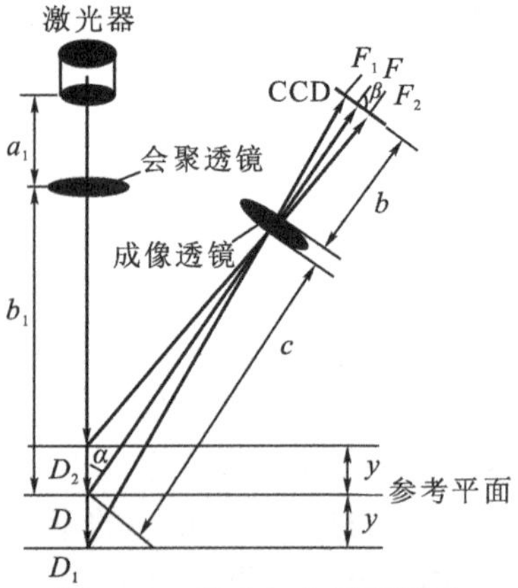

图 3-38　激光三角测距原理

激光光源发射一束光经过会聚透镜准直后投射到被测物体表面,其漫反射光线经过接收透镜形成光斑成像在光电检测器件上,当被测物体表面由 D 点移动到 D_1 点时,根据透镜的小孔成像原理,其像点也就相应地从 F 点移动到 F_1 点;同样,当被测物体表面由 D 点移动到 D_2 点的时候,由接收透镜收集的漫反射光在光敏元件上所形成的光斑由 F 点移动到 F_2 点。若接收透镜焦距一定,成像光斑中心的位置则由传感器和被测物体表面之间的距离决定。设参考平面上的 D 点为系统的基准点,当物体表面相对参考平面的位移为 y 时,由接收透镜收集到的散射光在光电检测器件的感光面上所成的光斑产生的位移为 x,可以得 y 与 x 的关系式。

当被测物体表面在参考平面下方时:

$$y=\frac{cx\sin\beta}{b\sin\alpha+x\sin(\alpha+\beta)} \tag{3-7}$$

式中,β 为成像透镜光轴与 CCD 面的夹角,一般取 β 值为 90°。

被测物体表面在参考平面上方时:

$$y=\frac{cx\sin\beta}{b\sin\alpha+x\sin(\alpha+\beta)} \tag{3-8}$$

应用中,参考点 D 与透镜的距离 c 可通过精确测量获取,光斑中心位置可通过图像处理技术获取,因此可以由式(3-7)或(3-8)计算出光斑中心的位移量。激光器和 CCD 组成的系统完整扫描被测钢轨表面后,对图像上的光斑进行点采样,计算各采样点对应的物点离参考平面的距离,即可获取钢轨表面的点云及其对应坐标;再通过曲线拟合计算钢轨表面的曲面方程,获得其变形、扭曲及三维仿真图。

3.6.3 集尘系统

集尘系统用于收集列车打磨作业过程中产生的粉尘, 并能方便定期清除。主要采用离心式通风机、顶部进风、旁插扁袋过滤与高压脉冲反吹清灰结构,由进气管道、过滤器、反吹控制装置、集气室、通风机及驱动电机、排气消音器和系统控制装置等组成,如图 3-39 所示。

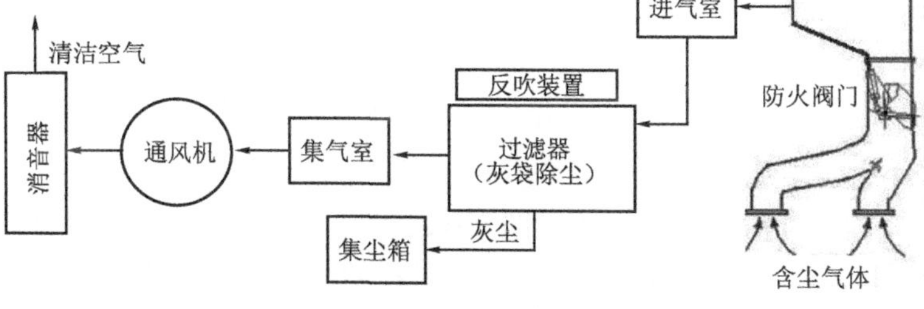

图 3-39 打磨列车集尘系统示意图

进气管道内一般设置链条制成的火星网、温度传感器、防火风门等,以防打磨钢轨磨屑火星进入滤袋造成损坏。过滤器由过滤器箱体、过滤元件、过滤器反吹装置(包括储风缸、电磁阀和反吹管路)、集尘箱等组成。过滤器箱体由钢板焊接制成,箱体前端设置检查门。集尘箱设在过滤箱体的下部,集尘箱前后设门,便于清除粉尘。

3.6.4 GMC96$_B$钢轨打磨列车

GMC96$_B$钢轨打磨列车是我国首台国产化的大型高速铁路养护设备,共由排列顺序为B1、C1、A、C2、C3、C4、B2的7节车组成,其中,B1(前端)和B2(后端)车为带司机室的控制功能作业车,C1、C2、C3和C4车为作业车,A车是动力车。该车总长约150 m,最大自走行速度(双向)为100 km/h,打磨速度范围为3~15 km/h,打磨角度范围为钢轨内侧-70°到外侧+15°,最小作业曲线半径250 m,有96个打磨砂轮,具有99种打磨模式,可完成线路钢轨波浪形磨耗、钢轨肥边、马鞍形磨耗、焊缝凹陷及鱼鳞裂纹等病害的打磨消除。可实现钢轨表层金属磨削量不少于0.2 mm/遍,以及300 mm、1000 mm钢轨纵向波长范围内最大幅值分别为0.02 mm和0.2 mm波磨的消除,适用于50、60、75 kg/m钢轨。

B1车位于列车前部,主要进行钢轨轮廓、飞边等打磨作业,总体布置如图3-40所示。B1车上部从I端到II端依次为司机室、1号液压动力包、1号作业风源装置、QC1A、QC1B电器气动柜/水箱、1/2号集尘装置、工作间;B1车车架内部从I端到II端安装有F8分配阀、辅助风缸、液压油散热器、水泵、自救卷盘等设备;B1车下部从I端到II端依次为I端转向架、检测装置、1号打磨小车、2号打磨小车、II端转向架。其中,1号打磨小车内安装1~8号打磨电机,2号打磨小车内安装9~16号打磨电机,打磨角度范围为0°~ -70°。

C1车主要进行钢轨轮廓、波磨等打磨作业,以及设置有作业发电机组(为B1/C1车打磨作业及控制装置提供动力),布置如图3-41所示。C1车上部从I端到II端依次为作业发电机室、3/4号集尘装置、QC3A、QC3B电器气动柜/燃油箱、2号液压动力包、2号作业风源装置;作业发电机室内安装有一台X910UC型发电机组;车架内部安装有F8分配阀、辅助风缸、液压油散热器、水泵、自救卷盘等设备;C1车下部从I端到II端依次为I端转向架、3号打磨小车、4号打磨小车、II端转向架。其中,3号打磨小车内安装17~24号打磨电机,4号小车内安装25~32号打磨电机,打磨角度范围为+15°~-20°。

A车位于列车中部,其布置如图3-42,主要为列车提供恒低速打磨作业和高速运行的牵引力,并为整列车(包括附挂的宿营车等)提供照明、生活用电。动力车上部从I端到II端依次为辅助室、I端动力室、I端冷却室、连接室、II 端冷却室、II 端动力室和制动室等七部分。动力车下部两端对称布置两个牵引拉杆式三轴转向架,中部吊装燃油箱。

C2 车主要进行钢轨轮廓、波磨等打磨作业,设置有作业发电机组(为 C2/C3 车打磨作业及控制装置提供动力),与 C1 车基本相同,车下部依次为 I 端转向架、5 号打磨小车、6 号打磨小车、II 端转向架。其中,5 号内安装 33~40 号打磨电机, 6 号内安装 41~48 号打磨电机,打磨角度范围为+15°~-20°。

C3 车、C4 车打磨作业内容及总体布置均与 C2 基本相同,C3 车设有水箱(为 C2/C3 车提供消防喷淋用水),C3 和 C4 车下部依次分别为 I 端转向架、7 号与 8 号打磨小车和 9 号和 10 号打磨小车、II 端转向架。其中,7 号内安装 48~56 号打磨电机,8 号内安装 57~64 号打磨电机;9 号内安装 65~72 号打磨电机,10 号内安装 73~80 号打磨电机,打磨角度范围均为+15°~-20°。

B2 车位于列车后部,主要进行钢轨轮廓、飞边等打磨作业。总体与 B1 对称布置,下部依次为 I 端转向架、11 号与 12 号打磨小车、II 端转向架。其中,11 号打磨小车内安装 81~88 号打磨电机,12 号打磨小车内安装 89~96 号打磨电机,打磨角度范围为 0°~-70°。

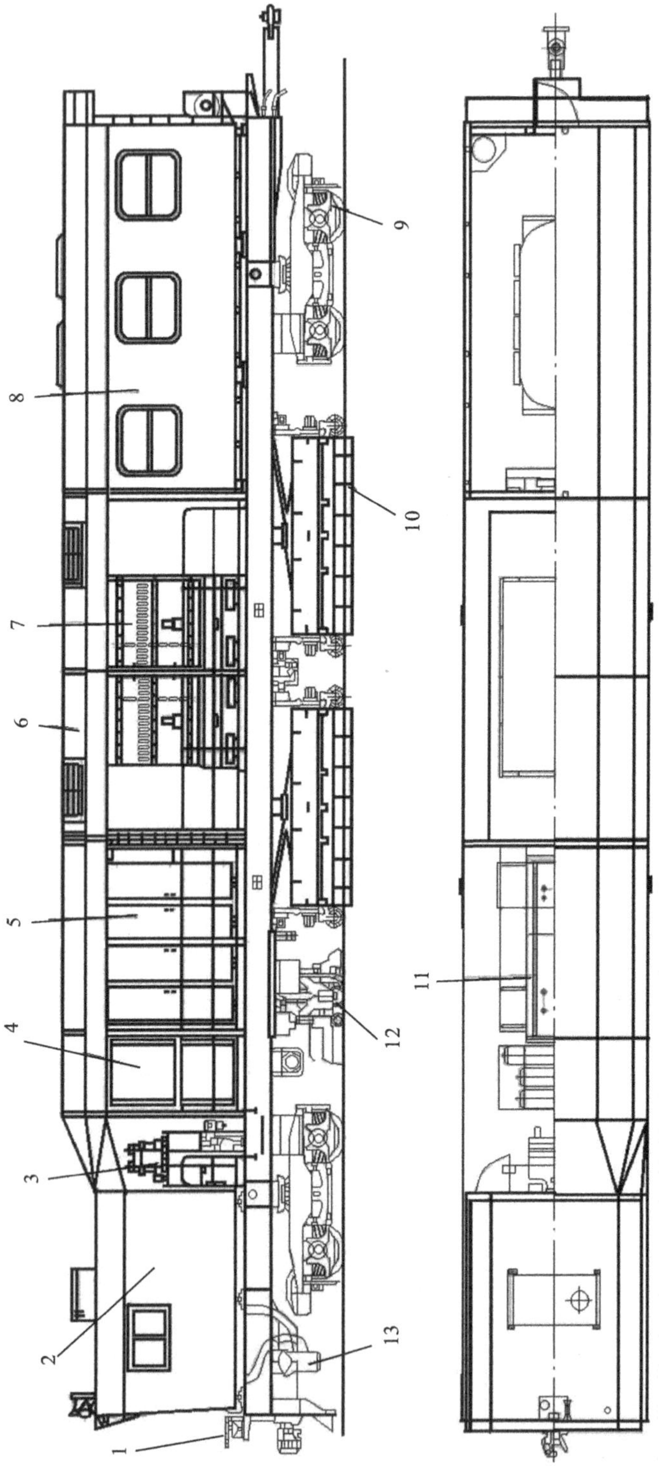

1-水炮；2-司机室；3-液压动力包及蓄能器；4-作业风源装置；5-电气气动柜；6-车体车架；7-集尘装置；8-工作间；9-从动转向架；10-打磨小车；11-水箱；12-检测小车；13-司机室增压装置

图3-40 B1总体布置图

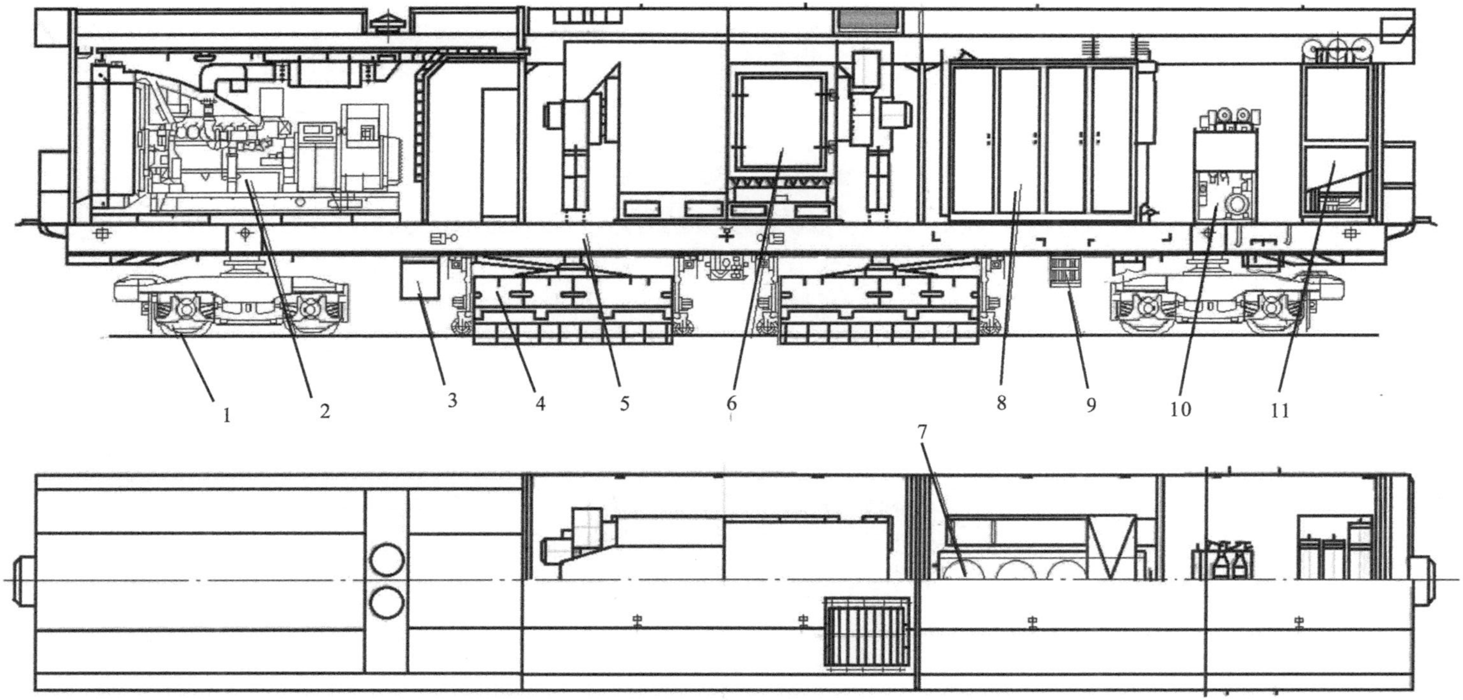

1-从动转向架；2-作业发电机组；3-水系统；4-打磨小车；5-车体车架；6-集尘装置；7-油箱；8-电气气动柜；9-液压油冷却器；10-液压动力包及蓄能器；11-作业风源装置

图3-41　C1总体布置图

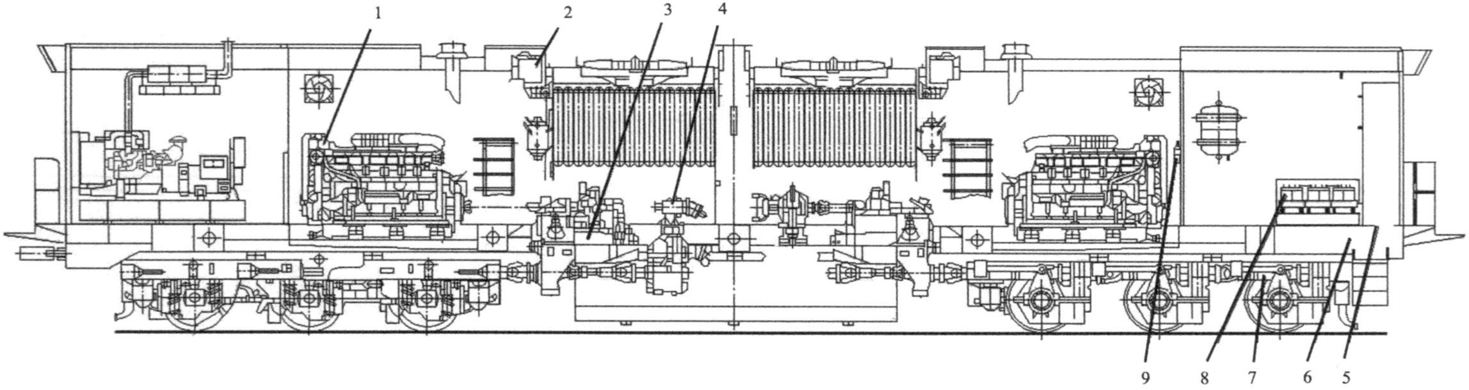

1-柴油机及其附属系统；2-冷却系统；3-主传动系统；4-辅助传动系统；5-电气系统；6-车体组成；7-转向架；8-空气系统；9-设备安装

图3-42 动力车总体布置

参考文献

[1]陆正刚.轨道车辆设计[M].上海:同济大学出版社,2015.
[2]王伯铭.高速动车组总体及转向架[M].2版.成都:西南交通大学出版社,2014.
[3]商跃进.动车组车辆构造与设计[M].成都:西南交通大学出版社,2010.
[4]李强,金新灿.动车组设计[M].北京:中国铁道出版社,2008.
[5]孙宁,李照星,杨润栋,等.城市轨道交通车辆应用技术[M].北京:中国铁道出版社,2014.
[6]吕刚.城市轨道交通车辆概论[M].北京:北京交通大学出版社,2011.
[7]董锡明.高速动车组工作原理与结构特点[M].北京:中国铁道出版社,2007.
[8]刘转华,唐阳主编.动车组技术[M]. 成都:西南交通大学出版社,2010.
[9]赵洪伦. 轨道车辆结构与设计[M],北京:中国铁道出版社, 2009.
[10]罗芝华,刘涛,陈文芳. 铁道车辆工程[M],长沙:中南大学出版社, 2015.
[11]杨国伟,魏宇杰,赵桂林,等.高速列车的关键力学问题[J].力学进展,2015,45:217-417.
[12]徐倩,王悦明.25型客车密接式车钩缓冲装置的研制[J].铁道机车车辆,2009(1):1-3.
[13]卓文俊,张志刚,黎焕先,等. 密接式车钩连挂装置设计[J].电力机车与城轨车辆, 2013(5):22-26.
[14]王起梁,宫峰,方翁武. 动车组用橡胶缓冲器动力学性能研究[J].机车车辆工艺, 2017(6):7-9,23.

第4章

车辆地面力学

车辆在不同路面上的行驶过程都是通过车轮或履带与路面相接触来实现的,涉及车辆动力学与道路动力学两个既相互独立又相互紧密联系的学科领域,前者是以路面随机不平度激励作为输入,注重车辆舒适性、安全性和操纵性,而后者则是将行驶车辆作为移动载荷输入,注重路面应力大小、道路动态响应以及疲劳破坏等。车辆动力学响应通过轮胎模型作用于道路动力学模型,而道路动态响应又通过轮胎模型反作用于车辆动力学模型的研究,也称为车辆-道路耦合系统动力学,可同时研究车辆与道路的振动及车辆与道路的相互作用过程。

除农用车辆、履带式车辆和轮式越野车辆等需要在软地面行驶外,所有的乘用车、商用车乃至轮式工程车,现在主要在硬路面上行驶,因此本章只分别介绍车轮硬路面和履带地面的相互作用问题。

4.1 轮胎接地压力分布

对于弹性轮胎(包括充气轮胎和装有海绵内胎或蜂窝结构内胎的非充气轮胎),其在硬路面上的径向变形特性(轮胎挠度 δ)通常用轮胎卸载时和加载时的纵向中截面的高度差,以及轮胎加载时和卸载时的截面宽度增加值(压平值)来表达。如图 4-1 所示,硬路面上轮胎在载荷 W 作用下,且变形较小时,圆弧 ABC 被压缩成弦 AEC,轮胎接地面椭圆的长半轴 a 和短半轴 b 可表达为:

$$a=1.7\sqrt{(D-\delta)\delta}$$

$$b=C_2B_0p_i^{0.14}\left(1-\frac{W}{e^{0.4}W_{min}}\right) \tag{4-1}$$

式中,C_2为常数(标准轮辋 $C_2=0.87$,宽轮辋 $C_2=0.9$),W_{min}为在允许最低胎压下轮胎的许可载荷;p_i为胎压(充气压力),D 为轮胎直径(cm),B_0为轮胎胎冠宽度(cm),δ 为轮胎径向最大变形。

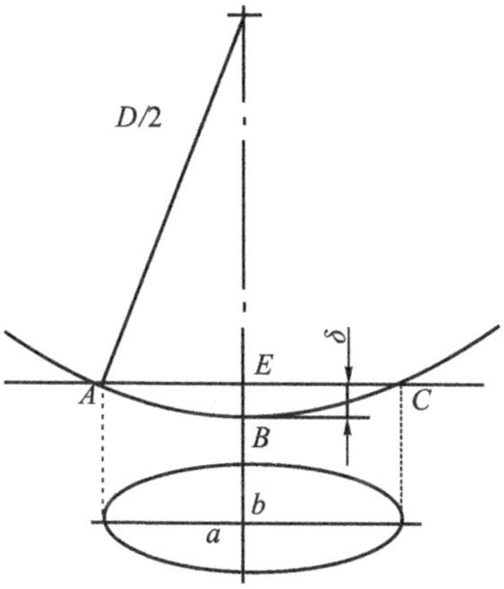

图 4-1 轮胎接地面积示意图

接地面积 A 为：

$$A=(a-b)b+\frac{b^2\pi}{4} \tag{4-2}$$

当轮胎变形较大时，已有实验研究表明：轮胎的接地形状大多介于矩形和椭圆形之间，对于载重车轮胎，特别是载荷较大时，其接地形状更接近于矩形。为此，原吉林工业大学提出如下经验公式来计算接地长度(L)和宽度(B)：

$$L=2D\left(\frac{\delta}{D}\right)^s$$

$$B=B_0(1-e^{-t\delta}) \tag{4-3}$$

式中，s、t 为经验系数，可参见参考文献[2]。

胎面有花纹的轮胎的有效接地面积 A_1 比上述计算的名义接触面积小，通常为 A 的 22%~24%，可取 $A_1=0.23A$。事实上，随着轮胎载荷的增加，接地面积都会有不同程度的增加，而随着轮胎内气压的增加，接地面积会有不同程度的减小。

轮胎载荷的大部分由胎压(充气压力) p_i 承受，其余部分由胎壁刚度 p_c 承担(p_c 与帘布层层数、所用材料及轮胎花纹型式等有关)。近似实际接地压力 p 为：

$$p=p_i+p_c \tag{4-4}$$

当轮胎径向变形值较小时，接触表面压力分布呈抛物线形；当轮胎相对径向变形值(轮胎径向变形与轮胎截面高度之比)大于一定值时(8%~

10%)，中间接触区形状趋平，压力分布仍是抛物线形；当轮胎的径向变形很大时(>20%)，外胎会向相反的方向挠曲，而中间接触区的接触表面变成曲率相反的凸形，压力分布由抛物线形转为鞍形，如图 4-2 所示。图(a)为接地中心的横向压力分布，可见轮胎接地压力分布是随载荷以及胎面的曲率半径而变化，图示载荷下，宽度方向上的压力接近于常数值。图(b)为接触中心突缘的周向的垂直压力分布，接近于梯形。

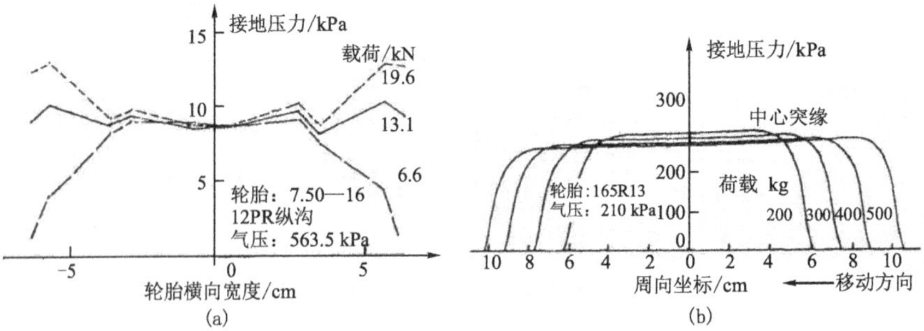

图 4-2　轮胎准静态时的接地压力分布

4.2　轮胎的侧偏特性

侧偏特性主要是指侧偏力、回正力矩与侧偏角间的关系，影响侧偏特性的主要因素有轮胎结构、工作条件和路面状况等。

4.2.1　侧偏角与侧偏力

垂直载荷 W 作用下，轮胎会因侧向弹性而发生侧向变形，即使静止时其接地印迹长轴线 $a-a$ 与轮胎纵向中截面的投影线 $x-x$ 也不重合，而是相距 Δh[如图 4-3(a)]，当轮胎滚动时，两线之间还会产生一个夹角 α[侧偏角，如图 4-3(b)]。显然，侧偏角的大小 α 与侧偏力有关。图 4-4 为一条由试验测出的侧偏角 α 与侧偏力 F_y 的关系曲线，由图可见侧偏角 α 小于 5°时，F_α 与 α 之间呈近似线性关系。同时，由于车辆在正常行驶时，其侧向加速度一般不超过 0.3~0.4g，且侧偏角 α 也不超过 4°~5°，故可得出：

$$F_\alpha = K_\alpha \cdot \alpha$$

式中，侧偏刚度 $K_\alpha = \dfrac{\delta F_\alpha}{\delta \alpha}$，单位为 N/(°)。$K_\alpha$ 是决定车辆操纵稳定性的重要轮胎参数，其值越大越有利于保证操纵稳定性。

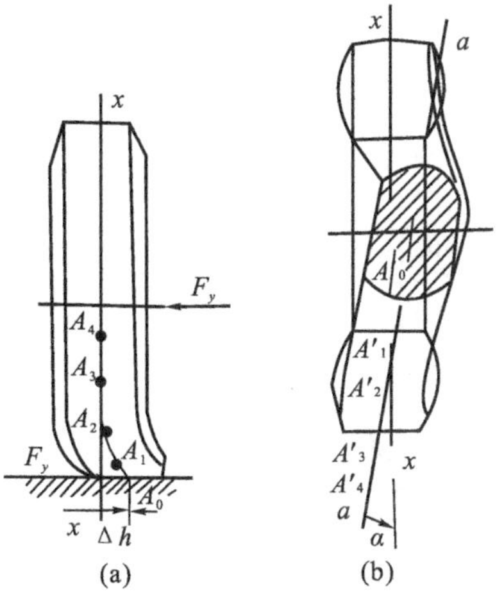

图 4-3 轮胎侧偏与侧偏角

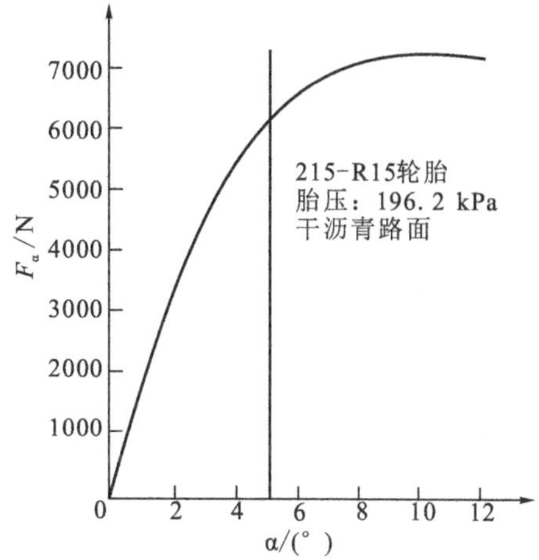

图 4-4 F_α-α 关系曲线

从图 4-4 还可看出，侧偏力 F_α 增大到一定程度时，侧偏刚度 K_α 会逐渐变小，轮胎接地面处开始出现部分侧滑，当侧偏力 F_α 达到极限，整个轮胎出现完全侧滑。

4.2.2 外倾角与外倾侧向力

为使轮式车辆转向后能自动回正和行驶稳定，设计上采用了前轮前束、主销后倾和前轮外倾等结构形式，形成补偿式外倾角 γ（车轮纵向中截平面与垂直平面的夹角，规定使车轮向汽车外侧倾的外倾角为正），如图 4-5 所示。当车轮具有外倾角 γ 时，滚动的车轮还将有绕自身旋转轴线与地面交点 O'滚动的趋势，产生一沿 $O-O'$的离心力，其水平分力即为车轮中心的外倾侧向力 F_γ，相应地在轮胎与地面接触区产生一方向相反、大小相等的反作用力。图 4-6 为外倾侧向力 F_γ 与外倾角 γ 的关系曲线，显然，外倾侧向力与外倾角呈线性关系，即有：

$$F_\gamma = K_\gamma \gamma \tag{4-5}$$

式中，K_γ 为侧偏刚度，随垂直载荷增加而增大。

需要指出的是：侧偏刚度还与轮胎尺寸结构有关，尺寸大的轮胎，侧偏刚度一般较大；尺寸相同的子午线胎比斜交胎的侧偏刚度大；同一型号同一尺寸的轮胎，帘布层越多、帘线与车轮平面夹角越小、胎压越高，则侧偏刚度就越大；宽轮辋比窄轮辋的轮胎侧偏刚度大。

由于侧偏角 α 和外倾角 γ 都较小，轮胎的侧偏合力 F_Y 可以近似处理为线性叠加：

$$F_Y = F_\alpha + F_\gamma \tag{4-6}$$

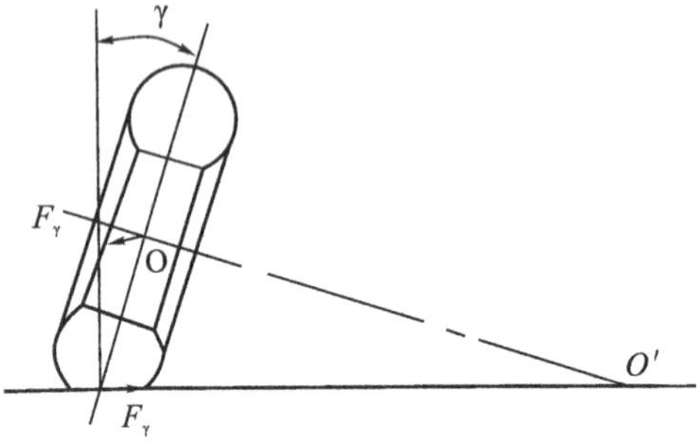

图 4-5　外倾角与外倾侧向力

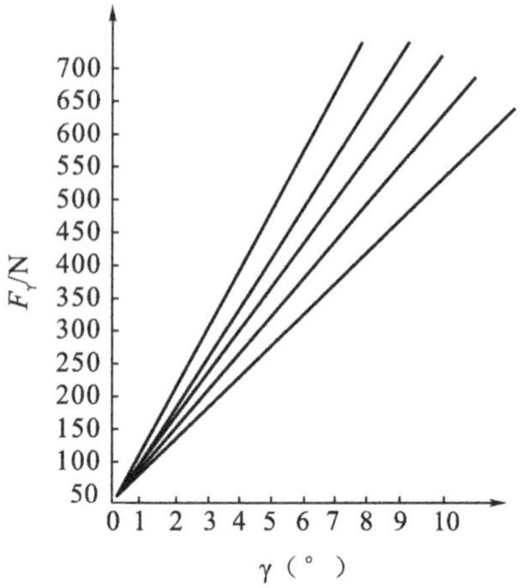

图 4-6　$F_\gamma-\gamma$ 关系曲线

4.2.3　回正力矩

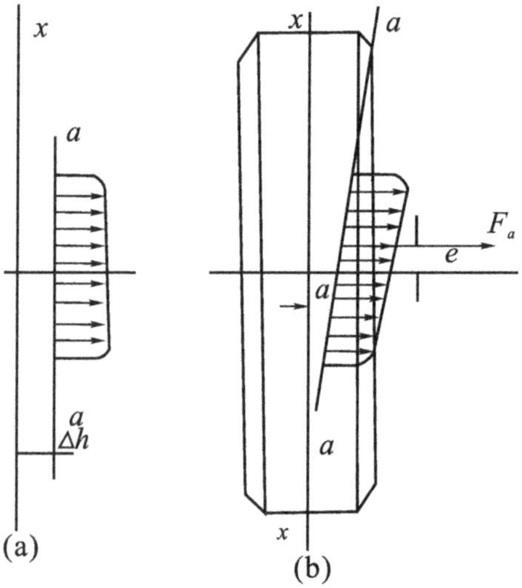

图 4-7　回正力矩的产生

轮胎发生侧偏，且在汽车圆周行驶时，车辆自动产生的使转向车轮恢复到直线行驶位置的主要恢复力矩，就是回正力矩。无论是单独存在侧偏力 F_α 或侧向力 F_γ，还是两者均存在的情况，车轮在静止时受到侧偏合力后，接触印迹的长轴线 $a-a$ 与车轮中截面 $x-x$ 平行，且相距 Δh，此时可认为地面侧向反作用力沿线 a-a 是均匀分布的，如图 4-7(a) 所示。当车轮滚动时，侧偏角 α 使接触印迹前端离车轮平面$x-x$近，侧向变形小，而接地印迹后端离车轮平面远，侧向变形大，如图 4-7(b) 所示。因此，合力 F_α 的作用点一定位于轮胎与地面接地印迹中心的后方，且偏移轮胎轴线的距离为 e（称为轮胎拖距），F_α 也就必然产生一个使轮胎绕其垂直于轴线和 $x-x$ 的轴 Z 转动的回复力矩 $F_\alpha \times e$（称为回正力矩 M_Z）。

同样，在图 4-5 所示的外倾侧向力 F_γ 及其与接触地面的反作用力构成的力偶矩 $F_\gamma \times OO'\tan\gamma$，也是回正力矩的一部分。事实上，影响回正力矩的因素很多，还无法获得可供使用的计算式，因此目前仍需通过试验测定的方法获得。

4.2.4 湿滑路面影响

当轮胎在水膜覆盖路面上高速行驶时，轮胎接触地面的胎冠花纹与路面之间形成收敛间隙而产生流体动压效应使轮胎产生上浮的现象，被称为“滑水现象”。若胎面与路面彻底分离，即完全的滑水现象，图 4-8 为即将发生这种情况的接触状态。按伯努利定理，求得水膜动压 P_d 为：

$$p_d = \frac{1}{2}\rho v^2 \tag{4-7}$$

式中，ρ 为水的密度；v 为水的速度。

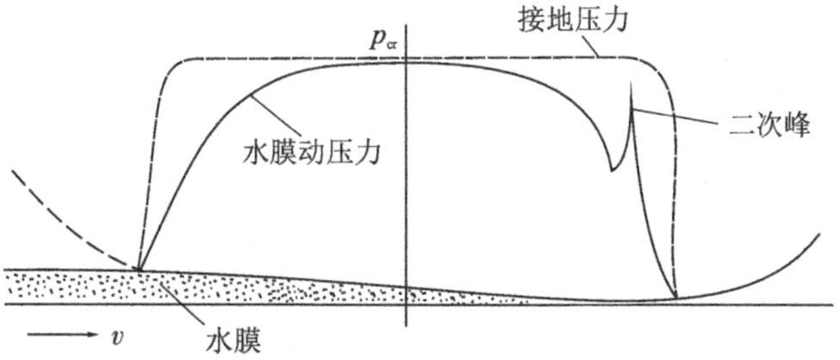

图 4-8 水膜动压与完全滑水机制

由于轮胎胎面接地压力在中心部为最高（即 p_{cr}，且为轮胎内压 p 的 n 倍），当水膜动压力大于中心部位的接地压力时，轮胎将完全离开地面，即 p_d 大于 p_{cr}，据此可以推导出完全滑水的车速为：

$$v_h > \sqrt{2np/\rho} \tag{4-8}$$

一般 p_{cr} 可达轮胎内压的 1.55 倍，因此也可按下式估算出滑水速度：

$$v_h > 6.34\sqrt{p} \tag{4-9}$$

式中，v_h 为出现滑水时的车速（km/h）；p 为轮胎内气压（kPa）。

从式(4-8)或式(4-9)可见，轮胎接地压力越小或接地压力中心部的压力并不高，转动的轮胎胎面与地面间易于使水膜成楔形状进入，就越容易发生滑水现象；轮胎内压越低也容易发生。显然，水膜厚度、路面的凹凸、胎面沟深、轮胎内气压、接地压力分布和胎面花纹等都会影响滑水现象发生的速度大小，这也就是雨天需减速慢行的原因。

需要指出的是，上述讨论均是未考虑地面的切向反作用力条件下进行的。事实上，在一定侧偏角下，侧偏力会随驱动力或制动力的增加而因轮胎侧向弹性的改变表现为逐渐有所减小，当驱动力或制动力相接近轮胎附着极限时，侧偏力将显著下降。而在高速行驶时，还必须考虑轮胎的陀螺效应和轮胎振动特性等。

4.3 车轮的滚动阻力

轮胎在混凝土或沥青等平整的硬路面上滚动时,其变形是主要的。轮胎变形时,其材料内摩擦会产生弹性迟滞损失,可表现为阻碍车轮滚动的一种阻力偶。车轮滚动时,处于压缩过程的轮胎前面接地部分的变形大于处于恢复过程的轮胎后部的变形,因此与路面相互作用的法向反作用力也不会均匀分布,而同样是前面大于后面,从而使法向反作用力的合力 F_z会向前移动距离 a,如图 4-9(a)所示,滚动阻力矩为 $F_z \cdot a$。

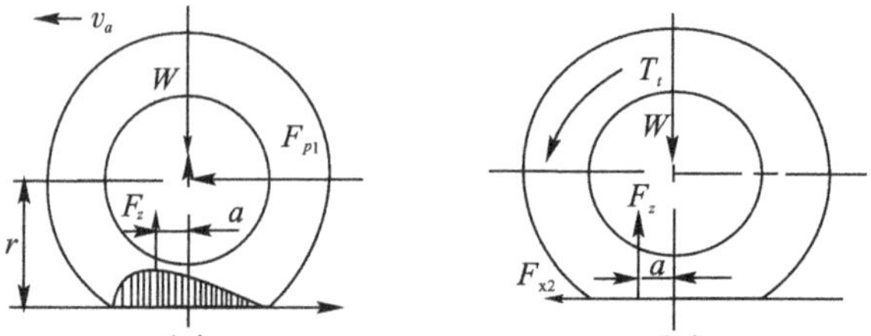

图 4-9 车轮在硬地面上的受力分析

假设作用在车轮上的驱动力为 F_{p1}(与之平衡的地面切向反作用力 F_{x1}被称为车轮滚动阻力),由力平衡条件很容易写出:

$$W \cdot a = T_f = F_{p1} \cdot r \tag{4-10}$$

式中,W 为车轮荷载;T_f 为滚动阻力矩。

令 $f=\dfrac{a}{r}$,则有:

$$F_{p1} = f \cdot W \tag{4-11}$$

式中,f 为滚动阻力系数,一般通过试验确定,主要与轮胎结构、轮胎材料、充气气压、路面类型和行驶车速等相关。

由式(4-11)可见,滚动阻力系数为车轮在一定条件下的驱动力与车轮载荷之比,或者说对于从动车轮如图 4-9(b)为驱动轮在硬路面上的受力情况,在驱动力矩 T_t的作用下的地面切向反作用力为 F_{x2},车轮材料迟滞效应使法向反作用力的合力 F_Z同样会向前移动距离 a(即滚动阻力矩 T_f),由力平衡条件可写出:

$$F_{x2} \cdot r = T_t - T_f$$

变换为:

$$F_{x2} = \frac{T_t}{r} - \frac{T_f}{r} = F_t - F_f \tag{4-12}$$

式中，F_t为驱动力。

由式(4-12)可见，F_{x2}是驱动轮前进的实际驱动力，为施加驱动力 F_t与作用于驱动轮的滚动阻力 F_f之差。

4.4 轮胎的附着性能

轮胎在地面上的附着性能常用“附着力”和“附着系数”表达，在概念上与摩擦力和摩擦因数有一定的对应关系。车轮在地面上滚动时胎面的弹性迟滞，实际上与带传动类似。在车轮受到驱动力矩 T_t作用下，以角速度 ω 转动，轮胎胎面因接触地面的摩擦阻滞和压缩而使得轮胎胎面内侧带束在接触区的线速度 $\omega \cdot r$ 大于车体速度 v，也就是轮胎行驶的距离将比自由滚动时的距离短；在制动力矩 t 作用下，轮胎带束在接触区的线速度 $\omega \cdot r$ 小于车体速度 v，也就是胎面在进入接触区以前已被拉伸，这时轮胎的行驶距离将比轮胎自由滚动时的长。显然，无论驱动行驶或制动，轮胎带束与地面之间均存在速度差：

$$\Delta v = v - \omega \cdot r_{\mathrm{e}}$$

式中，r_{e}为轮胎有效滚动半径。

据此，可定义轮胎的滑动率为：

$$S = \frac{v - \omega \cdot r_{\mathrm{e}}}{v} \tag{4-13}$$

通常可用滑动率 S 来说明轮胎在车辆行驶过程中的变形滑转程度。从式(4-13)可见：驱动时的滑动率(或滑转率)$S<0$；制动时的滑动率 $S>0$。胎面橡胶与路面之间没有相对滑动，并取胎面单位面积的切向横弹性(抗剪)常数为 C_x，则在胎面单位长度作用的切向力 f_x 为：

$$f_x = C_x S x \tag{4-14}$$

由式(4-14)可见：在单位面积胎面上所产生的切向力与距离接地面前端的距离 x 呈线性比例增大。当其达到路面的摩擦力时车轮便开始出现滑动，切向力在接地面后端恢复至零。在接地面的前部出现黏着域(静止域)，后半部出现滑动域。当滑动率 S 很小时的滑动域可忽略不计。

假设车轮在原地完全滑转，轮胎上的垂向载荷为 W 将均匀分布在整个接触面上，此时作用在轮胎上的滑动摩擦力为：

$$F_x = \mu \cdot W \tag{4-15}$$

式中，μ 为滑动摩擦因数。

对于车轮接触地面做非完全滑转(称为弹性滑转)时，接触区只有部分区域为滑转域(图4-10中的 b 段),其余接触区部分为静止域(图4-10中的 a 段),垂向载荷 W 在两个区域的法向反力分别为 F_{nb} 和 F_{na}($F_{nb}+F_{na}=W$),作用在接触面的总摩擦力应等于滑动域的滑动摩擦力与静止域的静摩擦力之和,显然,有:

$$F_x=F_{xb}+F_{xa}<\mu\cdot W \tag{4-16}$$

F_x 就是可用附着系数 φ_x 来表达的附着力,即:

$$F_x=\varphi_x\cdot W \tag{4-17}$$

显然,φ_x 与滑动摩擦因数不同,它是一个变数,会随加在车轮上的驱动力矩或制动力矩的增大而从零值增大。当滑转或滑移扩大为整个接触面时,附着力就等于摩擦力。车轮在拖滑或在原地完全滑转时在轮胎上的滑动摩擦力称为极限附着力,此时的最大滑动摩擦因数称为极限附着系数。

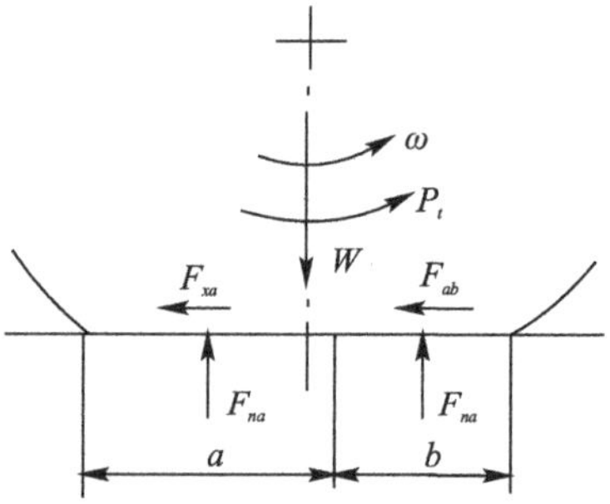

图 4-10 弹性滑转车轮附着力分析

图4-11为制动时的附着系数 φ_b 与滑动率 S_b 的关系曲线(驱动时的与此相同),在滑动率较小(10%左右)时,附着系数呈 OA 段近似线性增大,其斜率称为制动刚度(驱动时为驱动刚度):

$$K_x=C_x\omega l^2/2 \tag{4-18}$$

式中,l 为接地长度。

滑动率达到 S_0(20%左右,B 点)时,相当于滑动速度极低(接近于零)的最大滑动摩擦因数,也即达到峰值附着系数。之后附着系数开始缓慢下降。图中 C 点相当于轮胎完全滑转或抱死滑移时的附着系数 φ_s,此附着系数就是前述的极限附着系数或滑动摩擦因数。

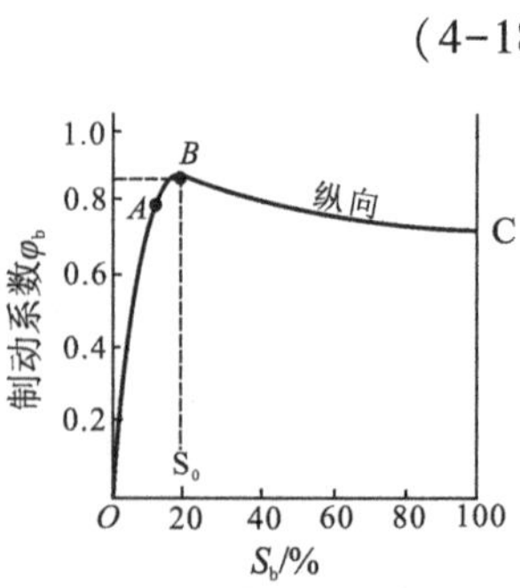

图 4-11 制动时 S_b—φ_b 关系曲线

4.5 轮胎的振动特性

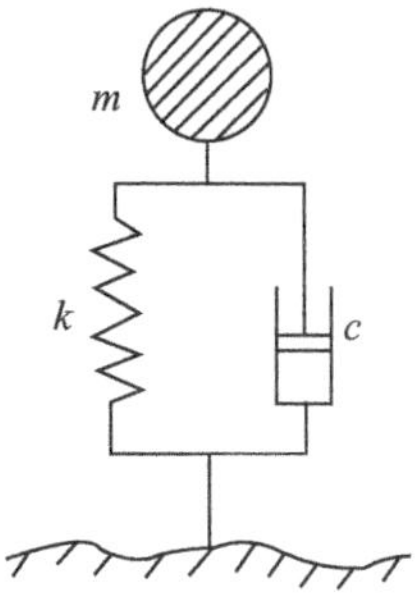

图 4-12 点接触轮胎模型

轮胎的动力学性质包括轮胎的动刚度与阻尼特性、传递特性和包容特性。其中,轮胎的动刚度与阻尼特性影响车辆传动系的扭转振动,横向刚度主要影响车辆在良好硬路面上行驶时的操纵稳定性和横向稳定性,它包括径向(垂向)、纵向和横向三类。路面不平度通过轮胎作用在悬架上,引起车体发生的径向位移,因此可以把轮胎简化为一维线弹性系统,由单个弹簧-阻尼单元组成为点接触模型,如图 4-12 所示,其自由振动幅值按指数规律衰减,阻尼比为:

$$\zeta=\frac{c}{2\sqrt{mk}} \tag{4-19}$$

振动的固有频率为:

$$\omega_d=\sqrt{\frac{k}{m}} \tag{4-20}$$

式中,c 为轮胎阻尼;m 为车轮总成质量;k 为动刚度。

轮胎气压是影响其径向特性的主要因素。轮胎载荷一定时,降低轮胎气压则使刚度减小,阻尼增大。斜交胎胎壁较厚,胎壁刚度较大,因而其刚度和阻尼均比子午胎大。

轮胎传递特性影响整车的振动性质及与地面的附着性能,与影响刚度、阻尼的轮胎气压、结构及载荷等参数直接相关,降低轮胎气压或减小胎壁刚度,可使轮胎刚度变小,有利于衰减轮胎对振动的传递。

轮胎的包容特性系指当弹性轮胎滚过不平路面时,会“吞没”某些较短的不平路形,使得轮心运动轨迹的波形较路面的几何波形平缓;从振动学的意义上讲,弹性轮胎可以衰减不平路面所产生的激励中某些高频成分。包容特性与轮胎的尺寸和弹性有关,弹性较大、尺寸较大的轮胎对路面凹凸的包容能力就较强。

4.6 履带结构简介

履带可以看作车辆的自携可移动道路,由主动轮驱动,围绕着主动轮、负重轮、诱导轮和托带轮的柔性链环,可分为刚性履带(仅限于低速车辆)和柔性履带(包括连续的环带型或板销型履带和间隔履带)两种。本节涉及的履带主要为农业机械、工程机械和运输车辆等行走部分常用的橡胶履带。

橡胶履带是由橡胶与金属或纤维材料复合而成的环形橡胶带,其断面结构如图 4-13 所示。橡胶履带按驱动方式分为轮齿式橡胶履带 (用 CRT 表示,可不标注)、轮孔式橡胶履带(用 KRT 表示)、摩擦式橡胶履带(用 MRT 表示)。

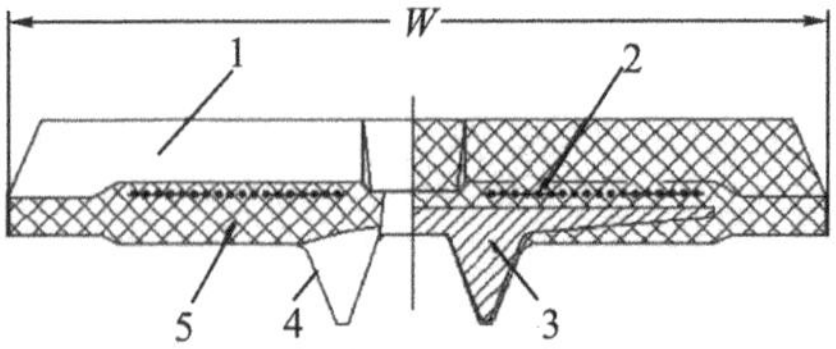

(a) CRT

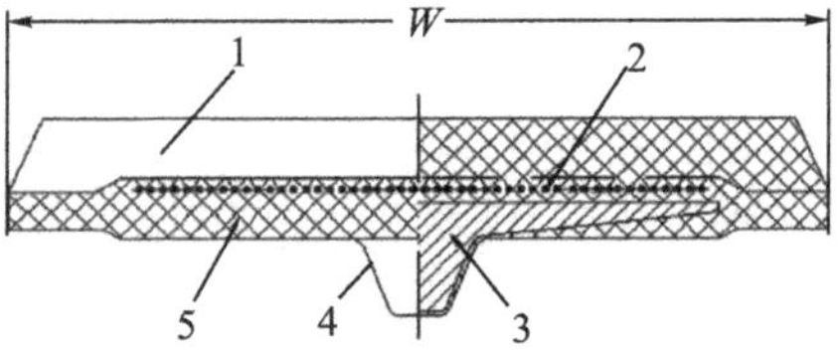

(b) KRT

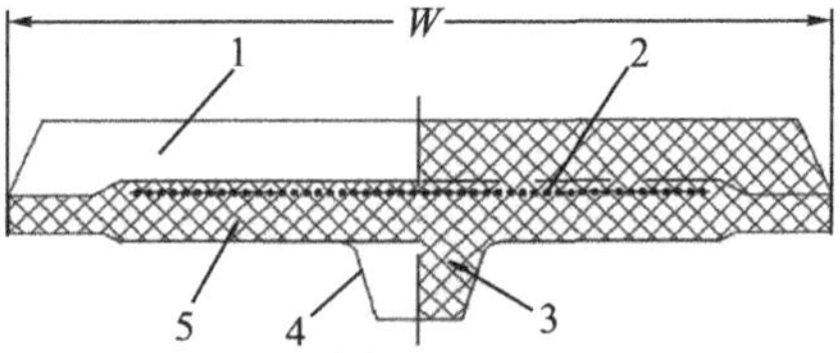

(c) MRT

1-花纹侧胶;2-强力层;3-芯金;4-导向块;5-轮侧胶;W-履带宽度

图 4-13 橡胶履带的断面结构(GB/T 20786—2015)

图 4-13 中的花纹侧胶是橡胶履带的外侧胶, 行走时与地面直接接触;强力层通常由钢丝帘线或纤维线绳等材料制成,是橡胶履带中承受张力和传递动力的骨架;芯金在橡胶履带中起到传递动力、导向及横向支撑作用;导向块为橡胶履带的凸起部分,在行走时起导向作用;轮侧胶为橡胶履带的内侧胶, 行走时与转轮直接接触。

橡胶履带的标记由橡胶履带类型、宽度(mm)、节距(为橡胶履带平直部分相邻两芯金间的中心距离,mm)、轨道类型、橡胶履带节数(可变)、适用最大机器重量(t)组成。标记方法如图 4-14。其中,对同一类型、相同宽度和节距的橡胶履带, 若有不同的轨道(轮系行走的特定部位)类型, 则以大写字母区别,如 N、W、…,否则, 可不加标注。

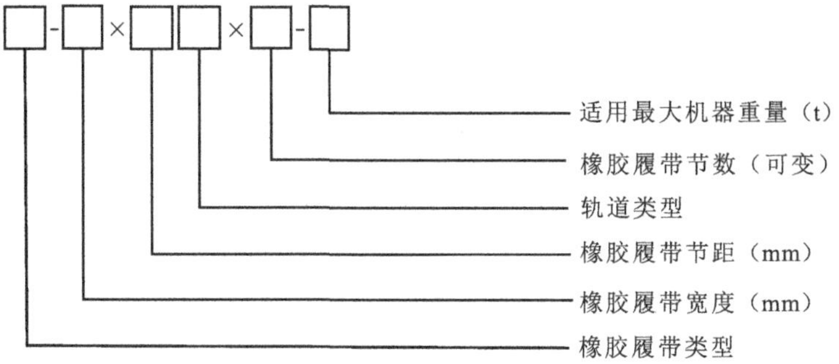

图 4-14 橡胶履带标记方法

4.7 履带接地压力

4.7.1 接地压力

履带式机械的接地压力并非均匀分布，而与履带挠性、负重轮数目和刚性等因素有关。负重轮数目可用相邻负重轮间距 S 与履带节距 p 的比值来衡量：当 $S/p\leqslant 2$ 时为小间距，履带刚性较大，接地压力比较均匀；当 $S/p>2$ 时为大间距，接地压力呈不均匀分布。履带接地压力可用所有负重轮下最大压力的平均值，即平均最大压力 MMP 来估算：

$$MMP=\frac{1.26W}{2Nb\sqrt{pd}} \tag{4-21}$$

式中，W 为整车重量(kN)；N 为每条履带上的负重轮数；b 为履带宽(m)；d 为负重轮外径(m)；p 为履带板节距(mm)。

事实上，只有当工作重量与垂直外载荷所构成的合力在水平面上的投影同履带接地段几何中心重合时，接地压力才可认为是均匀分布的。但这种可能性极小，因此除平均接地压力外，还必须知道最大和最小接地压力。当质心横向偏移距离 a 时(如图 4-15)，两条履带所承受的重力显然不相等，其大小分别为：

$$W_{\mathrm{I}}=\frac{W}{2}\left(1+\frac{2a}{B}\right)$$

$$W_{\mathrm{II}}=\frac{W}{2}\left(1-\frac{2a}{B}\right) \tag{4-22}$$

式中，B 为履带轨距。

假设质心在横向偏移 a，而在纵向未发生偏移(Z 轴上)，则两条履带的接地压力都可认为是均布的[图 4-16(a)]，但当质心发生纵向偏移 e_i(如图 4-15 中 2、3、4 点位等)，且若超越某一接地平面核心域时，履带只有部分接地面积承受压力，平均接地压力必然大幅度增加。这一核心域由履带轨距的两条中心线和两条与之垂直的纵向边界线相围而成的矩形区域，其纵向边界由下式确定：

$$y=\frac{r_{iz}^2}{e_0}=\frac{L^2}{12e_0}\leqslant\pm\frac{L}{2}$$

即：

$$e_0\geqslant\pm\frac{L}{6} \tag{4-23}$$

式中，r_{iz}为履带接地平面对 Z 轴的惯性半径；e_0为核心域纵向边界距中心线 Z 轴的距离。

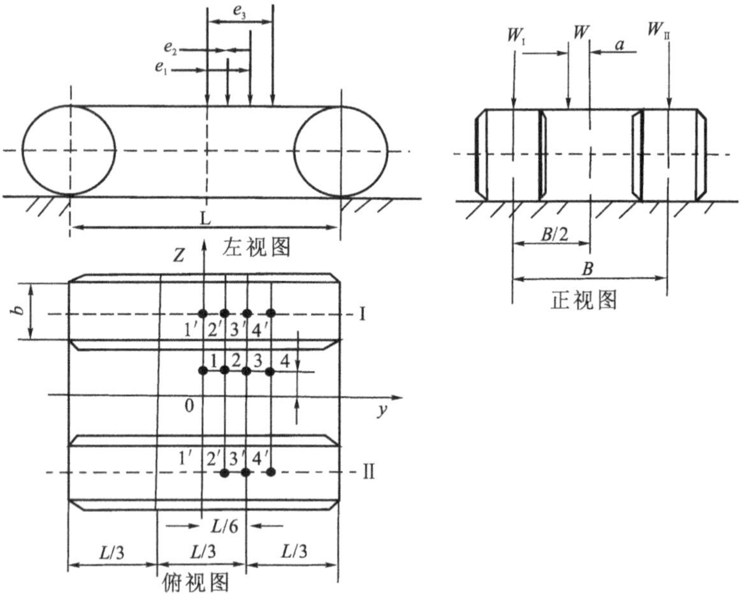

图 4-15　接地压力与质心关系

履带接地平面的核心域如图 4-15 中俯视图所示，是由两条履带纵向中心线与位于履带横向中心线左右各 $L/6$ 的两条平行线所组成边长为 $L/3$ 和 B 的一个矩形，只要车辆质心在这个矩形以内，则整个履带接地长均能不同程度地承受载荷。两履带的接地长度 L^1 可依据下式求出：

$$L^1=3\left(\frac{L}{2}-e\right)<L \tag{4-24}$$

由此，两履带各自的平均接地压力为：

$$P_{ap}^{\mathrm{I}}=\frac{W/2\left(1+\dfrac{2a}{B}\right)}{3\left(\dfrac{L}{2}-e\right)b}$$

$$P_{ap}^{\text{II}}=\frac{W/2(1-\frac{2a}{B})}{3\left(\frac{L}{2}-e\right)b} \tag{4-25}$$

从式(4-25)可见,纵向偏距 e 越大,平均接地压力也越大。当 e 偏距较小时,接地压力分布呈梯形状[图 4-16(b)];当 e 偏距达到核心域极限位,接地压力变为沿履带接地全长的三角形分布,最小接地压力为 0[图 4-16(c)];当 e 超过极限位时,接地长度缩短,接地压力为三角形分布,但最大接地压力显著增加[图 4-16(d)],此时两条履带各自的最大、最小接地压力为:

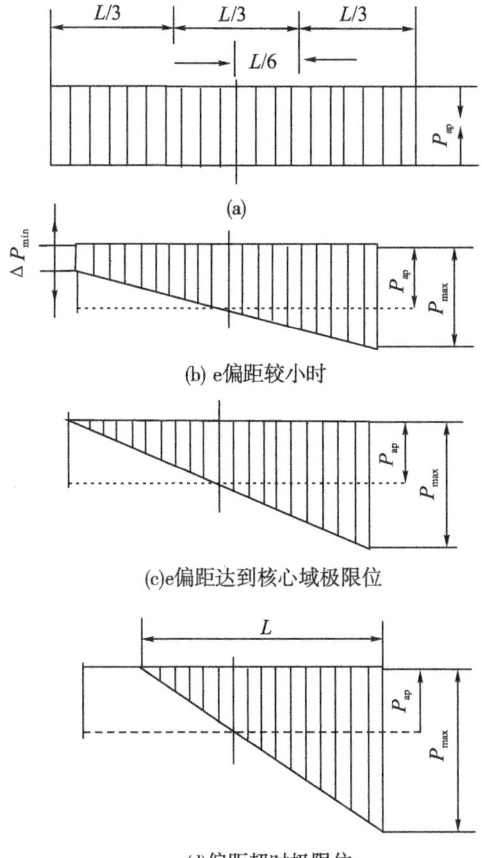

图 4-16　接地压力分布

$$P_{\max}^{\mathrm{I}}=\frac{W(1+\frac{2a}{B})}{3b(\frac{L}{2}-e)}$$

$$P_{\min}^{\mathrm{I}}=0$$

$$P_{\max}^{\mathrm{II}}=\frac{W(1-\frac{2a}{B})}{3b(\frac{L}{2}-e)}$$

$$P_{\min}^{\mathrm{II}}=0$$

4.7.2 极限载荷

履带车辆一般都在松软土体上行驶，在垂直载荷作用下，并随载荷由小到大，土体会出现局部剪切破坏、冲剪破坏、整体剪切破坏等三种模式。土体整体失稳载荷为 W_c（地面承载极限），土体表面有附加均布载荷 q，履带式车辆的临界载荷可由下式计算：

整体剪切破坏时：$W_{ct}=2LW_c=2bL(\gamma bN_\gamma+qN_q+cN_c)$　　(4-26)

局部剪切破坏时：$W'_{ct}=2LW'_c=2bL(\gamma bN'_\gamma+qN'_q+cN'_c)$　　(4-27)

式中，γ 为重度；c 为强度指标（黏性土，c 不为 0），与土体内摩擦角 ψ 一道并称两大重要参数，其取值如表 4-1；N_γ、N_q、N_c 为内聚力、附加载荷及土壤重量对被动土压力影响的土体承载能力系数，其数值及土壤的内摩擦角来决定。

表 4-1　c、ψ 取值区间

含水率	c 值	ψ 值	土性
≤25%	[5.0　26.5104]	[5.7　22.8974]	砂质黏土、粉质黏土
25%~35%	[4.5　34.8891]	[4.2　20.2795]	黏土、粉质黏土
35%~45%	[5.0　34.2878]	[3.4　14.4181]	黏土、粉质黏土
45%~55%	[7.0　26.3232]	[2.9　9.9773]	淤泥质黏土
55%~80%	[2.0　14.5068]	[2.3　7.5545]	淤泥
圆砾	[7.0　38.4982]	[1.0　6.2679]	圆砾、砾砂

式（4-26）和式（4-27）表明了如何根据土壤承载能力来选择履带形状参数。土体为 $c=0$ 的干砂，且均布载荷 $q=0$，则有：

$$W_{ct}=2b^2L\gamma N_\gamma \qquad (4\text{-}28)$$

由此可见，在摩擦性土壤中，土壤承载能力与履带宽度平方正比，为提承载能力，多采用缩短履带接地长度而增加履带的宽度的方法。

对于内聚性土壤，如饱和性黏土（$\psi=0$），则有：

$$W_{ct}=2bLcN_c \qquad (4\text{-}29)$$

由式(4-28)可知,临界载荷的提高仅取决于履带的接地面积。

4.8 履带行驶阻力

履带车辆行驶阻力(或称压实阻力)的计算方法至今未能统一,均属于半经验公式性质,这里简要介绍其中有代表性的三种。

4.8.1 压实阻力

(1)贝克计算公式

假设履带下土壤压力均匀分布,应用贝克压力-沉陷关系,压实土壤形成长 L、宽 b 和深 z_0 的车辙所做的功为:

$$E_1=bL\int_0^{z_0}p\mathrm{d}z=bL\left(\frac{k_c}{b}+k_\varphi\right)\left(\frac{z_0^{n+1}}{n+1}\right) \tag{4-30}$$

式中,p 为单位面积压力(Pa);n 为沉陷指数;k_c 为土壤的黏聚变形模数;k_φ 为土壤的摩擦变形模数;z_0为履带式车辆的沉陷量,其值为:

$$z_0=\left(\frac{p}{\frac{k_c}{b}+k_\varphi}\right)^{\frac{1}{n}}=\left(\frac{W/bL}{\frac{k_c}{b}+k_\varphi}\right)^{\frac{1}{n}} \tag{4-31}$$

履带车辆行驶时,若行驶距离(车辙长度)为 L,牵引力用来克服由于土壤压实而产生的压实阻力,压实土壤所消耗的功 E_2应等于 E_1:

$$E_2=F_{Rc}L=E_1$$

因此,可得牵引力:

$$F_{Rc}=\frac{b}{(n+1)\left(\frac{k_c}{b}+k_\varphi\right)^{1/n}}\left(\frac{W}{bL}\right)^{\frac{n+1}{n}} \tag{4-32}$$

(2)小暮计算公式

日本学者小暮根据与贝克类似的土壤承压试验,认为压力与下陷存在如下关系

$$p=\frac{Kp_0z}{p_0+Kz} \tag{4-33}$$

式中,p_0为土壤极限承载压力;K 为土壤体积压缩系数;z 为卸载和重复加载进程中的下陷量。

假设履带沿其导向段的绝对速度方向压实土壤,压实方向与铅垂线的夹角为 θ。当履带移动距离 dL 时,压实土壤的功 $\mathrm{d}E$ 应为:

$$\mathrm{d}E=bp\cos\theta\mathrm{d}L\mathrm{d}y \tag{4-34}$$

对上式积分，得到压实土壤所需的总功为：

$$E=\int_0^L\int_0^{z_0}\mathrm{d}E=bLp_0^2\left[\frac{z_0}{p_0}-\frac{1}{K}\cos\frac{\alpha}{2}\ln\left(1+\frac{kz_0}{p_0\cos\frac{\alpha}{2}}\right)\right] \tag{4-35}$$

式中，α 为履带的接近角；z_0为履带最大下陷深度。

因而，压实阻力为：

$$F_{Rc}=bp_0^2\left[\frac{z_0}{p_0}-\frac{1}{K}\cos\frac{\alpha}{2}\ln\left(1+\frac{kz_0}{p_0\cos\frac{\alpha}{2}}\right)\right] \tag{4-36}$$

引入平均接地压力 MMP，并建立与 z_0的关系式：

$$P_{\mathrm{mm}}=\frac{Kp_0z_0}{p_0\cos\frac{\alpha}{2}+Kz_0} \tag{4-37}$$

将其代入式(4-36)，可得：

$$F_{Rc}=\frac{bp_0^2\cos\frac{\alpha}{2}}{K}\left[\frac{P_{\mathrm{mm}}}{p_0-P_{\mathrm{mm}}}-\ln\frac{p_0}{p_0-P_{\mathrm{mm}}}\right] \tag{4-38}$$

(3)柯西金(V.V. Kacigin)和古斯科夫(V.V. Guxskov)计算公式

上述两种计算公式均与车辆履带的滑转无关，这与实际情况不符。柯西金和古斯科夫将履带的行驶阻力划分为履带前方区段对土体压实形成的阻力 F_{Rc1}和挂钩牵引力引起履带压力分布不均而使土壤进一步压实形成的阻力 F_{Rc2}等两部分组成：

$$F_{Rc}=F_{Rc1}+F_{Rc2} \tag{4-39}$$

履带对土体的压实既有垂直压实，也有水平压实，压实沿这一区段的绝对速度方向不仅取决于履带的接近角 α，还与滑转率 i 的变化有关。其定义为：

$$i=1-\frac{v}{r\omega}=1-\frac{v}{v_t}=\frac{v_t-v}{v_t}=\frac{v_j}{v_t} \tag{4-40}$$

式中，v 为履带的实际速度；v_t为驱动轮角速度 ω 及其节圆半径 r 确定的理论速度；v_j为履带相对于地面的滑转速度。

当车辆滑转时，v_j与车辆行驶的方向相反；而当车辆滑移时，v_j与车辆行驶的方向相同。由于履带不能拉伸，与地面接触的履带上各点的滑转速度 v_j都相同。距履带接地面前端距离为 x 处的剪切位移可由下式确定：

$$j=v_jt \tag{4-41}$$

式中，t 为该点与地面的接触时间，其值应为 x/v_t，因而有：

$$j=\frac{v_jx}{v_t}=ix \tag{4-42}$$

可见，接地面上履带的剪切位移从前至后呈线性增加。采用双曲线型的压力–下陷关系，可求得履带车辆由压实土壤产生的阻力：

$$F_{Rc}=\frac{2bp_0}{K}\left[i\ln\cosh\frac{p_f}{p_0 i}+lb\cosh\left(\frac{p_e-p_f}{p_0}\right)\right] \tag{4-43}$$

式中，p_f为履带前部的接地压力；p_e为履带后部的接地压力；b 为履带宽度；K 为土壤体积压缩系数；p_0为土壤极限承载能力；i 为滑转率。

4.8.2　推土阻力

履带车辆行驶时，其履带前端往往会出现类似车轮前端的土体隆起现象而形成推土阻力。推土阻力可以用作用在挡土墙上的被动土压力理论来进行计算，推土阻力等于作用在垂直挡土墙上的水平分力。推土阻力为：

$$F_{Rb}=b(cz_0K_c+0.5z_0^2\gamma K_\gamma) \tag{4-44}$$

式中，$K_c=(N_c-\tan\varphi)\cos^2\varphi$ ；$K_\gamma=\left(\frac{2N_\gamma}{\tan\varphi}+1\right)\cos^2\varphi$ ，φ 为土壤内摩擦角；c 为土壤内聚力；γ 为土壤密度；N_c 为太沙基承载能力系数；N_γ 为太沙基承载能力系数；b 为履带宽度。

在松软土壤条件下，土壤呈局部剪切破坏，推土阻力可由下式计算：

$$F'_{Rb}=b(0.67cz_0K'_c+0.5z_0^2\gamma K'_\gamma) \tag{4-45}$$

式中，$K'_c=(N'_c-\tan\varphi')\cos^2\varphi'$；$K'_\gamma=\left(\frac{2N'_\gamma}{\tan\varphi'}+1\right)\cos^2\varphi'$，$\varphi'$为松软土壤的内摩擦角。

履带车辆不仅因垂直载荷而使土体在垂直方向发生塑性流动而沉陷，履带的滑转产生的土体切向变形也引起沉陷 z，而且由前端的零值逐渐增大到后端的最大值，如图 4–17 所示。车辆后端发生的土体最大切向位移量为：

$$j_{\max}=iL \tag{4-46}$$

式中，i 为滑转率；L 为履带的接地长度。

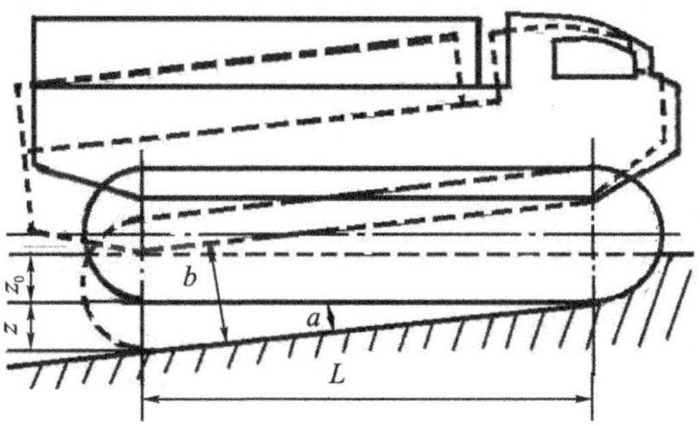

图 4–17　履带式车辆的滑转沉陷

因此，假设滑移土体的平均深度为 h，由宽度为 b 的履带下面抛出的土体容积则为 $bhil$，履带刨出土体可以用一个宽为 b、高为 z 而长为 l 的棱柱体来代表，即：

$$bhil=\frac{1}{2}bzl$$

故有：

$$z=2hi \tag{4-47}$$

可见，履带后端沉陷深度 z 与 i 及 h 成正比。由于履带滑转沉陷引起的后倾角 α 可用下式计算：

$$\alpha=\arctan\left(\frac{z}{L}\right)=\arctan\left(\frac{2hi}{L}\right) \tag{4-48}$$

对于沉陷较大的松软土体，履带前方的推土阻力将占车辆行驶阻力的很大部分，此时建议用下式计算：

$$F_{Rb}=\frac{b\sin(\alpha+\varphi)}{2\sin\alpha\cos\varphi}[2zcK_c+rz^2K_\gamma] \tag{4-49}$$

与式(4-44)比较可知，F_{Rb} 的大小取决于土体黏性与履带尺寸参数。在松软土体上，F_{Rb} 与 b 呈线性关系，说明在其他条件相同的情况下，长而窄的履带比短而宽的推土阻力要小得多。

4.8.3 履带车辆牵引力

一般土壤所产生的推力取决于接地面积 A 和车重 W，由库仑方程，土体抗剪强度所决定的土体最大推力 $F_{H\max}$ 可表达为：

$$F_{H\max}=Ac+W\tan\varphi \tag{4-50}$$

对于纯黏性土体($\varphi=0$)，车重不产生任何推力；而对于纯摩擦性土体($c=0$)，接地面积的大小与推力无关。若考虑履刺产生的附加牵引力，则土体的最大推力应修正为：

$$F_{H\max}=Ac+W\tan\varphi+\Delta F$$

式中，ΔF 为附加牵引力，可由下式确定：

$$\Delta F=2bLc\left(\frac{h}{b}\right)+0.64W\tan\varphi\left[\left(\frac{h}{b}\right)\operatorname{arccot}\left(\frac{h}{b}\right)\right] \tag{4-51}$$

式中，h 为履刺高度。

考虑履刺效应的每条履带的最大总推力 $F_{H\max}$ 完整表达式应为：

$$F_{H\max}=bLc\left(1+\frac{2h}{b}\right)+W\tan\varphi\left\{1+0.64\left[\left(\frac{h}{b}\right)\operatorname{arccot}\left(\frac{h}{b}\right)\right]\right\}\times\left[1-\frac{k}{iL}\left(1-e^{-iL/k}\right)\right] \tag{4-52}$$

参考文献

[1]张克健.车辆地面力学［M］.北京:国防工业出版社, 2002.
[2]庄继德.汽车轮胎学［M］.北京:北京理工大学出版社, 1996.
[3]王良曦,王红岩.车辆动力学［M］.北京:国防工业出版社,2008.
[4]何锋,杨宁.汽车动力学[M].贵阳:贵州科技出版社 2003.
[5]刘述学.工程机械地面力学［M］.北京:机械工业出版社,1992.
[6]孙林柱,杨芳. 软土体 C、ψ 值的统计分析[J].建筑技术开发,2001(9):7-8 .

第 5 章

车辆构型原理

车辆构型即依据功用、运行和成本等需求对车辆产品进行的总体方案设计和论证，形成一个完全用数量表示的形状、尺寸、重量、功率关系的一种综合体。显然，构型的优劣对车辆产品的性能和市场的响应度有重大影响。

5.1 车辆构型要素

5.1.1 车辆代码与分类

车辆类型是以车辆的普通特征、使用目的和功能等加以区别的一种型式，如轿车、载货汽车、客车、挂车、非完整车辆和摩托车等。由于所有车辆均需由动力装置驱动，并多在城乡道路行驶，故也称机动车。道路机动车代码采用三位数字表示，如图 5-1。其中，大类 1 表示汽车，2 表示摩托车，3 表示电车，4 表示拖拉机，5 表示挂车，6 表示汽车列车。中类对应大类独立分类，如汽车的中类代码数字 1 为轿车，2 为客车，3 为货车，4 为工程作业(汽)车，5 为特种(汽)车，6 为牵引(汽)车、7 为越野车。同理，小类对应中类独立分类，如轿车的小类代码数字 1 为微型轿车(排量小于或等于 1 L 的轿车)，2 为普通轿车(排量大于 1 L，而小于或等于 1.6 L 的轿车)，3 为中级轿车(排量大于 1.6 L，而小于或等于 2.5 L 的轿车)，4 为中高级轿车(排量大于 2.5 L，而小于或等于 4.0 L 的轿车)，5 为高级轿车(排量大于 4.0 L 的轿车)。

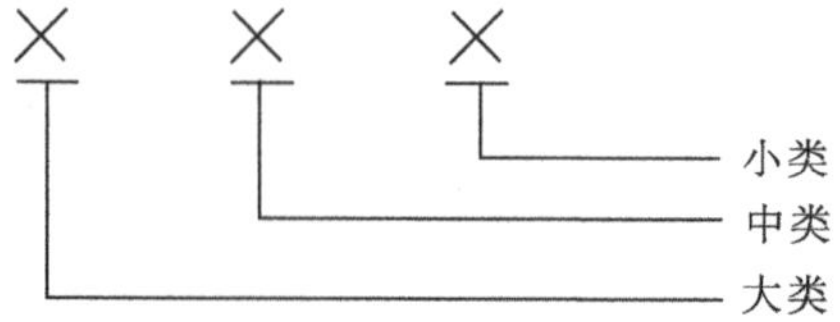

图 5-1 机动车代码(GB/T 918.1—1989)

示例1:121——城市公共汽车,用于城市公共客运的客车,车内设有少量座席、较宽的通道和供乘客使用的拉手。

示例2:148——洒水车,装有水罐、水泵和喷嘴,用于洒水作业的汽车。

示例3:522——集装箱半挂车,货台装有集装箱紧固或锁止装置,专门用于集装箱运输的半挂车。

机动车辆和挂车按《机动车辆及挂车分类》(GB/T 15089—2001)分为L类(两轮或三轮机动车辆,依据车轮数量及车轮布置形式可分为L_1,L_2,…,L_5等5个小类)、M类(至少有四个车轮并且用于载客的机动车辆,依据座位数和是否允许站立及最大设计总质量可分M_1、M_2、M_3等3个小类,其中M_2和M_3还分别涵盖A级、B级和Ⅰ级、Ⅱ级、Ⅲ级)、N类(至少有四个车轮并且用于载货的机动车辆,依据最大设计总质量分N_1、N_2和N_3等3个小类)、O类(挂车,包含半挂车,依据最大设计总量分O_1、O_2和O_3等3个小类)、G类(满足载荷和检测条件,以及接近角、离去角、纵向通过角和离地间隙定义指标的M类、N类越野车辆)等。其中,符号M和N可以同符号G组合使用,如N_1类越野车可表示为N_1G。

5.1.2 构型要素

任何车辆均需满足功用和运行两大要素的要求,如图5-2所示。功用要素表征车辆的使用目的性,如运输车或作业车,而运行要素则是表征车辆运动或工作方式和运行特征,如可以在泥泞道路上行驶的越野车,以及可以在沙滩上行驶的沙滩车,等等。单一用途的车辆(如运送汽油的槽罐车),其功用单一;而多种用途的车辆(如集轿车、旅行车和厢式货车的功能于一身的MPV),其功用就较为复杂,还须表达清楚不同功用之间的互相依存关系和相互对应的要求等。

5.1.3 构型要素关系

车辆构型要素间的关系即形状、尺寸、重量、功率之间的关系。以货车为例,由于各种货车的滚动阻力系数、传动效率、空气阻力系数等值大致相等,最高车速(通常在100 km/h左右)也相差无几,但货车总质量变化范围却很大,因此常采用其比功率(发动机额定功率与满载总质量的比值)这个综合指标来衡量汽车动力性能。对同类型汽车而言,比功率越大,汽车的动力性越好。质量参数包括汽车的装载量(轿车指载客量,即座位数)和整备质量,是需对同类型同级别且结构相似的样车及部件的质量进行测定分析得到,对乘用车可按照人均汽车整备质量的统计值来估算。表5-1为M类乘用车和商用客车的人均整备质量。

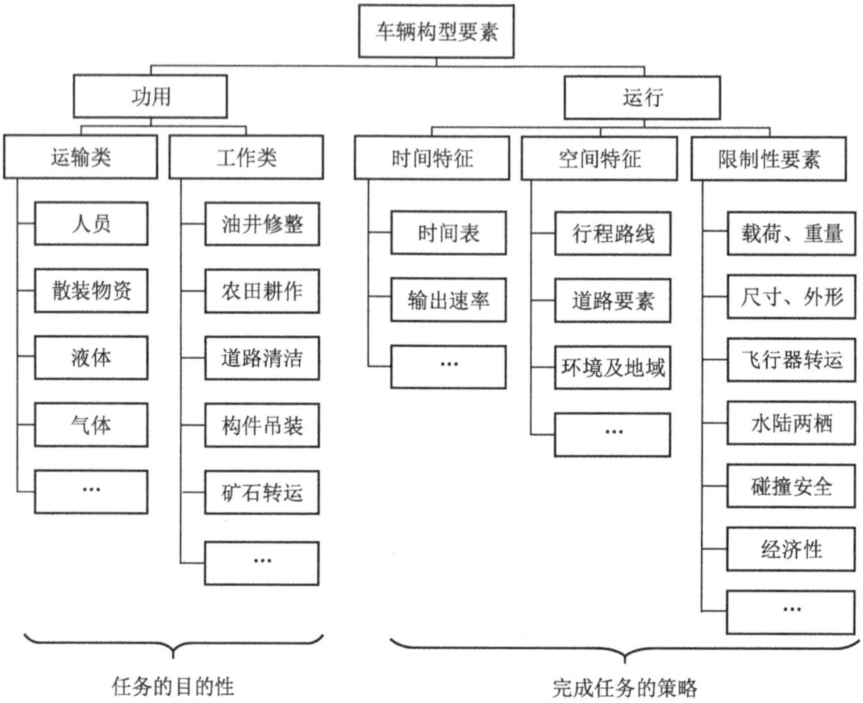

图 5-2 车辆构型要素示意图

表 5-1 M 类车型人均整备质量值

车型	发动机排量 V/L	人均整备质量值/(t/人)	车型	车辆总长 L/m	人均整备质量值/(t/人)
乘用车	$V \leqslant 1.0$	0.15~0.16	商用客车	≤10.0	0.096~0.160
	$1.0 < V \leqslant 1.6$	0.17~0.24			
	$1.6 < V \leqslant 2.5$	0.21~0.29			
	$2.5 < V \leqslant 4.0$	0.29~0.34		>10.0	0.065~0.130
	$V > 4.0$	0.29~0.34			

汽车通过性对车辆形状有较多限制，主要依据有最小离地间隙 h_{min}、纵向通过半径 r_z、接近角 γ_1、离去角 γ_2 和最小转弯直径 D_{min} 等指标进行评价，如表 5-2 和表 5-3 所示。

表 5-2 汽车通过性几何参数

车型	h_{min}/mm	γ_1/(°)	γ_2/(°)	r_z/m
4×2 乘用车	150~220	20~30	15~22	3.0~8.3
4×4 乘用车	210~250	45~50	35~40	1.7~3.6
4×2 货车	180~300	40~60	25~45	2.3~6.0
4×4 货车、6×6 货车	260~350	45~60	35~45	1.9~3.6
4×2 客车、6×4 客车	220~370	10~40	6~20	4.0~9.0

表 5-3 各类汽车的最小转弯直径 D_{min}

车型	发动机排量 V/L	D_{min}/m	车型	最大总质量 m_a/t	D_{min}/m
乘用车	$V \leqslant 1.0$	7.0~9.5	商用货车	$m_a \leqslant 1.8$	8.0~12.0
	$1.0<V \leqslant 1.6$	8.5~11.0		$1.8<m_a \leqslant 6.0$	10.0~19.0
	$1.6<V \leqslant 2.5$	9.0~12.0		$6.0<m_a \leqslant 14.0$	12.0~20.0
	$2.5<V \leqslant 4.0$	10.0~14.0		$m_a>14.0$	13.0~21.0
	$V>4.0$	11.0~15.0			
车型	车辆总长 L/m	D_{min}/m	车型	装载质量 m_e/t	D_{min}/m
商用客车	$L \leqslant 3.5$	8.0~11.0	矿用自卸车	$m_e<45$	15.0~19.0
	$3.5<L \leqslant 7.0$	10.0~13.0			
	$7.0<L \leqslant 10.0$	14.0~20.0		$m_e>45$	18.0~24.0
	$L>10.0$	17.0~22.0			

5.2 车辆构型

图 5-3 为拖拉机的标准结构组件。其中 A、B 均含有行走驱动机构,除驱动拖拉机外,都可以为加挂农机具提供作业动力。根据种植方式、农艺要求,可选择不同构型组成不同功用的机械来完成中耕[D-C-A+耕具,图 5-4(a)],以及对玉米茎秆切割、摘穗、剥皮、脱粒、秸秆处理[D-C-B+玉米收摘机具,图 5-4(b)],甚至收割后旋耕土地等生产环节的作业机具,也可作为全挂车的牵引动力,结构化道路运输车[D-C-B+全挂车,图 5-4(c)]。从该例可以看出,动力组件 D(如发动机)、驾驶室 C(驾驶操作系统)是任何车辆构型都不可或缺的基础模块,再依据车辆功能任务要求,如与 A 组合并加挂

耕具而成为自行式耕作机械,或与 B 组合并加挂成套玉米收摘机具而成为自行式玉米联合收获机,以及与 B 组合成可独立行驶并成为能为全挂车提供动力的拖拉机。

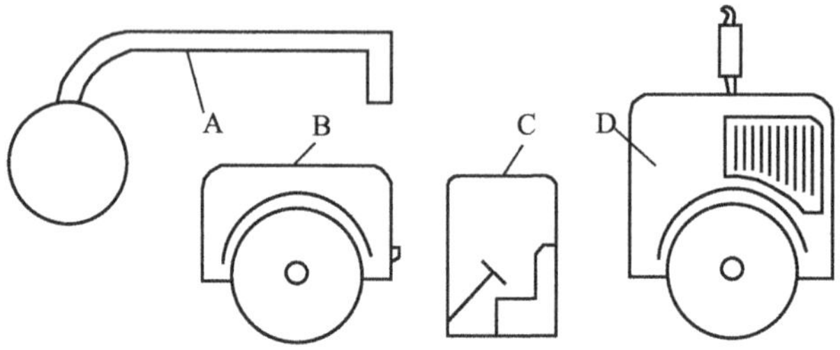

A-驱动;B-机架;C-驾驶室;D-动力组件

图 5-3　拖拉机标准组件

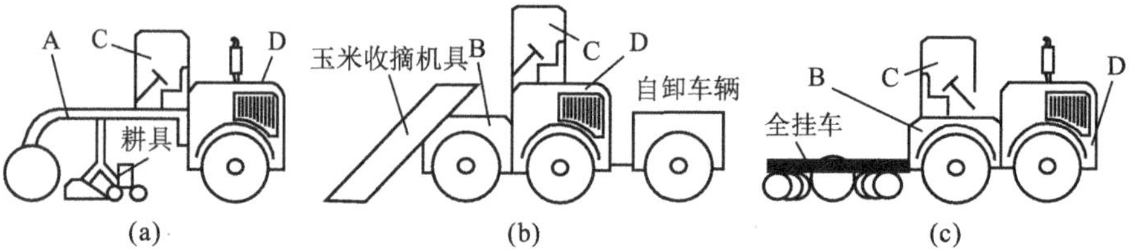

图 5-4　基于拖拉机标准组件的不同农机构型

显然,上述构型是根据给定任务和运行环境做出的,当然也还有其他可替换备选方案,这就需要采用运筹学等方法对备选方案进行评价与决策,以获得最终最优选择。行驶环境和车辆任务是车辆构型的外在构型因素(图 5-5),它直接影响车辆的结构形式、车辆尺寸、整车重量和动力机功率的选择,以及决定构型是否具有能够接受的运用可靠性、可维修性和制造及使用成本等。

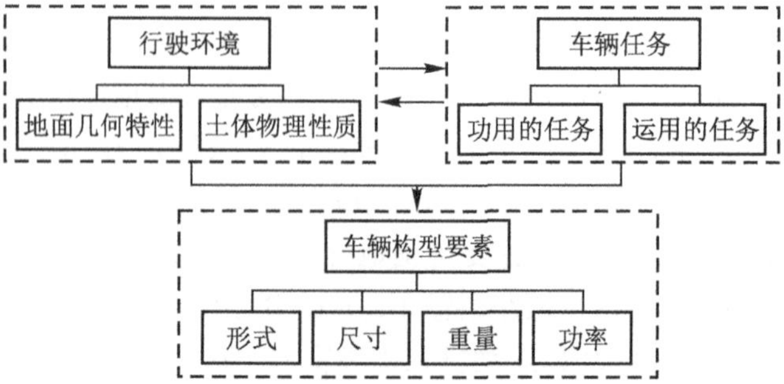

图 5-5　地面-车辆系统

土体强度和场地或道路表面形貌决定了车辆是用履带、车轮、浮力螺旋,还是用腿来推进的行走部形式。设计车辆如果主要用于如水泥、柏油和砂石等硬地面,多选用充气轮胎;而有水陆两栖用途要求的车辆,如水较深则多选用车轮复合浮力螺旋,而水浅的潮间带则多采用履带;同样在包括沼泽、沙地和积雪等复杂地形条件下的载重运输,行走部接地压力(或接地比压)应越小越好,故也多选择履带。

5.2.1　履带车辆构型

履带车辆构型可以在如图5-6的履带底盘结构的基础上进行,依据接地比压选择履带的材质(橡胶、钢质)和履带宽度、长度等,然后是构型底盘上部的诸如驾驶室、发动机舱、货箱或施工作业平台等结构。

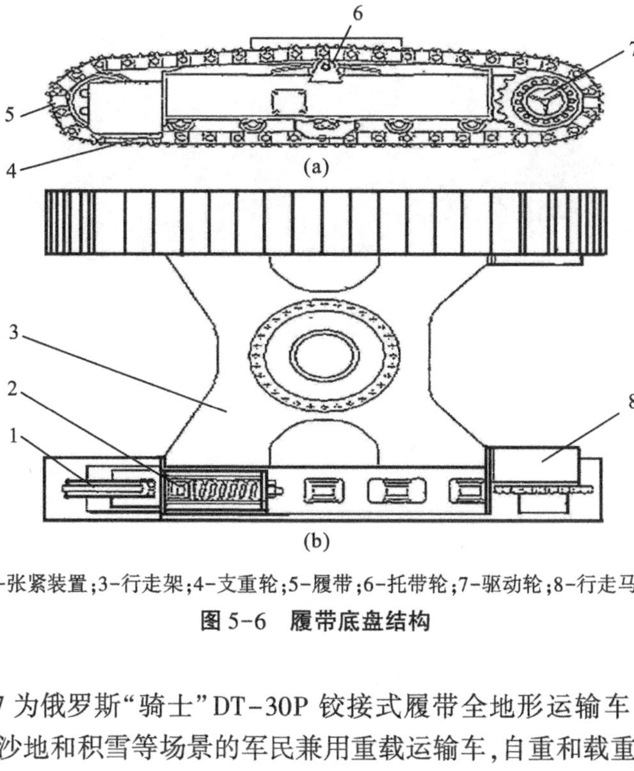

1-导向轮;2-张紧装置;3-行走架;4-支重轮;5-履带;6-托带轮;7-驱动轮;8-行走马达或减速机

图5-6　履带底盘结构

图5-7为俄罗斯“骑士”DT-30P铰接式履带全地形运输车,它是一款适于沼泽、沙地和积雪等场景的军民兼用重载运输车,自重和载重均为30 t,公路上行驶速度达到50 km/h、水上速度可达5 km/h,最大爬坡度60%,侧倾坡度30%,最大越过壕沟宽度4 m,最大过垂直壁高1.5 m。构型上,采用配备金属横杆的宽为1.1 m的履带作为行走或涉水的推进部件,且所有履带均为主动推进式,因此接地压力极小(甚至不会引爆反坦克地雷)和极易脱困自救;采用前后车单元铰接结构,前面单元由可乘4~7人和带有自主加热与

通风的全封闭驾驶室、配有低温启动预热系统的 V-46-5 多燃料柴油发动机（位于驾驶室后部，可在-50 ℃低温条件下启动）、传动装置和密封的焊接结构货箱组成，后面单元可以是一个运送人员和货物的密封的焊接结构车体或作为一个用于安装各种设备的平台。铰接结构如图 5-8 所示，铰接机构包含三只液压缸和一根 V 形杆，前后车体可以通过这个机构进行水平和垂直方向的相对运动，或者是直接锁定，而在转弯时，通过一普通方向盘伺服控制两个单元之间的液压缸改变前后车厢之间的方向实现，而不是传统的单侧履带制动减速实现方式，因此对地面的扰动极小，很好地解决了大多数装配螺旋桨或喷水器的两栖车辆在水太浅或水太深时，车辆不能航行或行驶的问题。

图 5-7　DT-30P 铰接式履带全地形运输车

图 5-8　DT-30P 运输车铰接结构

5.2.2　轮式车辆构型

对于道路行驶车辆（如汽车）的构型，需要首先遵从道路法规对轴载质量的限制，再根据设计原则、目标和用户的需求特点，提出被开发车型的整车型式方案，主要包括汽油机和柴油机，燃用其他燃料或其他种类的发动机，以及纯电动和插电式混合动力等的种类和型式、轴数和驱动型式、车头和驾驶室的型式及与发动机和前轴（轮）之间的位置关系，以及轮胎的选择等。

(1)车头型式

车头及驾驶室的外形是涉及汽车车型知识产权的最主要的型式之一，取决于安全性、用户要求、维修保养方便性和生产条件等因素。常见车头型式如图5-9所示，长头车多用于轿车，发动机舱和前碰撞溃缩结构均位于驾驶位的前部。由于国内道路多为混合交通，且道路结构复杂，因此对如货车、公交车等大型车辆（长头的视觉盲区大）几乎都采用平头形式，而校车采用长头形式可能与前碰撞安全需求和与国外校车通行样式有关。

图5-9　常见车头型式

(2)驱动型式

影响驱动形式选取的因素主要有汽车的用途和对通过性能的要求，增加驱动轮能够提高通过能力，但驱动轮数增多，汽车结构就越复杂，整备质量和制造成本也随之增加，同时也使总体布置工作变得困难。车辆发动机布置形式主要有前置前驱、前置后驱、前置四驱、中置后驱、中置四驱、后置后驱、后置四驱，以及针对电动汽车的有双电机后驱、双电机四驱、三电机四驱、四电机四驱、电子适时四驱等。

前置前驱（front-engine front-wheel drive layout，简称 FF）为发动机前置前桥驱动，发动机可以横置也可以纵置，也可以布置在轴距外、轴距内或前桥上方，是目前在各级别车型中应用最为广泛的一种，如图5-10(a)所示。前置后驱（front-engine rear-wheel drive layout，简称 FR）为发动机前置、后轮驱动的一种驱动形式，如图5-10(b)所示。前置四驱（front-engine, four-wheel drive layout，简称 4WD），如图5-10(c)所示，为引擎前置在车头，由四轮驱动整车的方式，由于四轮均有动力，相对于只靠前轮或后轮驱动的设计,前置四驱车有更高的操控性能,多用于越野车辆。

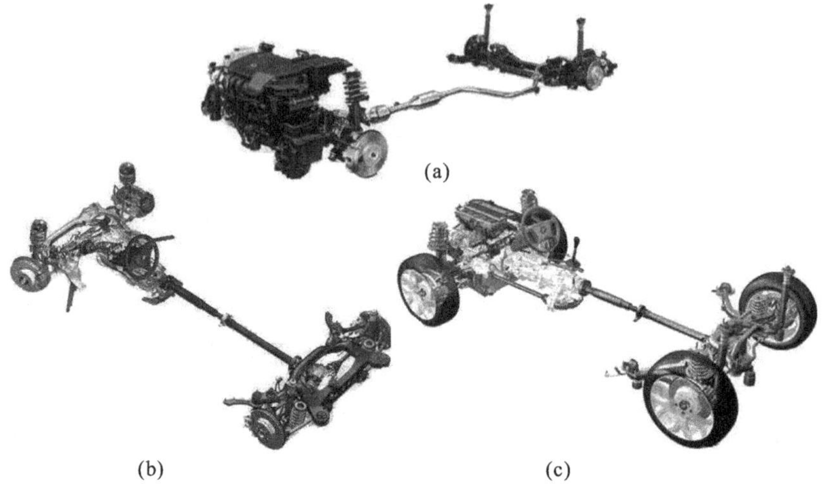

图 5-10　发动机前置的三种布置形式

中置后驱(middle-engine,rear-drive,简称 MR)为发动机布置在前轴后面,与差速器和手动变速器连成一体,后轮为驱动轮,是大多数运动型轿车和方程式赛车所采用的形式,大中型客车也有采用该形式,但货车很少采用。对运动型汽车,因重量集中在中后部,获得最佳的轴荷分配,车身平摆方向的惯性力矩小,可操纵稳定性和行驶平顺性较好;发动机临近驱动桥,无须传动轴,可明显减重;但车厢内较拥挤、乘坐舒适性有所降低。对大中型客车,车厢内面积利用率较高(地板高度较高不易降低)、车内噪音小,传动轴短传动效率高,但发动机需要特殊设计,且不易冷却和防尘;操纵机构复杂,维修保养不便。中置四驱(middle-engine all-wheel-drive,简称 M-AWD)为发动机中置四轮驱动,多用于高性能跑车和超级跑车。相比中置后驱,其操控性以及高速过弯性能更强。

后置后驱(rear-engine rear-drive,简称 RR,如图 5-11)为发动机布置在后桥后方,与差速器和手动变速器连成一体,后轮驱动,一般大中型客车采用此布置型式。其传动效率高,启动加速性能好,前轮负荷小转向轻便,但换挡机构复杂、发动机消声与强制冷却和排气装置设计难度大。后置四驱(rear-engine all-wheel-drive,简称 R-AWD)为发动机后置、四轮驱动。对后置四驱的乘用车,其后部重量过大,在高速过弯时,整车附着力几乎由后轮提供,因此一旦后轮速度过高或者路况较差等原因打滑,后轮就会失控,导致无法让车辆保持既定运行轨迹。

图 5-11 后置后驱

(3)轴数选择

影响车辆轴数选取的因素主要有汽车总质量、道路法规对轴载质量的限制和轮胎的负荷能力以及汽车的结构等。在总重一定的情况下,车辆的允许轴载质量由整备质量决定,即减轻车辆的整备质量后,它的轴载质量可以相应地提高。降低整车整备质量的方法主要有改变结构、改变工艺过程和使用轻量化材料等三种途径,如用冲压焊接的驱动桥壳代替铸造桥壳,可以减轻重量约 70 kg。轻量化材料主要指用高强度钢,更薄的钢板或铝合金、碳纤维复合材料来代替普通钢材以减轻重量等。

轴荷分配原则可根据地面力学及车辆行驶稳定性理论来确定,一般采用轴荷均布或前轴稍重的分配模式,表 5-4 为各类汽车的轴荷分配比例。

表 5-4 汽车轴荷分配

车型		满载		空载	
		前轴	后轴	前轴	后轴
乘用车	前置前驱	47%~60%	40%~53%	56%~66%	34%~44%
	前置后驱	45%~50%	50%~55%	51%~56%	44%~49%
	后置后驱	40%~46%	54%~60%	38%~50%	50%~62%
货车	4×2 后轮单胎	32%~40%	60%~68%	50%~59%	41%~50%
	长、短头式,4×2 后轮双胎	25%~27%	73%~75%	44%~49%	51%~56%
	平头式,4×2 后轮双胎	30%~35%	65%~70%	48%~54%	46%~52%
	6×4 后轮双胎	19%~25%	75%~81%	31%~37%	63%~69%

无论在硬的还是软的路面上工作，都希望减小车辆的轴负荷，因此，增加轴数是提高公路用车车载质量的主要措施之一。当然，汽车轴数并不是越多越好，轴数增加，其车轮、制动器、悬架等也相应地增多，传动系统和转向系统比较复杂，传动系效率较低，油耗量较大，且生产成本和使用成本增加较多，因此一般中型越野车通常采用 4×4 或 6×6 型式，越野轴载质量在 5 t 以上的军用越野车则普遍采用 6×6 或 8×8 的驱动型式。

轴荷的最大允许限值需满足《汽车、挂车及汽车列车外廓尺寸、轴荷及质量限值(GB 1589—2016)》的要求(军队、武警、公安特警装备的车辆除外)，其单轴、二轴组和三轴组的最大允许轴荷限值如表 5-5 所示，其中装备空气悬架的单轴非驱动轴的最大允许轴荷限值可以提高到 11 500 kg，驱动轴为每轴每侧双轮胎且装备空气悬架的，其最大允许轴荷限值可提高到 19 000 kg；其他类型的车轴，其最大允许轴荷限值为该轴轮胎数量乘以 3 000 kg。汽车、挂车和汽车列车的最大允许总质量不应超过各车轴的最大允许轴荷限值的和，且还需满足 GB 1589—2016 中的限值要求。对混凝土泵车、消防车、清障车、汽车起重机、油田专用作业车等的各轴最大允许轴荷不超过 13 000 kg，最大允许总质量不超过 55 000 kg。

表 5-5　最大允许轴荷限值(GB 1589—2016)

类型			最大允许轴荷限值/kg
单轴	每侧单轮胎		7000
	每侧双轮胎	非驱动轴	10000
		驱动轴	11500
二轴组	轴距<1000 mm		11500
	1000 mm≤轴距<1300 mm		16000
	1300 mm≤轴距<1800 mm		18000
	1800 mm≤轴距(仅挂车)		18000
三轴组	相邻两轴轴距≤1300 mm		21000
	1300 mm<相邻两轴轴距≤1400 mm		24000

5.3 参数最佳选择

5.3.1 最佳尺寸参数确定

车辆尺寸参数的选择，主要依据现有法规或建议对尺寸的限制以及对现有国产车辆和国外同类型车辆的分析。乘用车总长 L_a 是轴距 L、前悬 L_F 和后悬 L_R 之和，它与轴距有下述关系：

$$L_a = L/C \tag{5-1}$$

式中，C 为比例系数，其值为 0.52～0.66，发动机前置前驱汽车的 C 值为 0.62～0.66，发动机后置后驱汽车的 C 值约为 0.52～0.56。

乘用车宽度尺寸一方面由乘员必需的室内宽度和车门厚度来决定，另一方面应保证能布置下发动机、车架、悬架、转向系和车轮等。乘用车总宽 B_a 与车辆总长 L_a 之间有下述近似关系：

$$B_a = (L_a/3) + 195 \pm 60 \tag{5-2}$$

其中，后座乘三人的乘用车，B_a 不应小于 1410 mm。

影响乘用车总高 H_a 的因素有轴间底部离地高 h_m、地板及下部零件高 h_p、室内高 h_B 和车顶造型高度 h_t 等。轴间底部离地高 h_m 应大于最小离地间隙 h_{min}。由座位高、乘员上身长和头部及头上部空间构成的室内高 h_B 一般在 1120～1380 mm。车顶造型高 h_t 大约在 20～40 mm 变化。

长头式货车车头长度尺寸一般在 2500～3000 mm，平头式货车一般在 1400～1500 mm。长头式货车前悬一般在 1100～1300 mm。总质量在 1.8～14.0 t 的货车后悬一般在 1200～2200 mm，特长货箱的汽车后悬可达到 2600 mm，但不得超过轴距的 55%。

轴距的尺寸主要取决于传动系的总长度和车辆的操纵性或转弯机动性。表 5-6 提供的数据可供初选轴距时参考。

表 5-6 各类汽车的轴距和轮距

车型	类别			轴距 L/mm	轮距 B/mm
乘用车	发动机排量 V/L	$V \leq 1.0$		2000～2200	1100～1380
		$1.0 < V \leq 1.6$		2100～2540	1150～1500
		$1.6 < V \leq 2.5$		2500～2860	1300～1500
		$2.5 < V \leq 4.0$		2850～3400	1400～1580
		$V > 4.0$		2900～3900	1560～1620
商用车	客车	城市客车(单车)		4500～5000	1740～2050
		长途客车(单车)		5000～6500	
	4×2 货车	汽车总质量 m_a/t	$m_a \leq 1.8$	1700～2900	1150～1350
			$1.8 < m_a \leq 6.0$	2300～3600	1300～1650
			$6.0 < m_a \leq 14.0$	3600～5500	1700～2000
			$m_a > 14.0$	4500～5600	1840～2000

5.3.2 最佳动力性能参数选定

汽车的动力性能指的是汽车在良好路面上直线行驶时由汽车受到纵向外力决定的,所能达到的平均行驶速度。而车辆的速度与发动机功率和传动系统参数有关。发动机所需最大功率为在水平路面上汽车以最高车速行驶时发动机的输出功率,与行驶阻力(滚动阻力和空气阻力)消耗的发动机功率相等。

$$P_{e,\max} = \frac{1}{3600\eta_T}\left(mgfu_a + \frac{C_D A u_a^3}{21.15}\right) \tag{5-3}$$

式中,$P_{e,\max}$为发动机最大输出功率;m 为汽车质量;f 为滚动阻力系数;C_D 为空气阻力系数;A 为迎风面积;η_t 为机械传动效率;u_a 为汽车车速。

当汽车以最低稳定车速爬最大坡度时,发动机输出最大转矩,此时发动机输出功率为:

$$P_e = \frac{u_a}{3600\eta_T}\left(mgf\cos\alpha + \frac{C_D A u_a^2}{21.15} + mg\sin\alpha\right) \tag{5-4}$$

发动机输出转矩为:

$$T_e = \frac{r}{i_0 i_{g1}\eta_T}\left(mgf\cos\alpha + \frac{C_D A u_a^2}{21.15} + mg\sin\alpha\right) \tag{5-5}$$

式中,i_0 为主减速器传动比;i_{g1} 为变速器一挡传动比;α 为坡道角度。

5.3.3 车辆形态参数关系

(1)行走部长宽比

目前国内生产的各种类型车辆的长宽比,轮式都在 3 左右,而履带式则在 1.7~1.9。对履带式车辆而言,履带接地长度与轨距之比还与其转向性能相关,比值超过 1.3 时,转向阻力矩明显增大,转向困难,而当超过 1.7 时已可能无法转向。

履带式车辆的传统转向是靠两侧履带上所产生的牵引附着力的不同来实现的,在坚硬水平地面上转向阻力矩 $M_{R,\max}$ 等于履带最大允许接地长度 $L_{\max}$、车辆的总重力 G、地面与履带横向摩擦因数 μ_i 及负荷在履带上的分布系数 ξ 的乘积,即:

$$M_{R,\max} = G\xi\mu_i L_{\max}$$

而一侧履带上所能产生的牵引附着力 F_K,等于这条履带上的负荷(为车辆总重力的一半)和地面与履带纵向摩擦因数 μ_l 的乘积,由转向力矩和所克服的最大转向阻力矩的平衡可得:

$$M_S = F_K B = \frac{G}{2}\mu_l B = M_{R,\max} = G\xi\mu_i L_{\max}$$

式中，B 为轨距。

可得履带最大允许接地长度为：

$$L_{\max} = \frac{1}{2\xi}\frac{\mu_l}{\mu_i}B \tag{5-6}$$

考虑到传统履带车辆的长度 l 与其履带的接地长度 L 呈比例，宽度 w 与其轨距 B 呈比例，且在车辆正常的工作环境条件下，μ_i、μ_l 和 ξ 值实际上很少变化，即使在不同土体上，μ_i 和 μ_l 变化较大，但 μ_i 和 μ_l 的比值一般也变化很小，所以履带式车辆的长宽比如下式：

$$l/w = \frac{L}{B} = \frac{1}{2\xi}\frac{\mu_l}{\mu_i} = 常数 \tag{5-7}$$

当 $\mu_i=\mu_l$，$\xi=0.25\sim0.3$ 时，$l/w=1.7\sim2$。

对于传统的具有梯形转向机构的四轮车辆，因其最小转弯半径与其轴距 l 有关，故其长宽比也同样受到转向性能的限制。

(2)车辆外廓临界尺寸

车辆的外形及各种结构布置尺寸，如轴距、轮距或轨距、地隙、通过高度、悬架或悬架导向杆件的位置尺寸等，与车辆形状、重量、功率之间具有极为密切的关系，如图 5-12 所示。

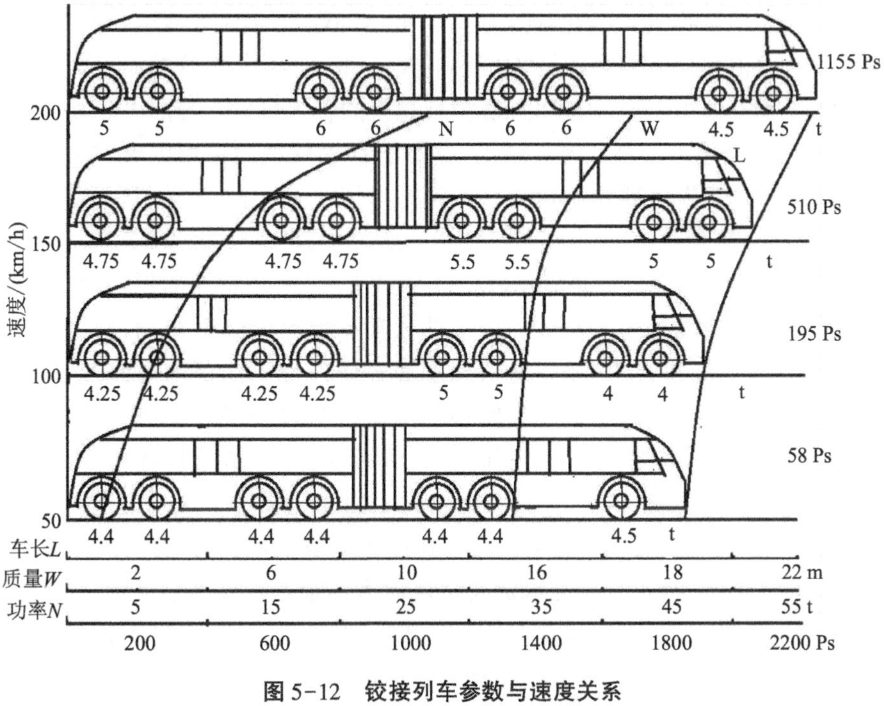

图 5-12 铰接列车参数与速度关系

注：1 kW = 1.36 Ps

传统车辆不但形状上相似,而且尺寸也在一定的范围之内。车辆尺寸和其重量之间也有着一定关系,例如拖拉机,根据统计,大体上有下面的关系:

$$\text{长度}\quad l = 2.16 + 0.16G$$
$$\text{宽度}\quad w = 1.25 + 0.094G \tag{5-8}$$

式中,G 为拖拉机的重量,l、w 的单位为 m。

拖拉机的投影面积利用系数 λ 为拖拉机接地面积与其外廓尺寸的长度、宽度乘积之比。由于接地面积的大小直接影响拖拉机的承载能力和牵引附着性能,同时农艺上也希望拖拉机有较小的比压,故此值愈接近于 1 愈好。然而传统拖拉机的 λ 值很小,轮式为 0.06~0.1,履带式也仅为 0.2~0.3。因此在松软土壤上,如海绵田和深泥脚水田,增大系数 λ,以改善拖拉机的性能是非常必要的。

车辆都有一定的临界尺寸,这是因为车辆的重量和尺寸都是有限制的,这不但与所用材料有关,而且与预先确定的车辆形状、部件布置方式和使用环境及用途有关。对这些因素作全面的分析比较复杂,但每次只按一个关键因素来考虑车辆的最大尺寸也是可行的。例如,可按重量与接地压力的关系来确定车辆的临界尺寸,而接地压力则是根据环境和农艺要求决定的。如我国东北地区拖拉机的接地比压按不大于 30~35 kPa 来确定,履带拖拉机的接地面积和重力的关系 G/LB 就确定了。按前述,传统拖拉机的投影面积系数 λ 为 0.2~0.3,这样就可以算出拖拉机的临界尺寸。若把 λ 值增大到接近于 1,则极限重量将可大大增加,这对于在松软地面采用无腹式或带滑橇的车辆将是比较合理的。

(3) 车辆重量

车辆的重量与车辆的形状、尺寸、功率的大小,所用材料的强度,部件结构形式和行驶速度等因素有关。传统的大功率低速度越野车辆自重大,经济性差,对土壤压实严重,故在材料强度和经济性许可的范围内,应尽可能采用速度高和重量轻的车辆。当使用环境、使用条件及使用要求不允许高速作业时,则应采用功率小的车辆以减小车辆的重量。如前所述,在纯砂土壤上加大重量,直接有利于牵引力的增大,然而在纯黏性土壤或过饱和土壤上,却成了有害的因素。一般旱田土壤在适耕期虽然都具有砂性,但大多数土壤也具有黏性(特别是在含水量大时),而水田土壤则基本是过饱和土壤。因此,在不影响可靠性和不增加制造成本的情况下,尽可能减轻车辆的重量是合理的,这样不但可大量节约金属材料,减少初置费用,而且可在不需要发挥大牵引力的工作中,降低运动损失,减少燃油消耗,提高使用经济性。

当车辆需要较大的牵引力时,可通过充分利用机组重量(即把载重、农机具及拖车上的重量转移到车辆的驱动轮上),采用合理形状和压载工作原理及增加配重等方法,来获得必需的附着重量,所以减轻车辆的自重和比重量是世界上各种车辆发展的统一方向,如拖拉机已从发展初期的 100 kg/kW 以上,降低到目前的30~40 kg/kW 左右,预计今后还要降低,达到18~25 kg/kW。目前,一种最新的 650 kW 串联双动力拖拉机的比重量已达到 24.6 kg/kW,甚至更低。比重量的减小除受到材料强度的限制外(即必须能保证车辆的可靠性和耐久性),车辆的结构形状、部件型式、工作环境、耕作方法、配套机具型式都对它有重大的影响。例如,当采用间隔式履带时,为了获得同样的牵引力,在同样的土壤条件下就允许车辆比使用一般履带时有较小的附着重量,这是因为它的牵引附着系数较高之故。在极大的田块中(长度大于2000~3000 m),拖拉机允许用较高的工作速度(9~15 km/h)工作时,就可在同样的重量和牵引力情况下,提高拖拉机发动机的功率。例如,有一种 3 t 级的履带拖拉机,其发动机功率就从 54 kW 提高到 150 kW,因而使比重量从 100 kg/kW 降低到 40 kg/kW。当采用旋转耕作机具时,发动机功率主要通过机械式或液压动力输出装置输出,此时拖拉机不需要提供大的牵引力,故其比重量可以大大降低。利用悬挂机具重量,特别是在复合作业或运输作业时,把机具重量或载重全部或部分地作为附着重量,可以大大降低拖拉机的比重量而不减小其牵引力。采用压载工作原理,可以允许车辆的比重量在可靠性和强度许可的范围内尽可能地降低,而在需要较大的牵引力时,仍可获得所需要的牵引力。

(4)车辆功率

农用车辆功率的大小与环境和使用条件、经营规模大小、作业项目、配套机具所需最大牵引力及输出功率、农业机械化程度和国家农业机械化的方针政策有关。从世界各国农业机械化发展过程来看,都是从小到大。这一方面是由于农业的合并,经营规模不断扩大,机械化程度逐渐提高,即每亩耕地所需功率增加;另一方面也是由于驱动机具、复合作业机具和高速作业机具的出现,使拖拉机功率能够充分发挥,从而提高拖拉机的生产率,缩短耕作期,以适时地进行耕作,保证作物的丰产。

对于大规模农场,由于其地块连片,并在农艺上允许大面积耕作,所以应采用大功率拖拉机,它能够有较高的生产率和经济性,并减少了劳动量。但在这种情况下,功率的增长,也受到一些因素的限制,如轮胎的最大宽度、配套机具的幅宽、机械化体系金属消耗量的多少、在各种作业中功率能够得到发挥的程度等。一般说来,在这种大农场应用时,应配备功率大小不同的几种拖拉机或专用拖拉机,分工进行适合于它们各自的工作项目,从而提高生产率和效率，降低使用成本。在较小的经营规模下，如地块较小的地区，则应使用功率较小，综合利用性能好的拖拉机，来完成全部作业或其中大部分主要作业。在某些作业中，它的经济性可能不如大功率拖拉机，然而在其他作业中则有可能得到弥补，从而使总的经济效果较好而超过大功率拖拉机。应深入研究，确定在某种给定条件下，采用多大功率的拖拉机才算最经济合理。

功率的大小不但与环境、使用条件及经营方式有关，而且与每台车辆上发动机的数量有关。在一台车辆上采用两台小功率发动机与采用一台相当于两台小发动机功率之和的大功率发动机相比，结构上虽然复杂了，但经济性能却可能优越。例如，匈牙利在 12500 hm^2 的农场中，比较了几种机械化体系的全部机具重量表明：装两台 20 kW 小发动机的自动底盘机组的总重量为 335.9 t，要比装一台 45 kW 发动机传统拖拉机机组的总重 388.0 t 经济 13.4%。从形态学上看，小发动机可有较小的宽度，做成铰接式时，可使车辆更流线形化，从而提高牵引性能和减小运动阻力。从制造上看，产量的大小对成本的影响，有时要比零件数量多少的影响大。因此，在国外，采用两台小功率拖拉机串联或并联成功率大一倍的大型拖拉机也常被采用。

拖拉机的单位宽度功率是传统拖拉机的一个重要指标，它决定着满幅耕作时，单位机具耕作宽度上可使用的最大功率，也就是可以耕作的最大深度，这对于从事重负荷作业的传统拖拉机特别重要。当这个值小于需要时，为了获得需要的耕深，就不可避免地要产生偏牵引，即不能满幅耕作，从而影响拖拉机的生产率、经济性、耕作质量和造成某些部件的过度磨损。单履带和串联单履带拖拉机具有最大的单位宽度功率，故最适于深耕。

(5) 车辆速度

农用越野车辆，例如拖拉机在松软土壤上工作时，其行驶效率(TE)为：

$$TE = \frac{F_d}{T_w}\frac{u_a}{\omega} = \frac{F_d u_a}{P} \tag{5-9}$$

式中，F_d 为挂钩牵引力；u_a 为汽车行驶速度；T_w 为驱动轮输入转矩；ω 为驱动轮角速度；P 为传至驱动轮的功率。

在确定设计车速时，可取 $F_d=0.4F_Z$，这里，F_Z 为驱动轮上的载荷。行驶效率的最佳值可定为 0.7，这样，式(5-9)变为：

$$0.7 = \frac{0.4F_Z u_a}{P}$$

或

$$\frac{F_Z}{P} = \frac{1.75}{u_a} \tag{5-10}$$

由式(5-10)就可求得驱动车轮的功率和载荷一定时农用车辆的最佳行驶速度值。

参考文献

[1]庄继德.地面车辆系统分析与设计[M].北京:机械工业出版社,1989.
[2]余志生.汽车理论[M].6版.北京:机械工业出版社,2018.
[3]王望予.汽车设计[M].4版.北京:机械工业出版社,2004.
[4]李补莲,叶晓彤.俄罗斯铰接式全地形车[J].国外坦克,2011(10):53-55.
[5]洪永福.汽车总体设计[M].北京:机械工业出版社,2016.
[6]李新.专用汽车结构与设计[M].沈阳:辽宁科学技术出版社,2014.

第6章

履带式车辆

履带式车辆是指行驶系统形式为履带式的车辆,一般兼具行走和作业两种功能,通过履带,既加强了离开道路的越野能力,同时也增大了负重能力,其特点为:①履带行驶系统的履带面积能做得足够大,以满足土壤强度所能承受的平均接地比压的要求;②履带行驶系统能适应一定坡度的地面,能克服行走平面的不平度;③车辆静止时,借助于履带板和地面之间的摩擦力,使车辆停在一定的位置上;④大多数情况下,履带行驶系统的设计,可使垂直载荷静定地传到地面上;⑤履带行驶系统在非常不利的气候和地面条件下,也能保持其行走功能。因此,履带式车辆在农业、工程建筑、矿山机械、建筑机械、现代军事等领域发挥着十分重要的作用。

6.1 概　述

履带式汽车的驾驶室、货厢平台或车厢与普通轮式车辆基本一致。按行驶系结构可分为前桥(从动桥)装雪橇或车轮、后桥装履带的半履带式[图6-1(a)],前后桥都装履带的全履带式[图6-1(b)],以及车轮和履带可以互换的车轮-履带式[图6-1(c)]等三种类型。其中,车轮-履带式车辆通常是在轮式车辆的基础上进行改装而成的,可以车轮与履带间按需替换。近年来,国内外针对一些特殊需要(如泥石流灾害应急救援等),研究开发了可变形车轮(如图6-2所示),使车辆在轮式和履带式之间实现快速切换,以适应各种地形的行驶需要。

按动力类型分类,履带式车辆可分为内燃机动力源的履带式车辆和混合动力源的履带式车辆。

(a) (b) (c)

图6-1 履带式车辆类型

图6-2 自适应可变形车轮

6.1.1 内燃机履带车辆

使用内燃机作为动力源装置不受电源、电缆等限制，使得车辆机动方便,在电动机研究还不太成熟的情况下,其应用较为广泛。最早的履带车辆动力装置多采用汽油机,汽油机单位体积功率大、比质量轻、生产成本低以及启动性能好的优点使其在“二战”后的一段时间仍在使用,但是汽油机着火点低、燃油消耗率高等缺点使其逐渐被柴油机所取代。

苏联在1932—1933年间开始研制坦克用柴油机,并于20世纪30年代后期最早将柴油机装配到履带装甲车辆上。美国直到1959年才将某燃油缸内直喷式汽油机演变为柴油机,并引领了当时动力柴油机化的发展趋势。在20世纪80年代初美国开始将燃气轮机用作动力源之前,柴油机一直是唯一的动力。我国在20世纪50年代开始从苏联引进军用柴油机全套工艺,于1959年制造了第一台坦克发动机——B2系列V型12缸水冷柴油机。到20世纪60年代中期,先后共发展4种机型。近年来,我国研制成功的系列机型功率覆盖441~1176 kW,并已广泛应用于履带式等各种装甲车辆上。

近年来,新兴的燃气轮机成了柴油机的强劲竞争对手,其以结构简单、质量轻、体积相对较小、振动小等许多优点越来越得到重视。苏联在“二战”后开始军用履带车辆实验燃气轮机的研制工作。燃气轮机20世纪70年代中后期开始运用到履带车辆,当时苏联的T-80主战坦克和美国的M1主战坦克先后装备,功率分别为735 kW和1119 kW。至1995年,俄罗斯研制出的燃气轮机功率最高可达1470 kW,美国最高达2000 kW。目前的坦克燃气轮机的单位体积功率在1200~1500 kW/m^3,标定功率时的输出轴转速在3000~8000 r/min,比重达到了0.62~0.84 kg/m^3。

根据履带车辆传动系统的不同,以及以内燃机为动力源的履带车辆按传动方式的不同,分为机械传动履带车辆、液力传动履带车辆、液压传动履带车辆、液力机械复合传动履带车辆、液压机械复合传动履带车辆。

6.1.2 混合动力履带车辆

以发动机-发电机组和动力电池组共同作为车辆动力源,也称混合动力技术,是目前履带车辆电传动系统动力源采用的主要方案,该方案既可以满足车辆的动力性需求,同时也可以使车辆在战场上实现短时间的静音行驶。履带车辆动力系统采用混合动力能够充分利用各动力源的优势,可以在不降低车辆性能的前提下降低油耗和排放。

混合动力的履带车辆采用电传动,电传动有其突出的优点:①机动性能优良,能够实现无级调速、电子差速控制任意半径转向,加速性能好,没有机械换挡冲击;②系统部件之间多为柔性连接,总体布置灵活,使有效利用空间加大,底盘结构大为简化;③混合动力可提高动力性能和燃油经济性;④机电联合制动,可实现再生能量回馈,提高系统效率;⑤短距离静音行驶,使主动防护能力增强;⑥便于实现模块化、数字化、网络化设计,能够促进无人驾驶地面车辆的实现。

电传动系统早期为直流电传动技术(DC/AC-DC),后逐渐发展为现代的交流电传动技术(AC-DC-AC),传动效率得以大幅度提高。交流电传动技术分为单动力源和多动力源两类,单动力源的电驱动履带车辆仅用发动机-发电机组提供电能,而多动力源的电驱动履带车辆则具有发动机-发电机组和动力电池组两个动力源。由于动力电池组和发动机的组合可以有效地改进车辆的功率供给,故多动力源电传动技术逐渐发展成为现代电传动技术的主流。然而在发动机-发电机组和动力电池组两种能量源提供动力的情况下,发动机的工作点、动力电池组的充放电特性及电压等都会对车辆的燃油消耗和排放产生影响,所以不论单动力源还是多动力源,履带车辆动力系统的高效运行还必须依赖于经过精心设计的控制策略,以控制各个子系统工作于最佳状态,从而使得整个系统的总体效率最高。

现在履带车辆用得较多的混合动力电传动结构取消了机械转向和变速机构,发动机与主动轮之间没有固定的约束,功率传递通过柔性电缆完成,具有传统机械传动无法比拟的总体设计灵活性。电传动结构中的发动机-发电机组一般选用柴油机或燃气轮机带动同步发电机进行发电,发动机驱动交流电机以产生电力并把它传递给驱动电机,受高速柴油发动机最大速度限制,发电机的体积因受其电枢轴旋转速度的影响而导致很大,而燃气轮机输出最大速度远高于柴油机,因此可以匹配体积小速度高的发电机,故燃气轮机在混合动力履带车辆中的使用更为广泛。

6.1.3 分布式履带车辆

对于轮式车辆而言,分布式动力已成为重要的发展趋势。目前,采用的分布式动力驱动方式一般是两个主动轮分别驱动两侧履带(即一侧履带环上只有一个主动轮,一个诱导轮和若干负重轮),且根据车辆类型而采用前置前驱动或者后置后驱动的形式。这样的履带车辆,其车辆行驶力学和动力学的理论相对比较完善。

6.1.4 多轮驱动履带车辆

电传动技术的迅速发展为研究履带车辆的多轮驱动带来了机遇。多轮驱动技术在轮式车辆中已经得到了相当广泛的应用,与内燃机汽车和一般的单电机中央驱动型电动汽车相比,多轮电驱动车辆在底盘结构、传动效率和控制性能等方面有其独特的技术优势。多轮驱动技术能分散驱动系统功率,使之采用较多单元的较小功率驱动系统,从而方便功率匹配,最大限度地利用能源。轮式多轮驱动的上述优点同样能用来解决履带车辆驱动电机功率过大导致的体积过大和功率匹配难题,增强系统配置的灵活性。

对履带式车辆的研究随着履带式车辆的出现和相关技术的发展而不断地深入。由于履带式车辆本身是一个非常复杂的机械系统,而且其使用环境十分复杂多变,加之缺乏对路面特性的认识和车辆对路谱响应的研究,人们很难对履带车辆的机动性能有深刻全面的认识。所以在履带车辆出现后的很长一段时间里,“设计—试制—试验—改进”一直是履带车辆研究的传统模式。“二战”后,随着对履带车辆的需求量增加和相关基础理论的发展和完善,人们对履带车辆的认识更加深刻,并将其研究推进到新的水平。首先,地面力学的发展和完善,使得对履带车辆在某些路面上的力学性能的预估成为可能。其次,计算机的出现、发展和数值算法在计算机上的实现,使得描述履带车辆动力学性能的大量代数-微分方程得以求解,数值仿真得以实现。再次,近年来多体动力学的发展为解决履带车辆自身复杂性的问题提供了出路。运用多体力学的方法,可以把构成履带车辆的各个部件作为刚性体或柔性体,通过各种约束组合起来,求解约束方程和动力学方程就可以获得履带车辆的动力学性能。这些理论的发展和完善为通过建模仿真技术来研究履带车辆的动力学性能奠定了基础。

近年来,对履带移动式工作车辆进行的研究不断深入和发展。对履带移动式工作车辆的研究主要有越障能力、转向机构及转向功率、履带模型与分析、传动系统性能综合评价及车辆动力学仿真等。履带式工作车辆的综合性能与车辆的布局、动力匹配、行走系及传动系的设计参数等因素密切相关。理论的发展和数值算法在计算机上的实现和完善,为通过建模仿真技术来研究履带式工作车辆的各种性能奠定了基础。履带式车辆的设计由原来的经验设计向数字化设计和虚拟样机技术发展。履带式车辆的越障能力、转向机构及转向功率、传动系统性能综合评价、车辆动力学仿真等方面的研究也随着相关技术的发展及关键问题的解决不断取得重大进展与突破。

6.2 行驶系统

履带式车辆是一个非常复杂的机械系统,其履带行驶装置是保障车辆在复杂多变的使用环境中获得优良的野外行驶能力、越障能力和机动性能的关键所在。

6.2.1 行驶系统总体结构

采用履带式的行驶系统,能够降低车辆的接地比压,减轻其对地面的压实程度,使车辆获得更高的通过性,能够通过轮式行驶系统不易通过的具有较低承载能力的地形,如沼泽、沙漠、雪地等。新型车辆行驶系统包括悬挂系统和履带轮组两部分(图6-3),其主要作用如下:支承车辆车架及作用于其上面的全部重量;将发动机的输出扭矩经传动系统传递后转变为驱动车辆行进的牵引力;承受以及传递路面作用于履带及履带轮组上的各种力和力矩;吸收车架的振动,使车辆在不同的地形上行驶时能够保持整体的相对平稳;使车辆具有能够通过雪地、沙漠、沼泽等较松软地形的能力。

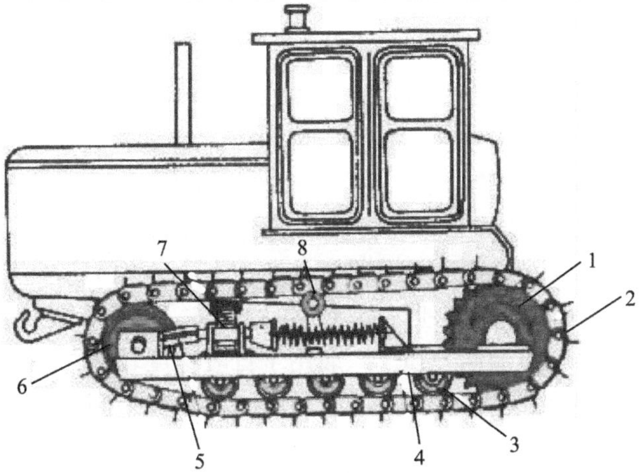

1-驱动轮;2-履带;3-支重轮;4-台车架;5-张紧装置;6-引导轮;7-悬架弹簧;8-托轮

图6-3 履带式行驶系

众所周知,履带式车辆的机动性跟发动机和传动系统的性能有关,但车辆的平均行驶速度及通过性,最终还是取决于行驶系统的性能。如果履带轮组通过性能不好,车辆将无法通过各种松软的地形,也不能有效越过行进中的各种障碍。如果悬挂系统减振性能不好,行进中路面对车辆的振动冲击得不到有效缓冲,即使发动机功率再大,车辆在不平整路面上也不可能达到较高的平均行驶速度。行驶系统性能的好坏,直接决定了车辆通过性能的强弱。

与钢制履带相比,采用橡胶履带可以减轻重量;此外橡胶履带还可起到缓冲的作用,一方面可降低车辆行进过程中噪声,另一方面能够吸收振动,提高车辆的舒适性。采用多组承重轮线性并列排布,不仅能够使履带与地面的接触压强分布更加均匀,以提高其附着性及通过性,而且使得单个承重轮的负载变小,增长其使用寿命。采用多个减振器分别与诱导轮、承重轮及驱动轮在空间多维度组成减振机构,构成多自由度的悬挂系统。悬挂系统能够对不同的障碍产生不同的反应，使得行走装置在不同的地形下均有良好的减振效果。

6.2.2 履带轮组

6.2.2.1 履带轮组结构

履带轮组由引导轮、主动轮、承重轮、托带轮及履带构成，它们构成一个封闭的履带环。履带环的结构形式、安装方式及各零部件的结构尺寸参数，特别是履带环的尺寸参数对行走装置的整体性能起到重要的影响作用。

现有履带环的组成形式可分为三类：

1)引导轮和主动轮都升高离地的类型。这种布局适合于越野型的高速车辆，增加诱导轮的离地高度可提高车辆的越障能力，增加主动轮的离地高度可以避免在爬陡坡以及通过起伏路面时主动轮与路面之间发生碰撞。

2)引导轮离地一定高度，主动轮接地兼作承重轮的类型。诱导轮离地可使车辆具有越过一定高度垂直障碍的能力，主动轮兼作承重轮可增大履带接地面积，降低接地比压，提高车辆负重能力。

3)引导轮和主动轮都接地兼作承重轮的类型。这种布局可使履带接地面积达到最大，车辆承载能力强。一般用于行驶速度较低的工程类机械，如履带式起重机、履带式挖掘机等。由于其越障能力较差，并不适用于高速行驶的越野式车辆。

多组承重轮并排线性布置如图 6-4 所示，其作用在路面的接触压强分布越均匀，履带与地形的附着性越好，也就是说，承重轮组数量越多，布局越紧密，行走装置的接地性越好，通过性越强。采用橡胶履带，且驱动轮接地(亦可增大履带的接地长度)，可提高车辆的通过性。至于爬陡坡及通过起伏地形时驱动轮与地面的碰撞问题，则通过设计驱动轮的独立悬挂装置来解决。同时，变速箱输出轴与驱动轮之间采用带有张紧机构的链条传动，使得驱动轮有一定的悬挂浮动行程。

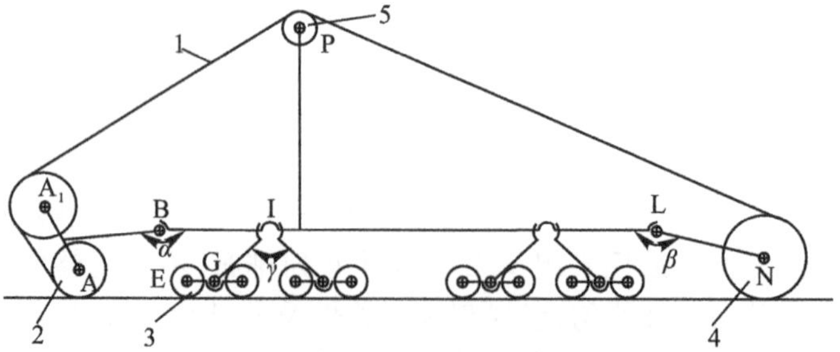

1-履带；2-引导轮 A，A_1；3-承重轮组 E；4-驱动轮 N；5-托带轮 P；B，L，G-引导轮叉

图 6-4 履带环结构简图

采用固联式双引导轮，一引导轮接地，以增大履带与地面的接触面积，另一引导轮离地一定距离，以提高车辆的越障能力。另外，这种结构设计亦可起到张紧装置的作用。当接地引导轮 A 遇到障碍向上运动时，引导轮叉张角有一个变化量 Δa，离地引导轮与托带轮 P 之间的履带长度 l_1 减小 Δl_1，而接地引导轮 A 与承重轮 E 之间的履带长度 l_2 增大 Δl_2。这样一增一减，使得整个履带环的长度 l 不至于发生太大变化，以免影响行走装置正常工作。

6.2.2.2 履带变形分析

履带环的张紧程度对行走装置的性能影响很大。张紧程度过大，履带环内部接触力过大，会造成行走装置内部机械摩擦力的增加，从而加剧履带及轮组的磨损并使得发动机功率损耗增大。张紧程度过小，会造成履带松弛，导致运动过程中履带在垂直方向的跳动及震动加剧，同样造成发动机功率损耗；另外，履带环过于松弛可能导致运动过程中的履带脱落现象。

由于悬挂系统的存在，在行进过程当中，车辆行走装置的各轮组之间的相对位置会随着负载的变化及路面的起伏而改变，这必然导致履带环的实时长度不断发生着变化。而橡胶履带的长度则是一定的，为了防止在车辆运动过程中发生因履带环的实时长度与橡胶履带的长度差别过大而造成履带脱落或者磨损加剧的情况，应设计合理的履带环结构尺寸参数，使得在车辆运动的整个过程中履带环的实时长度在合理的范围内变化，以保证行走装置的性能得到正常发挥。

6.3 悬挂系统

悬挂系统是指将车辆车体与履带轮组进行连接的所有零部件总和，是履带式车辆行走装置的重要组成部分，其核心原理是通过弹性阻尼元件缓冲车辆行走装置与路面的碰撞，具体作用主要包括两方面：

1）减轻车辆在起伏路面行驶时的振动。如果悬挂系统的减振性能不好，车辆在不平整路面上行驶时的垂直跳动与振动将随着行进速度的提高而显著增大，这将加剧行走装置内零部件的摩擦损耗及疲劳失效。具有良好减振性能的悬挂系统，可以避免车辆因车体振动与跳动过大而降低行进速度，以发挥发动机的最大效能。

2）减轻驾乘者的疲劳强度。行进过程中车体的不规则颠簸会加剧车上乘员的疲劳，悬挂系统可以缓冲路面对行走装置的冲击与振动，减轻车体的颠簸程度，增强车辆行驶的平顺性，以改善驾乘者在车辆上的工作环境，减轻驾驶疲劳,提高驾乘舒适度,便于长距离驾驶与机动。

悬挂系统的缓冲性能与承载能力是两个互相矛盾的因素。要求减振机构缓冲性能好,则其弹性元件刚度必须小,对较小的激励也能产生响应。而弹性元件的刚度小,意味着其承载能力弱。为了使行走装置在具有较好缓冲性能的同时拥有大的承载能力,可采用多个减振机构。单个减振机构的刚度小,局部缓冲性能好;多个减振机构整体刚度大,承载能力强。

履带式车辆行走装置多采用多组承重轮线性布局,多自由度减振器采用被动悬挂,其中诱导轮及驱动轮采用独立悬挂,而承重轮采用分组非独立悬挂的方案,如图 6-5 所示。

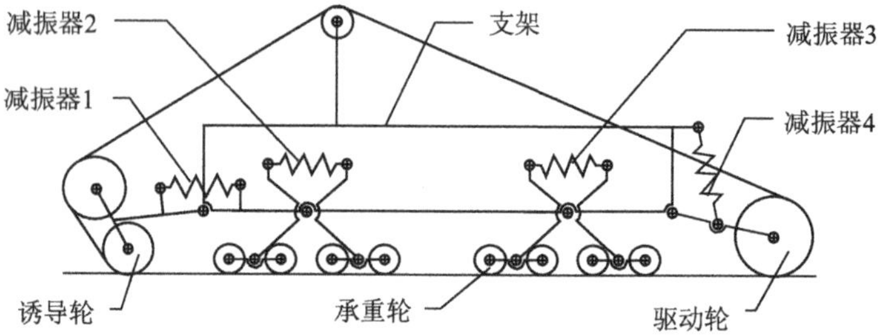

图 6-5　悬挂系统结构简图

车辆前进过程中遇到路面障碍时,其诱导轮、承重轮组及驱动轮先后受到来自障碍的激励,并促使其减振机构做出反应。由于车辆悬挂系统采用多自由度维度减振机构组成,各减振机构对于同一障碍的减振运动形式不同,其工作过程如图 6-6 所示。行进过程中遇到路面凸起时,行走装置履带轮组的诱导轮、承重轮组及驱动轮先后接触凸起的冲击,安装于各轮与车体之间的减振机构依次受到激励并发挥作用,吸收能量。当各轮有较大的垂直跳动时,车辆车体并未受到大的影响,颠簸不明显。

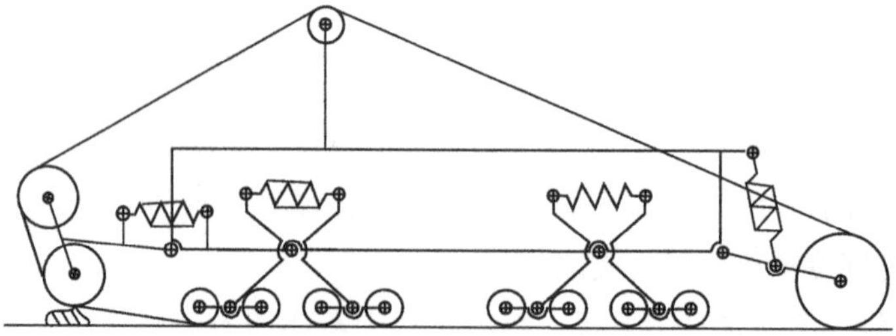

(a)

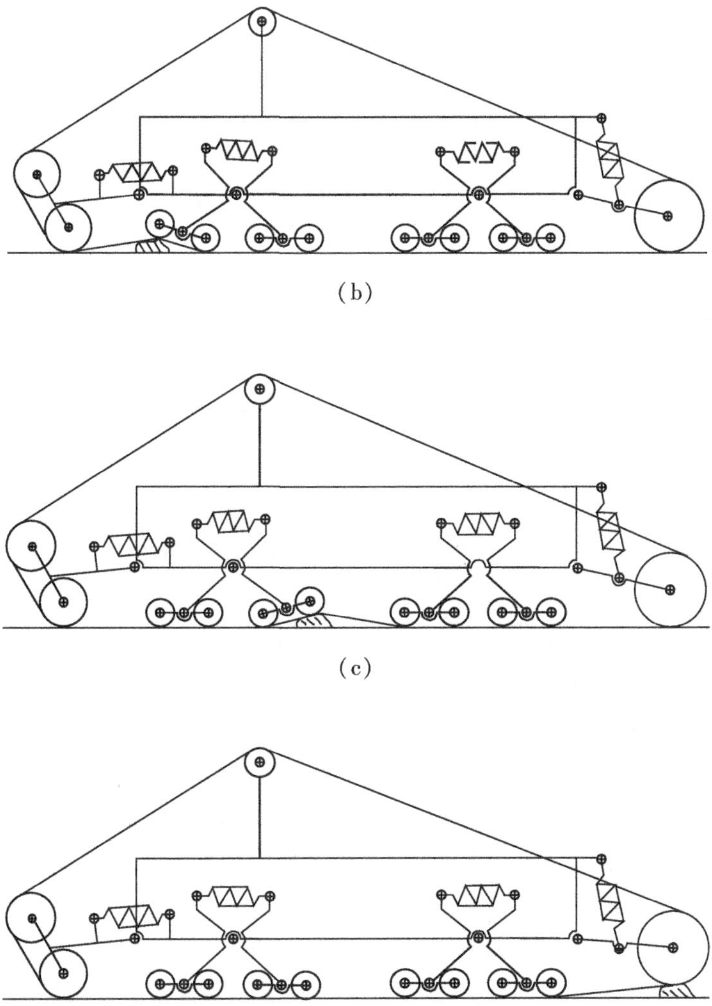

(b)

(c)

(d)

图 6-6 悬挂系统工作过程

(1)扭杆悬挂装置

扭杆悬挂装置是世界上装甲履带车辆采用最多的一种悬挂装置,它的成本最低,技术最成熟,工作也比较可靠。伴随现代机械加工工艺的进步以及材料科学和热处理的进步,其性能已经接近油气悬挂装置。

装备了高强度扭杆悬挂的俄罗斯 T-90 主战坦克可以高速过坡,空中开火,落地之后,良好的扭杆悬挂系统保证坦克不会损害,继续前进,这种高强度扭杆悬挂与俄罗斯领先的冶金技术是分不开的。T-90 主战坦克的悬挂装置和履带如图 6-7 所示。

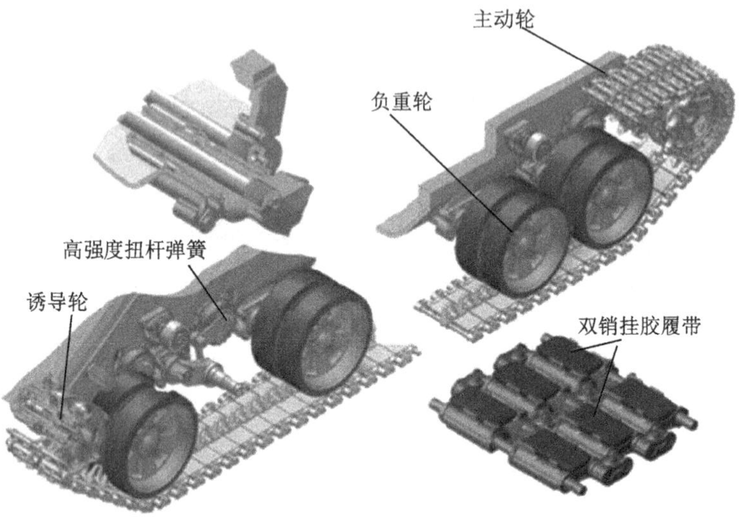

图 6-7　T-90 坦克的悬挂装置和履带示意图

扭杆悬挂的优点是单位体积金属材料吸收功的能力高、尺寸质量比小，占用车内的空间小；结构简单，重量比较轻；工艺路线比较成熟，可靠性以及保护性好，在使用过程中，基本上免维护。

扭杆悬挂系统的缺点是悬挂的动行程小，在越野路面状况恶劣条件下，装甲车辆的平衡肘经常会撞击到限制器，因此导致装甲车辆质心和驾驶员处的颠簸及引起的振动加速度较大，这就限制了越野速度的提高。

(2)油气悬挂装置

与传统的螺旋弹簧悬挂、钢板弹簧悬挂和扭杆弹簧悬挂装置相比，油气悬挂装置出现较晚。油气悬挂装置利用了气体的可压缩性和液体的不可压缩性，可同时起到弹簧和减震器的作用。根据定义，油气悬挂装置是"以油液传递压力、气体作为弹性介质的悬挂装置"。

油气悬挂装置多以惰性气体或氮气作为弹性介质，以油液作为传力的工作介质，能呈现出很好的非线性特性，同时储能比很大，约为 330 000 Nm/kg (在 6 MPa 氮充气压力下)，图 6-8 为某履带式装甲车的油气悬挂装置。

油气悬挂的优点：

1)油气悬挂装置具有非线性变刚度的特性。当履带装甲车辆在平坦路面行驶时，由于悬挂动行程较小，气体弹性介质承受瞬时压力所产生的刚度也就小，能够满足一般平顺性的要求；在越野或者战斗状态下，装甲车辆在起伏地面行驶时，悬挂装置的弹性力呈现出非线性变化且幅值增加，因而可以吸收比较多的冲击能量，在这时候发挥出气体的单位质量储存能量比较大的特点,有效起到缓冲的作用,可以避免能量直接传递到装甲车身上以及避免“悬挂击穿”现象的出现,从而在一定程度上提高车辆的越野速度,改善越野行驶的机动性。

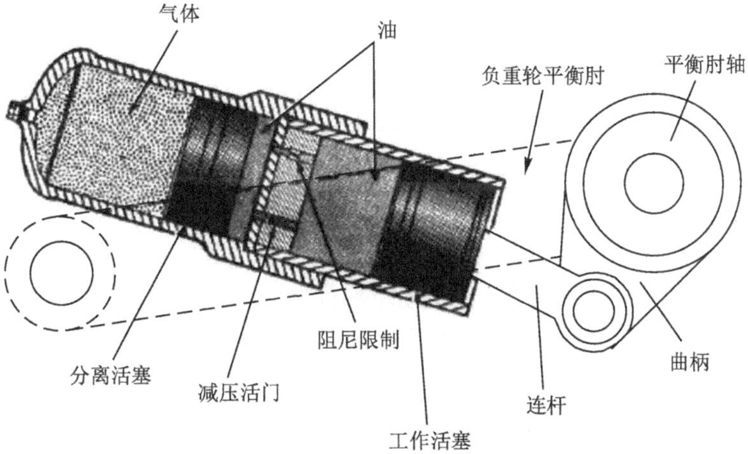

图 6-8 某履带式装甲车油气悬挂装置

2)非线性阻尼特性。安装液压阻尼阀后,与普通液压减振器相同,油气弹簧的阻尼系数也具有非线性特征,悬挂阻尼力和阻尼比均随着车架与车桥相对速度的变化而变化。

3)车姿调整功能。装甲车辆装备了可调式油气悬挂之后,可以实现车体的升降,前后的俯仰和左右的倾斜,可以提高装甲车辆的通过性和扩大火炮的射角范围。但是需附加一套车姿调节系统,主要是通过电磁阀的开闭,通过液压泵对悬挂液压油缸的补油或排油实现上述功能,以改善车辆的野外越障能力,提高越野通过性;装备有可调式油气悬挂的两栖作战车辆在涉水时可以将两侧的车轮收起,以减少水流的阻力;另外还可以使车辆行驶系统维修方便,基本不需液压千斤顶就可以拆装车轮,但调节的高度有限,一般情况下不超过 300 mm。车姿调节功能通常只有在主动悬挂中才能实现,体现了油气悬挂的优越性能。日本 90 式主战坦克可在正常位置向上调整 170 mm,或向下降 255 mm,中弹率比普通坦克降低 30%左右。法国“勒克莱尔”上采用的液气悬挂装置动行程为 300 mm,静行程为 109 mm。

4)油气悬挂装置可以实现悬挂闭锁及车体调平。液压悬挂闭锁可以使弹性悬挂变成刚性悬挂,可以消除射击时车体的振动,提高射击精度,这对火箭炮来说比较重要。

油气悬挂装置的缺点:结构比较复杂,密封成本和加工成本高。-40 ℃以下低温性能不佳,设备的可维修性与可靠性不如扭杆悬挂。可调式液气悬挂系统一旦损坏,在战场上比较难以修复。

6.4 转向系统

履带式行走装置由于其结构特点,转向原理不同于轮式行走装置。其转向机构要能够给两侧履带提供不同的驱动力,因此结构复杂,占用空间较大。

6.4.1 转向系统结构

转向系统如图 6-9 所示,由主动轮部件、从动轴部件及转向滑动部件构成,采用两套皮带式无极变速器对称并联布局而成,将发动机输出的动力分别经由左右两个变速器传递给相应侧的履带轮组。功率左右分流的方式一方面降低单侧皮带式无极变速器的载荷,另一方面可通过使两侧变速器拥有不同的传动比来实现转向功能。该转向系统主动轮部件将发动机输出的功率通过皮带传递给从动轴部件,左右从动轴部件分别将动力传递给左右履带轮组,以驱使移动平台前进。转向滑动部件可沿轴向左右滑动,使得两无极变速器传动比出现差动式变化,致使左右履带轮组速度差,从而实现转向。

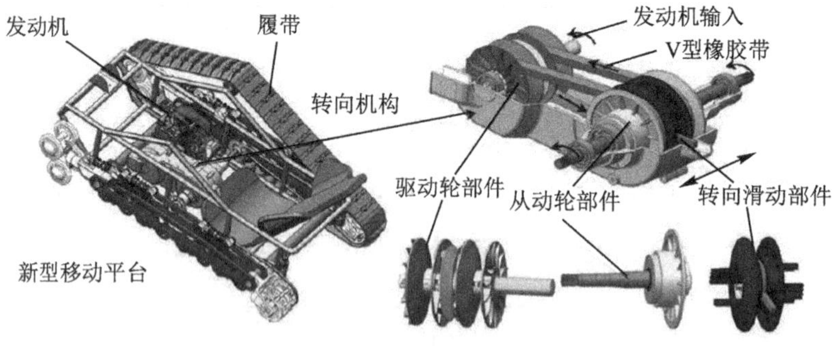

图 6-9　转向系统结构

转向机构的结构简图如图 6-10 所示。两个皮带式无极变速器结构相同,共轴并列对称安装。主动轴 1 连接发动机输出轴 6,卡盘 2 及主动动轮 4、主动定轮 5 均共轴安装于主动轴 1 之上,主动动轮 4 可沿主动轴 1 轴向滑动,主动动轮 4 与主动定轮 5 之间装有复位弹簧 7。离心滚珠 3 置于卡盘 2

的卡槽内,随着卡盘2的转动产生离心力。从动动轮12及从动定轮13分别共轴安装于左从动轴15、右从动轴11之上,且均可沿轴向滑动。从动动轮12与外壳支座10之间装有压紧弹簧9。通过拨叉14连接使得两从动定轮13可同步沿轴向左右滑动。V形皮带8的一端夹于主动动、定轮锥面之间,另一端夹于从动动、定轮之间。依靠皮带侧面与动、定轮锥面之间的摩擦力,将发动机输出的动力由主动轮传递给从动轮。主、从动轮工作半径不同,达到变速目的。

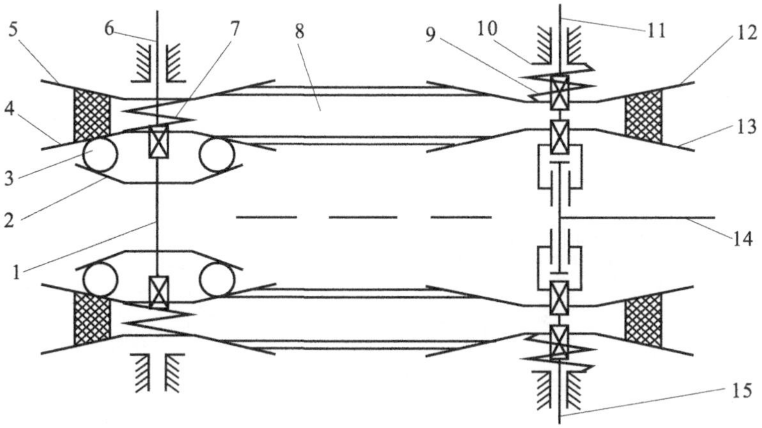

1-主动轴;2-卡盘;3-离心滚珠;4-主动动轮;5-主动定轮;6-发动机输出轴;7-复位弹簧;8-V形皮带;9-压紧弹簧;10-外壳支座;11-右从动轴;12-从动动轮;13-从动定轮;14-拨叉;15-左从动轴

图6-10 转向机构简图

(1)低速状态:直线行驶时,两侧变速器工作状况相同,传动比相同。该履带式无极转向机构是基于皮带式无极变速器的变速原理基础上,其基本原理如图6-10所示,当发动机处于低转速时,离心滚珠3随主动动轮4一起转动产生的离心力小,对主动动轮4内锥面的挤压力小。处于预压紧状态的复位弹簧7使得主动动轮4远离主动定轮5,两轮间距较大。从动动轮12在压紧弹簧9的压迫下靠近从动定轮13,进而夹紧V形皮带8并将其沿锥面向大端挤压。此时,主动轮工作半径小而从动轮工作半径大,变速器传动比大[如图6-11(b)所示],驱动力强,便于移动平台的启动。

(2)高速状态:随着发动机转速的升高,离心滚珠3上作用的离心力增大,压迫主动动轮4克服复位弹簧7的阻力靠近主动定轮5。主动动、定两轮之间的间距减小,V形皮带被两轮锥面向大端挤压,主动轮工作半径增大。

由于主、从动轮中心距及皮带长度一定，皮带压迫从动定、动轮两锥面，使从动动轮 12 克服压紧弹簧 9 的阻力远离从动定轮 13。从动动、定两轮之间的间距增大，工作半径减小，变速器传动比逐渐减小[如图 6-11(c)所示]，以实现无极变速。

(3)转向状态：当需要转向时，推动拨叉 14，两变速器上的从动定轮 13 同步沿轴向滑动，导致一侧变速器的从动动、定两轮的间距变大，而另一侧的减小。间距增大的一侧(外侧)从动轮工作半径减小，主动轮工作半径增大，传动比减小，从动轴输出速度增大；间距减小的一侧(内侧)从动轮工作半径增大，主动轮工作半径减小，传动比增大，从动轴输出速度减小。这样两侧履带轮组出现速度差[如图 6-11(a)、图 6-11(d)所示]，平台朝内侧转向。

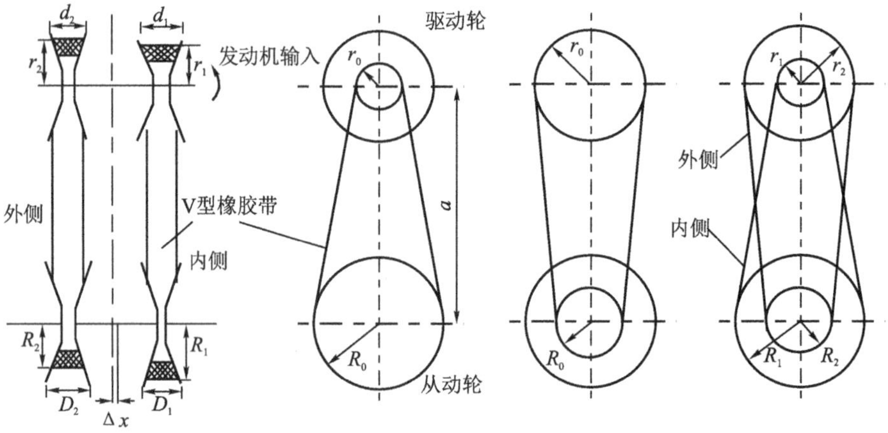

(a)转向原理　　(b)低速状态　　(c)高速状态　　(d)转向状态

图 6-11　工作原理示意图

6.4.2　转向运动分析

对移动平台进行转向运动分析，是分析其转向性能的基础。转向角速度及转弯半径是评价转向性能的重要指标。

6.4.2.1　转向角速度

移动平台绕瞬时转向中心 O 做转弯半径为 R_0 的转向运动示意如图 6-12所示。理想转向时，认为履带接地段与地面不发生纵向滑转、滑移，即履带前进速度同履带驱动轮节圆线速度相同。

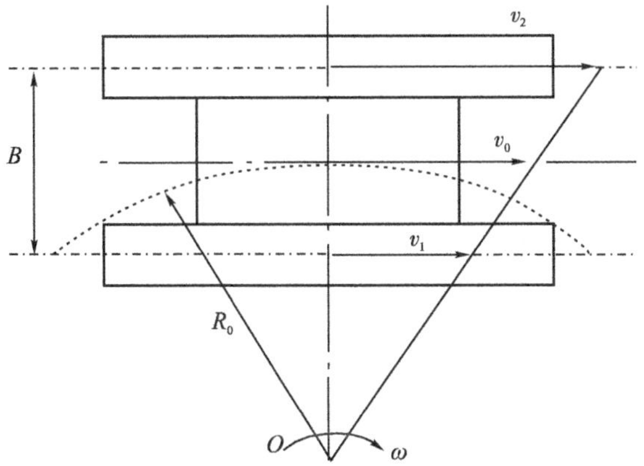

图 6-12　履带式车辆转向运动示意图

设移动平台绕瞬时转动中心 O 做转向运动的角速度为 ω，两侧履带中心距为 B。则内外两侧履带线速度 v_1、v_2 分别为：

$$\begin{cases} v_1 = \omega_1 r_0 = \omega(R_0 - 0.5B) \\ v_2 = \omega_2 r_0 = \omega(R_0 + 0.5B) \end{cases} \tag{6-1}$$

式中，ω_1、ω_2 分别为内外侧驱动轮角速度，r_0 为驱动轮节圆半径。

推导求得移动平台转向角速度为：

$$\omega = \frac{\omega_1 r_0}{R_0 - 0.5B} = \frac{\omega_2 r_0}{R_0 + 0.5B} = \frac{(\omega_2 - \omega_1) r_0}{B} \tag{6-2}$$

由于两侧履带中心距 B 一定，可见两侧驱动轮角速度差 $\omega_1 - \omega_2$ 越大，移动平台转向的角速度 ω 越大。而当发动机转速 n_0 一定时，ω_1、ω_2 分别与两侧变速器的传动比 i_1、i_2 呈单调关系，即 i_1、i_2 之间的差值越大，转向角速度 ω 越大，移动平台转向越是迅速。

6.4.2.2　转弯半径

转弯半径是评价移动平台转向性能最直接的指标，决定着其转向的机动性。最小转弯半径越小，移动平台转向越是灵活。

由图 6-12 可知移动平台底盘中心线速度为：

$$v_0 = \frac{v_1 + v_2}{2} = \frac{(\omega_1 + \omega_2) r_0}{2} \tag{6-3}$$

结合公式(6-2)可得转弯半径：

$$R_0 = \frac{v_0}{\omega} = \frac{B(\omega_2 + \omega_1)}{2(\omega_2 - \omega_1)} = \frac{B(1 + \omega_1/\omega_2)}{2(1 - \omega_1/\omega_2)} \tag{6-4}$$

因为两侧变速器主动轮转速相同，定义：

$$I=\frac{i_2}{i_1}=\frac{\omega_0/i_1}{\omega_0/i_2}=\frac{\omega_1}{\omega_2}\tag{6-5}$$

为外、内两侧变速器传动比 i_2、i_1 之比，则 $0<I<1$。式中 ω_0 为发动机输出轴角速度。则有：

$$R_0=\frac{B(1+I)}{2(1-I)}\tag{6-6}$$

由此可见，移动平台的转弯半径与外、内两侧变速器传动比的比值 I 及两侧履带中心距 B 有关，与其他因素无关。某型履带式车辆及所设计转向机构中皮带式无极变速器参数为：履带轨距 $B=800$ mm，变速器主从动轮轴心距 $a=256$ mm，皮带周长 $l=840$ mm，带入上述公式可得移动平台转弯半径 R_0 与外、内两侧变速器的传动比之比 I 的关系，如图 6-13 所示。

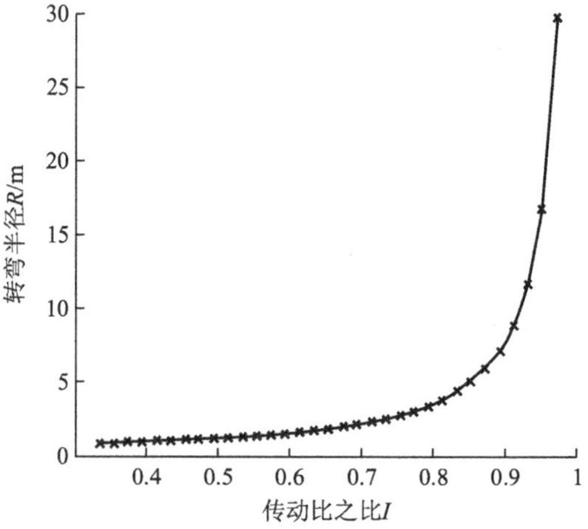

图 6-13　转弯半径随传动比变化曲线

由式(6-6)可知，比值 I 越小，转弯半径 R_0 越小，移动平台灵活性越高。$I=1$ 时，左右两侧履带速度相同，移动平台直线行驶，转弯半径 R_0 为无穷大。由图 6-13 可见，随着 I 值减小，转弯半径 R_0 开始急剧减小，但减小速度逐渐减弱。当 I 值减小到 0.8 以下时，转弯半径 R_0 近似于随 I 值线性减小。且最小转弯半径：

$$(R_0)_{\min}=\frac{B(1+I_{\min})}{2(1-I_{\min})}\tag{6-7}$$

6.5　履带式装甲车简介

履带式装甲车是具有装甲防护的各种履带式军用车辆的统称，有一定的防护和火力作用。

相较于坦克来说,履带式装甲车在复杂地貌具有高度的越野机动性能,可做中心转向,越障能力强,可以跨越 2 m 以上的壕沟,但是重量大、耗油量大、防护力和火力较弱,一般装备一至两门中小口径火炮及数挺机枪,一些还装有反坦克导弹,结构以装甲车体、武器系统、动力装置等组成。

相较于轮式装甲车来说,履带式装甲车越野能力强,能比较容易地通过松软地面和较大的坡坎、沟渠等障碍,转弯半径小,转向灵活,但噪声大,制造成本和维修费用高,金属履带对路面破坏程度大,履带装甲车辆战斗全重 3~12 t,越野速度每小时 20~55 km,越壕宽度 1.2~3.2 m,可通过高 0.45~1.25 m 的垂直墙。

履带式装甲车的优点:①通过性能好。履带式装甲车对道路适应能力强,平台比较稳定,更适合重型车辆,在越壕、爬坡、克服垂道障碍等方面都优于轮式装甲车;②履带式装甲车转向灵活,机动能力优越,可以形成 360°原地转体。履带式装甲车倒挡行驶方便;③履带式装甲车单位地面压力一般为 $5.1\times10^4 \sim 1.02\times10^5$ Pa,车辆行驶的越野能力强。

1)装甲侦察车(图 6-14),指装有侦察设备的装甲车辆,速度较快但装甲比其他装甲车辆要薄弱,多用于战场侦察,一般可分为轮式和履带式两种。较著名的装甲侦察车有德国的履带式装甲侦察车等。

2)装甲通信车(图 6-15),是指装有通信设备的装甲车辆,常见的设计有两种型态,一种是将通信装备与装甲指挥车合并在一起,因此并非单纯的通信车辆,另外一种是作为地面通信的活动中转站,以延伸无线电通信的有效距离,或者是克服地形对通信的遮蔽效应,强化地面单位之间的联络与资讯交换。各国陆军很少装备单纯的装甲通信车,不过有不少国家配备由一般运输车辆改装的通信车辆来支援地面部队的通信需求。

图 6-14 装甲侦察车

图 6-15 装甲通信车

3)装甲运兵车(图 6-16),又称装甲输送车。指在战场上输送步兵的装甲车辆,一般具有高速、较低的防护力和战斗力等特点。装甲输送车除了可以运输步兵外,还可以运输物资或补给品,暂时充当装甲补给车。

4)步兵战车(图 6-17),它和装甲运兵车作用相近,都是运送步兵机动作战用的装甲车辆,两者不同的地方是,步兵战车更像是能载兵的轻型坦克,而不是只有几挺机关枪的装甲车。

图 6-16　装甲运兵车

图 6-17　步兵战车

5)装甲指挥车(图 6-18),是具有装甲保护的移动指挥站,提供指挥官与支援的参谋和其他人员协调部队的相关事宜。装甲指挥车是早期以卡车或者是拖车为基础的移动指挥所衍生出来的架构,用意在于提供指挥单位快速移动,持续掌握情势与下达命令且提供一些保护。大部分的装甲指挥车是从装甲运兵车改装而成,扩大内部的空间以容纳额外的人员、通信器材与其他设备。在到达预定指挥地点之后,部分装甲指挥车还有另外设置的顶篷可以伸出车外,进一步扩大人员使用的空间。

6)装甲救护车(图 6-19),指在战场环境下实行人员救护的装甲车辆,一般只装备一至两挺机枪作为自卫武器,防护力亦很弱。主要用于抢救人员,并将重伤员运送至后方。

图 6-18　装甲指挥车

图 6-19　装甲救护车

7)装甲架桥车(图6-20),指装有车桥及其架设、撤收装置的装甲车辆,主要用于快速架设桥梁,令部队迅速通过河流,普遍装备于工兵部队。装甲架桥车可由一般坦克或自行火炮底盘改装而成,部分会保留机枪作防卫用途。

8)装甲扫雷车(图6-21),特指装有清除地雷装置的装甲车辆,以协助地面部队快速通过地雷区。装甲扫雷车可以是专门设计以用来清除地雷,或者是将清除工具附加在一般用途的坦克底盘上,无论是车轮或是履带形态的扫雷车都可见于不同国家的部队当中。装甲扫雷车并非用于清除整个被发现的地雷区,而是将地雷区清理出一至数条安全通道,提供地面部队人员和车辆安全通过。排除的地雷可能在过程中加以引爆,或者是移动到安全的地方之后另外加以处理。由于在清理的过程当中,扫雷车可能碰触或者是引爆其他尚未发现的地雷或者是爆裂物,因此车辆本身对于底盘和车辆底部的保护需要特别加强。

图6-20 装甲架桥车

图6-21 装甲扫雷车

9)装甲抢修车或修理车(图6-22),是装有专用救援设备或修理工具的履带式或轮式装甲车辆,主要用于野战条件下对于淤陷、战伤和发生技术故障的坦克装甲车辆实施抢救、牵引到前方维修站,快速修理或牵引后送,必要时也可用于排除路障和挖掘坦克掩体等,通常采用坦克或装甲车的底盘改造而成。这种车既可进行抢救牵引,又可完成基本的修理任务。

10)装甲回收车(图6-23),是指在战场上回收及修理被破坏或失去动力的装甲车辆的车辆。大部分装甲回收车通常以坦克底盘改装而成,以坦克改装成的装甲回收车主要修理同级重量的坦克,亦有以装甲战斗车辆(多数是装甲运兵车)改装用以维修同级车辆。

图 6-22　装甲抢修车

图 6-23　装甲回收车

参考文献

[1]娄宇.轮履变结构泥石流救援车总体设计与研究[D].郑州:郑州大学,2013.

[2]刘斌,王志福.履带车辆动力系统发展综述[J].四川兵工学报,2014,35(1):68-72,83.

[3]巩青松.履带式工作车辆设计及分析的关键技术研究[D].扬州:扬州大学,2008.

[4]周发亮.新型全地形移动平台结构设计与特性分析[D].长沙:国防科学技术大学,2014.

[5]来恩华.轮履式装甲车对比[J].现代兵器,1984(4):40-42.

[6]滕绯虎.履带式装甲车悬挂优化及减振性能研究[D].太原:中北大学,2017.

[7]赵力航,陈铁杰,管继富,等.油气悬挂系统的结构特点及分类[J].农业装备与车辆工程,2009,(3):12-14,18.

第7章

轮式专用车辆

专用汽车是指装备有专用设备，具备专用功能，用于承担专门运输任务或专项作业以及其他专项用途的汽车。随着货物运量和种类的不断增加，以及货物性质和物理状态的差别，采用普通载货汽车运输时有些货物容易破损和流失，从而促进了专用汽车的发展。

7.1 概 述

专用汽车包括厢式汽车、罐式汽车、专用自卸汽车、仓栅式汽车、起重举升汽车、特种结构汽车六大类。

(1) 厢式汽车。装备有专用设施，具有独立的封闭结构车厢(可与驾驶室联成一体)的专用汽车，见图7-1。分为厢式专用运输汽车、厢式专用作业汽车，包括警用车、运钞车、冷藏车、邮政车、易燃液体厢式运输车、腐蚀性物品厢式运输车、煤炭运输车、电视车、检测车、救护车、车速监测车、宣传车、仪器车、路政车、森林防火指挥车、旅居车、救援车等。

图7-1 厢式汽车示例

(2)罐式汽车。装备有罐状容器,用于运输或完成特定作业任务的专用汽车,见图 7-2。分为罐式专用运输汽车、罐式专用作业汽车,包括低温液体运输车、沥青运输车、运油车、散装水泥运输车、干拌砂浆运输车、低密度粉粒物料运输车、供水车、混凝土搅拌运输车、易燃气体罐式运输车、腐蚀性物品罐式运输车、吸污车、加油车、洒水车、沥青洒布车、水罐消防车等。

图 7-2　罐式汽车示例

(3)专用自卸汽车。装备有液压举升机构,能将车厢(罐体)卸下或使车厢(罐体)倾斜一定角度,货物依靠自重能自行卸下或者水平推挤卸料的专用汽车,见图 7-3。分为专用自卸运输车、专用自卸作业车,包括污泥自卸车、运棉车、压缩式垃圾车、散装粮食运输车等。

图 7-3　自卸车示例

(4)仓栅式汽车。装备有专用装置,具有仓笼式或栅栏式结构车厢的专用汽车,见图 7-4。分为仓栅式专用运输汽车、仓栅式专用作业汽车,包括畜禽运输车、养蜂车、瓶装饮料运输车、桶装垃圾运输车等。

图 7-4 仓栅式汽车示例

(5)起重举升汽车。装置有起重设备或可升降作业台(斗)的专用汽车,见图 7-5。分为起重举升专用运输汽车、起重举升专用作业汽车,包括随车起重运输车、航空食品装运车、汽车起重机、高空作业车、飞机清洗车、登高平台消防车、云梯消防车、桥梁检测车、计量检衡车等。

图 7-5 起重举升汽车示例

(6)特种结构汽车。装备有专用装置,具有桁架形结构、平板结构等各种特殊结构,用于承担专项运输或专项作业的专用汽车,见图 7-6。分为特种结构专用运输汽车、特种结构专用作业汽车,包括集装箱运输车、车辆运输车、运材车、抽油泵运输车、渣料运输车、钻机车、立放井架车、运砂车、液氮车、连续油管作业车、洗扫车、除雪车、路面养护车、稀浆封层车、混凝土泵车、沥青水泥砂浆搅拌车、清障车、干粉消防车、抢险救援消防车、沙漠车等。

图 7-6 汽车运输车示例

专用汽车与普通汽车的区别主要是改装了具有专用功能的上装部分,能完成某些特殊的运输和作业功能。在专用汽车设计时,一般多选用定型的基本型汽车底盘进行改装,但需要按“三化”(产品系列化,部件通用化,零件标准化)的要求进行,最大限度的选用标准件,或选用已经定型产品的零部件(如各种水泵、油泵、气泵、空压机及各种阀等),尽量减少自制件。

7.2 汽车底盘选用与改装

7.2.1 底盘选用

“汽车底盘”概念源于商用车(客运、货运、专用),由车架(底盘架)、悬架(螺旋或钢板弹簧、空气弹簧等)、前后车桥、发动机、变速箱、传动轴、制动系统组成,可以独立开行,其中带驾驶室的称为“二类底盘”,如图 7-7(a)所示,主要用于改装为油罐车、洒水车、吸粪车、吸污车、化工液体运输车、仓栅车、载货车、自卸车、随车吊、粉粒物料运输车、散装水泥车、高空作业车、清障车、牵引车等专用汽车或特种车等;不带驾驶室的称为“三类底盘”,如图 7-7(b)所示,供客车厂改装为大中型客车和箱式货车、客货两用车等。“三类半底盘”是不带发动机的三类底盘。

图 7-8 为二类底盘结构参数示例。表 7-1 为东风载货汽车二类底盘 DFL1250A13 基本配置,轴距 4350 mm+1350 mm、5350 mm+1350 mm、5700 mm+1350 mm,10 轮,3 轴,变速箱 9JS119T、DC7J120TA;轮胎 11.00R20 16PR,发动机选用东风康明斯发动机有限公司制造生产的柴油发动机,发动机型号为 ISD245 50、ISD270 50,发动机排量 6700 mL、6700 mL,发动机功率 180 kW、198 kW,总质量 25000 kg,整备质量 9000 kg,最高车速可达 90 km/h、80 km/h。

(a) (b)

图 7-7 汽车底盘结构

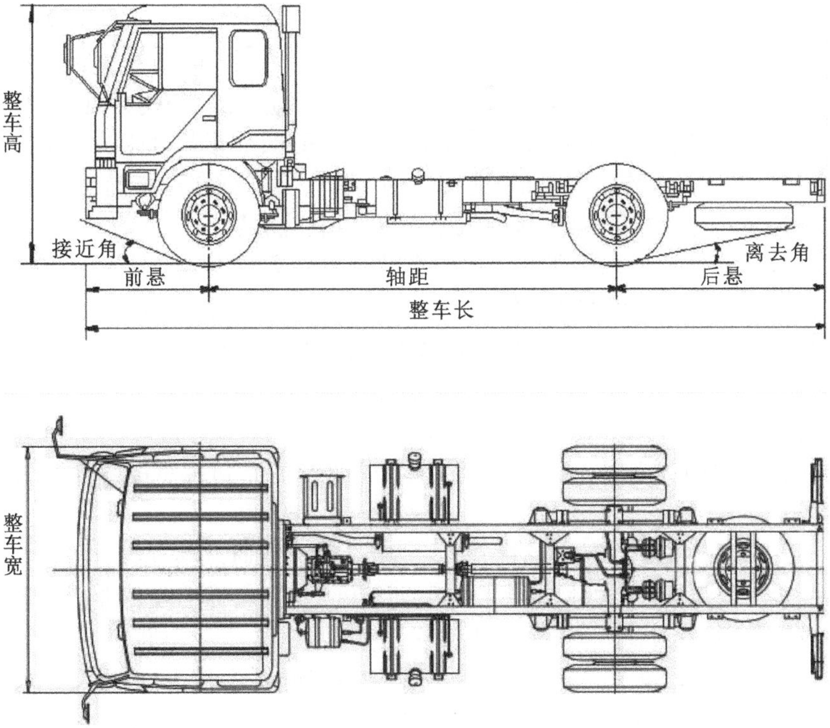

图 7-8 二类底盘结构参数示例

表 7-1　东风载货汽车二类底盘 DFL1250A13 基本配置

外形尺寸/mm	(9400,10260,10610)×2500×(3070,3600,3690,3770)	轮胎数	10
接近角/离去角/(°)	18/14	轮胎规格	11.00-20 18PR, 11.00R20 16PR, 295/80R22.5 16PR
钢板弹簧片数	8/9,8/10,9/10	前轮距	2040 mm
燃料种类	柴油	后轮距	1860/1860 mm
排放标准	GB 3847—2005,GB 17691—2005 国Ⅴ		
发动机型号	ISD245 50 ISD270 50	排量/mL	6700 6700
发动机生产企业	东风康明斯发动机有限公司	功率/kW	180 198

汽车底盘的选型主要是依据专用汽车的类型、用途、使用条件,装载质量、专用汽车的性能指标以及专用汽车的动力匹配、外形尺寸来决定的。为防止和减小工作装置布置对车架造成集中载荷,需进行合理布置,必要时可以采用足够刚性的副车架。因此汽车底盘选用应满足:

(1)适用性要求。所谓适用性要求就是改装后汽车应能满足其基本的使用目的,能完成承担的特殊任务。不同的汽车有不同的适用性要求,对于各种专用汽车,改装后的汽车应满足各专用汽车专用性能的要求,并且设计时亦应以此为目标。

(2)可靠性要求。要保证改装后的汽车各总成要有足够的寿命和强度,在各总成的选用时,要着重考虑各总成的可靠性和各总成寿命应该均衡等。

(3)先进性要求。改装后的车辆在基本性能,如通过性、制动性、燃油经济性、操纵稳定性、平顺性、动力性等方面,在满足国家标准及行业标准基础上,还需达到同类汽车的当前先进水平。

(4)方便性要求。在选择各总成时,把方便性考虑在内,调试装配操作空间与结构紧凑之间的权衡取舍要合理,以便于维修、保养、安装和检查。

7.2.2　底盘改装

底盘改装包括主车架、副车架设计和主副车架连接等,其中主车架改装对专用车性能的影响最大,因此原则上不允许在主车架纵梁上新增打孔和焊接。若必须打孔或焊接时,孔径与孔距须符合规定(表 7-2),且只能在纵梁翼面高应力区域外的部位中心钻孔或焊接,尤其不能在纵梁的边缘及拐角线两侧的 20~25 mm 区域内钻孔和焊接,以及在翼面边缘加工成开放式缺口。

表 7-2 纵梁新开孔及孔距限值 (mm)

尺寸		车型			图例
		轻型车	中型车	重型车	
孔径	ø	<11	<13	<15	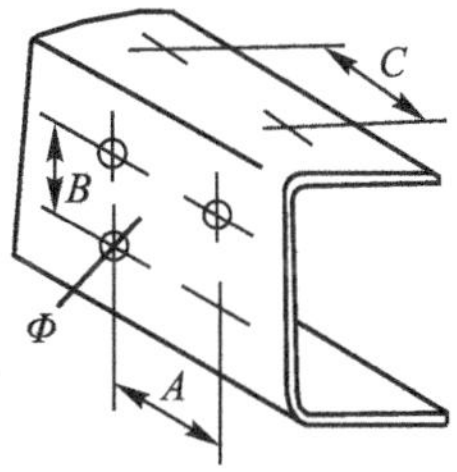
孔距	A	>50	>60	>70	
	B	>30	>40	>50	
	C	>30	>40	>50	

主梁需加长时,需尽可能选用与车架纵梁相同的材料和相同的尺寸规格,并采用坡口焊接形式的电弧焊或气体保护焊焊接;同时,为保证加长纵梁的强度和刚度,通常还采用 L 形的加强板进行加强。加强板与纵梁间最好采用铆接,铆钉孔距加强板边缘的距离应大于 25 mm,孔距应为 70~150 mm。当铆接有困难时,可在加强板上钻孔塞焊于纵梁腹板上,塞焊孔的直径为 20~30 mm,孔距为 100~170 mm。

副车架一般采用与车架纵梁截面相同的槽钢结构,规格选择主要依据专用车的种类与载荷大小。对于载荷过大的地方,可以腹板封闭或直接采用矩形截面的型材作为副梁使用,以提高其机械强度。副梁前端结构形式如图 7-9 所示,其中(a)为 U 形、(b)为角形,(c)为 L 形,(d)为钢质,(e)为木质,一般应采用图中的前三种形式之一。

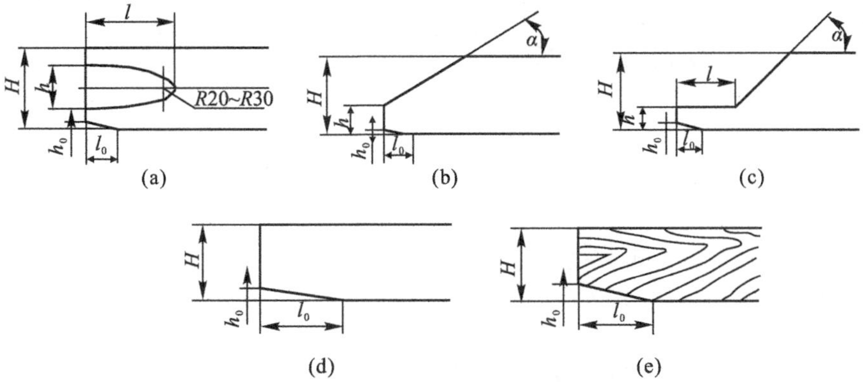

图 7-9 副梁前端结构形式

副梁前端与车架纵梁相接触的翼面，即由 l_0 和 h_0 所形成的局部斜面应打磨光滑，不同类别结构的尺寸见表 7-3。

表 7-3　副车架前端结构尺寸

类别	l/mm	l_0/mm	h/mm	h_0/mm	α
U 形	$(1.0\sim1.2)H$	15~20	$(0.6\sim0.7)H$	1	
角形		15~20	$(0.2\sim0.3)H$	1	<30°
L 形	$>H$	15~20	$(0.25\sim0.35)H$	1	<45°
钢质		200~250		5~7	
木质		H		5~10	

副车架与车架之间一般需垫有 8~30 mm 的木质、橡胶或聚合材料等缓冲垫，以衰减冲击和更均匀地分布载荷。缓冲垫前端与车架的接触处也应加工成局部斜面，斜面尺寸参照表 7-3 中与相应副梁前端斜面的 l_0 和 h_0。如果用连接支架将副车架固定于车架上时，副梁与车架压紧缓冲垫后，副梁和车架上的连接支架之间还应保留 20 mm 左右的间隙。如果副车架在车架上固定时(图 7-10)，副梁的前端应尽可能向前伸，使副梁前端越靠近驾驶室越好，有利于改善该处的受力情况。用骑马螺栓将副车架固定于车架上时，一般都在纵梁内侧衬以木块(有着火的危险处，则使用铁板或铁管相衬)，以防车架翼面变形。骑马螺栓的规格要合适，切记不能因安装骑马螺栓面在车架翼面上开口。

图 7-10　自卸车副车架

7.3　专用汽车总体设计

专用汽车总体设计的主要任务是科学合理地选取整车总体参数，在此基础上进行底盘布置和车身布置。底盘布置内容包括悬架系统布置、发动机布置、传动系统布置、制动系统布置、底盘线束及油气管路布置、备胎和燃油箱布置、排气系统布置、暖气和空调系统布置等;车身布置内容包括座椅布置、载客或载货空间布置、专用设备布置和法规与人机工程学校核等。此外,汽车总设计的工作还包括相关的运动校核,以及整车性能计算等。总体布置的基本原则和要求如下:

(1)尽可能保持选用汽车底盘的原有各总成的位置不变,若必须对一些总成部件位置做出一些改变时,应确保这些改变不能影响整车的基本性能。

(2)应综合各种情况和因素,保证专用工作装置的功能和性能得以较好地实现。

(3)在专用汽车总布置设计初步完成后,须对轴荷、质心、装载质量、侧向稳定性等参数进行估算和校核,如不符合要求,则需要对总体布置方案进行反复多次的修改完善。

(4)应避免工作装置的布置对车架造成明显的载荷集中,可采用足够刚性的副车架加以改善。

(5)采用轻量化技术,降低整备质量,提高装载质量。

(6)专用汽车设计要按照有关法规、国家标准和行业标准进行。

7.3.1 总体参数确定

专用汽车总体参数包括尺寸参数和质量参数两部分,需满足《汽车、挂车及汽车列车外廓尺寸、轴荷及质量限值》(GB 1589—2016),即对栏板式、仓栅式、平板式、自卸式货车及其半挂车,和除三轮汽车与低速货车外的其他汽车、挂车及汽车列车的外廓尺寸宽度和高度最大限制均分别为2550 mm和4000 mm,冷藏车宽度最大限值为2600 mm,定线行驶的双层城市客车高度最大限值为4200 mm。汽车及挂车的单轴、二轴组及三轴组的最大允许轴荷不应超过该轴或轴组各轮胎负荷之和,二轴货车及半挂牵引车、二轴中置轴挂车、二轴每轴每侧均为双轮牵引杆挂车的最大总重限值统一为18 t,最大车长限值为9 m[图7-11(a)]。三轴货车及半挂牵引车的最大总重限值25 t,三轴汽车列车(4×2+1轴挂)的最大总重限值27 t,最大车长限值为17.1 m[图7-11(b)]。

图7-11 专用车车长最大限值示例

栏板式、仓栅式、平板式、自卸式半挂车，一轴总重限值为 18 000 kg，二轴总重限制为 35 000 kg，三轴的总重限值为 40 000 kg，车长限值分别为 8.6 m、10 m 和 13 m。

对混凝土泵车、消防车、清障车和油田专用作业车的宽度和高度的最大限值分别为 2550 mm 和 4000 mm，汽车起重机的宽度和高度的最大限值分别为 3000 mm 和 4000 mm，各轴的最大允许轴荷不超过 13 000 kg，最大允许总质量不超过 55 000 kg。

汽车及挂车单轴、二轴组及三轴组的最大允许轴荷限值如表 7-4 所示，其中，装备空气悬架的最大允许轴荷可为 11500 kg，驱动轴为每轴每侧双轮胎且装备空气悬架的最大限值可为 19000 kg，其他车型和可具体查询国家标准 GB 1589—2016。

表 7-4　汽车及挂车单轴、二轴组及三轴组最大允许轴荷限值

类型			最大允许轴荷限值/kg
单轴	每侧单轮胎		7 000
	每侧双轮胎	非驱动轴	10 000
		驱动轴	11 500
二轴组	轴距<1000 mm		11 500
	1000 mm≤轴距<1300 mm		16 000
	1300 mm≤轴距<1800 mm		18 000
	1800 mm≤轴距(仅挂车)		18 000
三轴组	相邻两轴之间的距离<1300 mm		21 000
	1300 mm≤相邻两轴之间的距离<1400 mm		24 000

轴荷对轮胎寿命和汽车使用性能有很大的影响。在满足上述国家强制标准的基础上，轴荷分配还受发动机布置位置和驱动形式等制约，从整车各轮胎磨损均匀性和寿命相近考虑，各轮胎承受载荷值应尽可能相接近；从保证动力性和通过性考虑，驱动桥承担的载荷值应大于非驱动桥的。后轮是单胎的两轴货车，一般在空载时后轴的负荷大于 41%，可防止空车在空载时发生抱死和侧滑，而后轮是双胎的两轴货车，一般在空载时，前后轴的轴荷大致可按 1/3 和 2/3 分配。对于行驶在坏路上的越野车，为了保证其通过性，增大后轮的附着力而减小前轮的滚动阻力，应把满载时的前轴轴荷控制在 26%～27%。

7.3.2 总体布置

专用汽车设计中底盘布置基准线一般以汽车中心线(纵向对称平面)为横向基准,以前轮中心线为纵向基准,以底盘架(纵梁)上平面为高度基准。

7.3.2.1 改装件布置

发动机更换布置应尽量保证整车质心仍位于汽车中心线上,尽量降低发动机位置高度,并使其曲轴轴线与车架上平面间有一定倾角,以及方便维修。传动轴重新布置时,满载静止的两传动轴间的夹角不大于3°~4°;传动轴加长时,需要重新计算校核其工作转速是否超过临界转速,否则可将传动轴分成二根或三根,并在中间传动轴上设置安装支承。制动系统增加管路时,要采用原底盘相同的制动管、管夹等,布置时要远离其他运动构件;制动储气罐布置应方便检修和排水,若还需其向工作装置在车辆行驶状态或非行驶状态供气(<2 L)时,可以在原管路上取气,否则应增设辅助储气罐。工作装置需电源时,若直接连接于原底盘电路时,需计算校核底盘发电机功率和蓄电池容量,否则需增加专用蓄电池;专用汽车电器都采用负极搭铁,危险化学品运输车辆(如油罐车)还需对静电进行接地疏导;延长或加装的导线均需采用与原底盘上型号、颜色相同的导线,并通过接线柱或插接件连接和对导线进行保护和固定。工作装置需要的阀门箱和泵箱一般设置在前轴和后轴之间,需注意对整车最小离地间隙和纵向通过性的影响。

燃油箱移位或加装副油箱,应尽量使用车架上已有的安装孔位,副油箱应尽可能靠近主油箱,且在同一水平面内,并注意避免偏载远离;主副油箱在布置时要离排气管300 mm以上,否则应加装隔热板。危险化学品运输专用车的消声器需进行安全性移位改装,必须安装在前保险杠下方(需注意对接近角的影响),且排气口不能指向右侧。后保险杠需设置加装时不得影响车灯和拍照显示,需以汽车中心为基准对称安装,且长度控制在车宽长度的80%~85%;后保险杠下沿离地高度应小于700 mm,罐车后保险杠纵向伸出罐体后端的距离应大于100 mm。专用汽车及挂车侧面和后下部防护装置的设置安装需按GB 11567—2017要求执行。专用车备胎架应设置在汽车前进方向的右侧,汽车列车应设置2个备胎架。

7.3.2.2 工作装置布置

以冷藏保温箱式汽车的构型为例,可以概括为翼开启式、卷帘门式、活动顶盖式、容积可变式和特殊结构箱式等多种,既装有隔热保温车厢,又装有制冷装置。制冷方式上,可选择的有蒸汽压缩式、吸收式、蒸汽喷射式、蒸汽隔热膨胀式等多种,其中冷藏车多用蒸汽压缩式。

分体式机械冷藏汽车的总体设计实质上就是对包括压缩机D、冷凝器A

和蒸发器 B 等三大部件的制冷机组的布置设计,其可能的布置如图 7-12 所示。由于压缩机 D 需依靠汽车发动机来驱动,因此设置在离发动机较近的驾驶室座位下方,而蒸发器 B 则设置在靠近压缩机的隔热车厢的前上部区域,电机及备用压缩机 C 由车载蓄电池供能,布置在底盘车架纵梁外侧。冷凝器 A 的布置有顶置式[图 7-12(a)]、前置式[图 7-12(b)]和下置式[图 7-12(c)]等三种,其中顶置式和前置式的冷凝器处于汽车的迎风面,冷凝效果较好,但整车的质心位置比下置式的要高;下置式的冷凝器翅片因离地面较近,翅片间易进入灰尘,影响冷凝效果,故通常所见的大都为顶置式和前置式的布置。

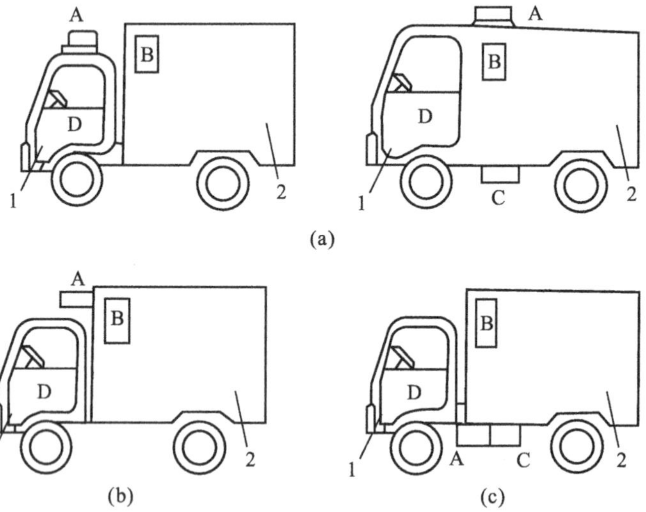

1-底盘;2-隔热车厢;A-冷凝器;B-蒸发器;C-电机及备用压缩机;D-压缩机

图 7-12 分体式机械冷藏汽车的布置示例

再如自行式旅居车厢内空间布置,以适用于一个六口之家驾车短期外出旅游的日常生活、娱乐的需求,配置有厨房、浴室、床椅、电视等必要生活娱乐设施,结构紧凑,操作方便,且便于停靠。因自行式 C 型旅居车(整车长度不大于 6 m)可以满足需要,故选择轻型载货汽车或者轻型自动挡载货汽车等类别的二类汽车底盘。

自行式旅居车核心在于可供六人夜间休息的床具布置,儿童休息区置于驾驶室上方的拓展空间,双人床具与休闲坐具采用折叠式沙发,两具沙发间为软隔断,旅居车车内空间平面布置方案如图 7-13 所示,总布置如图 7-14 所示。

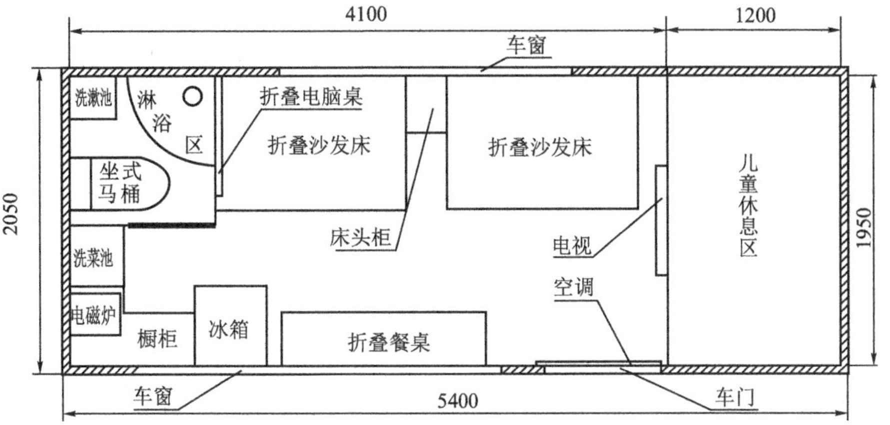

图 7-13　旅居车车内平面布置

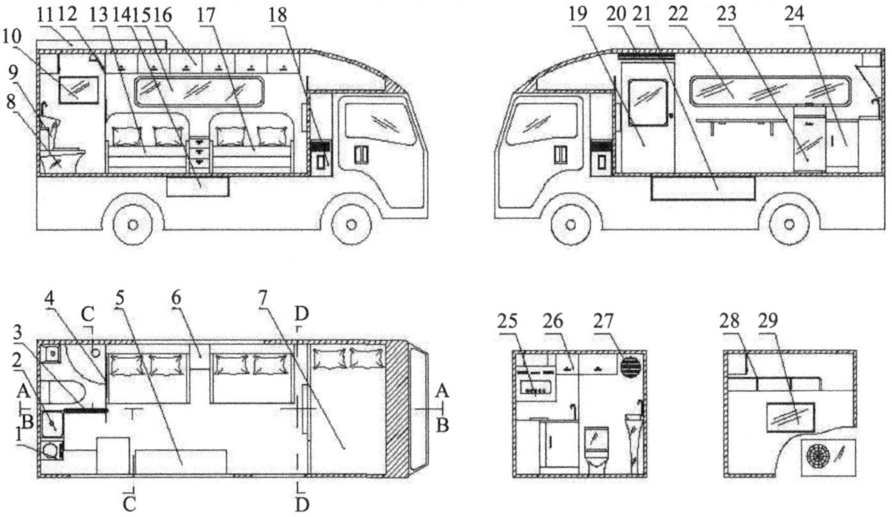

1-电磁炉;2-洗菜池;3-平开门;4-电脑桌;5-折叠餐桌;6-床头柜;7-儿童休息区;
8-坐式马桶;9-洗漱池;10-化妆镜;11-净水箱;12-淋浴器;13-折叠沙发床 1;
14-黑水箱;15-窗户 1;16-吊顶储物柜;17-折叠沙发床 2;18-空调室外机;
19-外拉式乘客门;20-空调;21-灰水箱;22-窗户 2;23-冰箱;24-落地橱柜;
25-抽油烟机;26-吊柜;27-通风口;28-护栏;29-电视

图 7-14　旅居车总布置图

由此可见,专用汽车总体设计是在二类汽车底盘的基础上进行的,与一般汽车的整车总体设计的过程有所不同,其流程如图 7-15 所示。

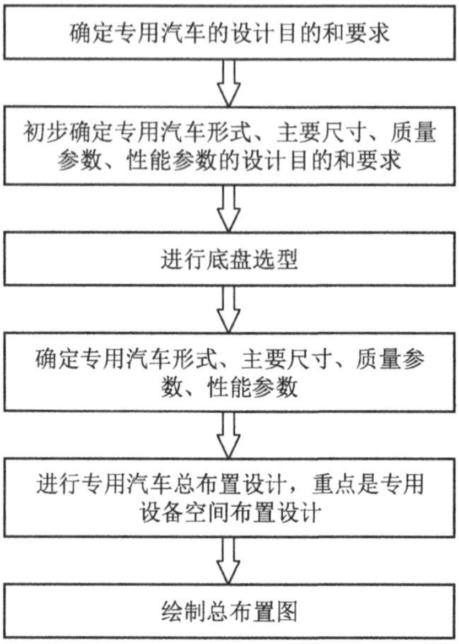

图 7-15　专用车总体设计流程

首先初步确定汽车形式、主要尺寸、质量参数、性能参数等一些参数,并根据这些参数来选择合适的汽车底盘。在汽车底盘确定之后,再确定出最终所设计专用汽车的汽车形式、主要尺寸、质量参数、性能参数等参数,并进行专用汽车的总体布置设计。专用汽车的总布置设计主要集中在车身布置设计,特别是专用功能实现与专业设备布置设计。

7.4　常见工作装置

专用汽车的专用功能一定是通过专门设计的工作装置来实现的。显然,对于不同的专用车,也就有不同的功能需求,如前面已介绍过整车布置的冷藏车,制冷和保温系统就是其特定功能实现的必需专用装置,以及汽车起重机配置的随车起重装置等。限于篇幅限制,本节仅介绍几种重要的常见工作装置。

7.4.1　取力器

大多数专用汽车的专用设备都是采用汽车本身的发动机作为动力源,必须通过取力器(或称取力装置)来驱动专用车工作装置。因此,取力器在专用车设计中具有突出的重要性。

取力器有前置、中置和后置三种基本的取力方式,每种取力方式又包含若干种结构形式。前置式取力器有发动机前端取力、飞轮前(后)端取力、夹钳式取力等;中置式有变速器上盖取力、左(右)侧盖取力和后端盖取力等;后置式主要有分动器取力和传动轴取力等,部分取力器安装位置如图 7-16 所示。按照获取的功率不同,可分为全功率取力器(速比为 1,使用时,车辆必须是停止的。用于混凝土搅拌运输车、混凝土泵车和液压传动车等)和部分功率取力器(可以边行走边取力。速比为 0.37~0.48,用于自卸汽车举升泵;速比为 0.48~0.88,用于液压起重机液压泵;速比为 0.88~1.54,用于液罐车液压泵;速比为 1.54~1.87,用于市政工程车高压泵)。根据控制方式不同,又可分为气动、液动、机械和电控取力器。

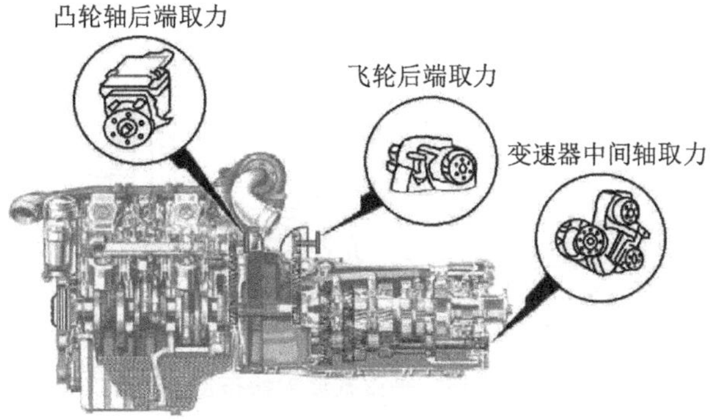

图 7-16 取力器安装示例

(1)发动机前端取力。适用于长头式汽车底盘改装的专用车,取力器的输入端与发动机曲轴前端相连。由于取力器与专用工作装置间的动力传动距离较远,一般采用液压传动,取力驱动液压泵,再驱动液压马达、减速器,为专用工作装置提供动力。多用于混凝土搅拌运输车。

(2)飞轮前(后)端取力。在飞轮前端的曲轴齿轮通过中间齿轮带动取力器齿轮转动(图 7-17),为专用工作装置提供动力。这种取力方式需要改变曲轴末端结构,对曲轴动平衡有一定影响,但不受主离合器的控制,一般用于消防车。飞轮后端的取力齿轮位于主离合器之后,与飞轮前端取力一样,也不受主离合器控制。多用于平头汽车底盘改装的大、中型混凝土搅拌运输车,为其滚筒转动提供动力。取力距离短,传动效率高。

(3)夹钳式取力。取力器安装在离合器与变速器之间,如图 7-18 所示。此时,变速器的第一轴替换为取力器的长柄齿轮轴和连齿轴。安装时,长柄齿轮轴支承在发动机飞轮中心,连齿轴成为改装后变速箱的第一轴。该取力方式多用于消防车。

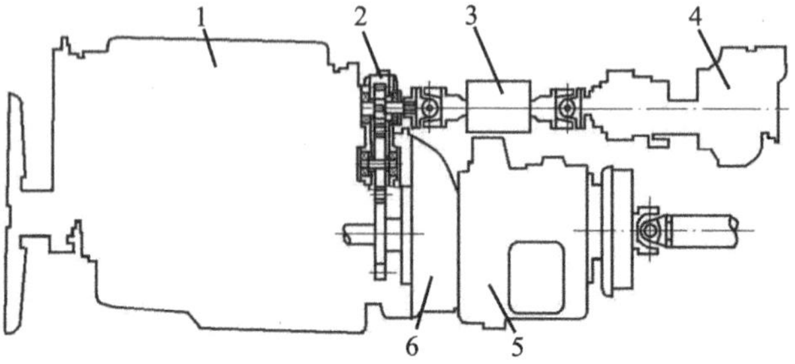

1-发动机;2-取力器;3-离合器;4-工作装置;5-汽车变速器;6-汽车离合器

图 7-17　飞轮前端取力器布置

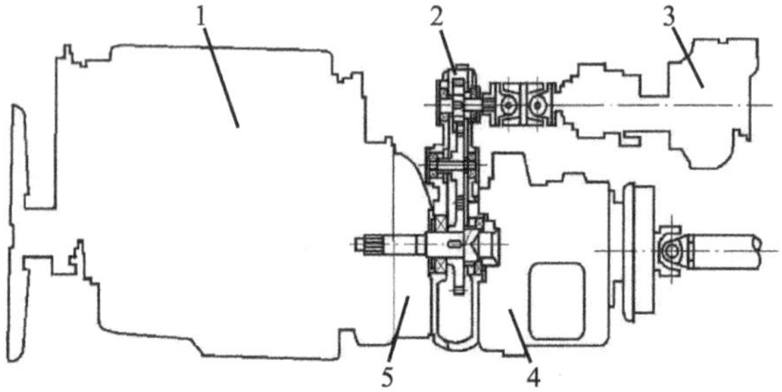

1-发动机;2-取力器;3-工作装置;4-汽车变速器;5-离合器

图 7-18　夹钳式取力器布置

(4)变速器上盖取力。变速器上盖取力器安装在变速器的上方,需改制变速器上盖。变速器第一轴齿轮与取力器惰轮啮合作为输入,再将动力传给取力器输出轴,其传动速度可与发动机同速,常用于需要高转速输入的专用工作装置。变速器后盖取力,其动力由变速箱中间轴轴端直接取出。

(5)变速器左(右)侧取力。一般从取力器中间轴取力(如图 7-19),取力器输出转速低于发动机转速。因一般变速器左右两侧都留有标准的取力窗口,故这种取力器比较常用。

图 7-19　变速箱右侧面取力器

(6)分动器取力。分动器是配置于前后桥均需驱动的动力分配装置,如图 7-20 所示。图 7-21 为某一型号的分动器,除具有两个常用动力输出端为前桥和后桥分别输出动力外,预留输出端可以为专用装置提供动力。

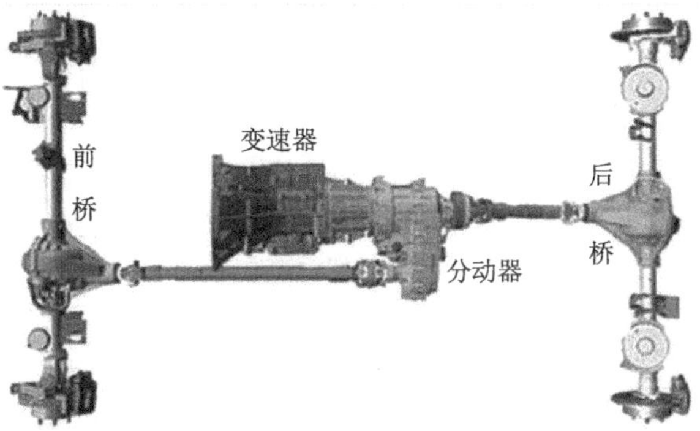

图 7-20 分动器布置

图 7-21 分动器

(7)传动轴取力。利用传动轴取力是将取力器作为独立总成,配置在传动轴之间,如图 7-22所示。它转动的过程中具有良好的动平衡性能,工作可靠性高,结构也比较简单。在消防车上有应用。

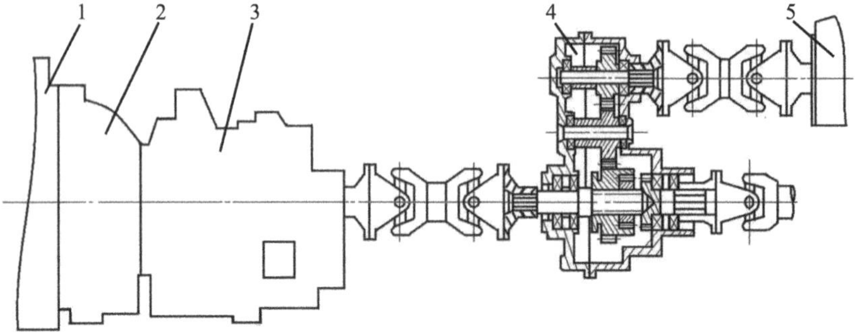

1-发动机；2-离合器；3-变速箱；4-取力器；5-工作装置

图 7-22　传动轴取力器布置示例

由上述可见，取力器的种类繁多，但其工作原理基本上大同小异。图 7-23 所示为一款单轴式取力器实物及其结构，主要由壳体、气动活塞、拨叉、齿座、输出轴、从动齿轮等零件组成。该取力器一般安装在变速箱的右侧，从动斜齿轮 3 与变速箱齿轮啮合。当气路打开时，气压从气管接头 9 处进入推动气动活塞 7 向左移动，气动活塞 7 上的固定拨叉 4 一起随动左移，推动内花键齿圈 11 也向左运动，并与从动斜齿轮 3 右端的花键部分相啮合，此时，动力即可从输出轴 1 输出。当气路关闭，气动活塞 7 在回位弹簧的作用下向右移动，拨叉 4 带动内花键齿圈 11 随动右移，使内花键齿圈 11 与从动斜齿轮 3 右端的花键部分相脱离，此时，从动斜齿轮 3 在变速箱齿轮带动下只能空转，输出轴 1 没有动力输出。

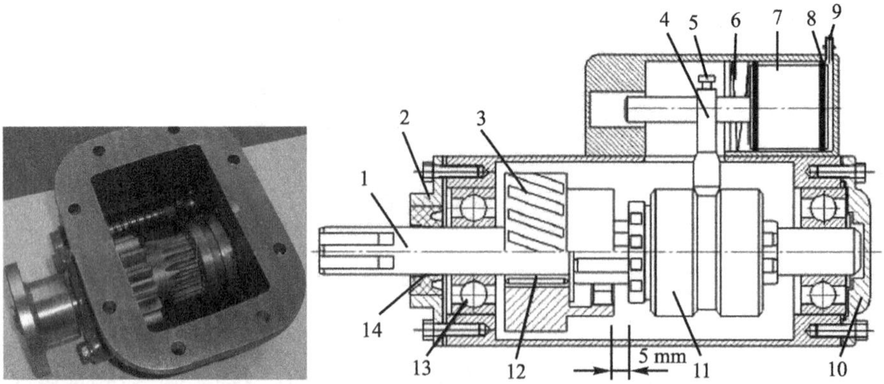

1-输出轴；2-前端盖；3-从动斜齿轮；4-拨叉；5-拨叉紧固螺栓；6-回位弹簧；7-气动活塞；8-活塞密封圈；9-气管接头；10-后端盖；11-内花键齿圈；12-滚针轴承；13-轴承；14-油封

图 7-23　取力器原理结构示例

7.4.2　起重举升装置

起重举升汽车是指装备有起重设备或可升降作业台的专用汽车，在载货汽车上加装臂架式起重装置，就成为具有装卸功能的随车起重运输车；在载货汽车或其二类底盘上加设举升装置，就成为高空作业车，能迅速把作业人员和器材运送和举升到现场空中作业目标处，进行相应作业。起重举升装置由支承装置、回转装置、起升变幅装置等组成。

7.4.2.1　支承装置

支承装置(或称支腿)是汽车起重机必备的工作装置。按支腿到达工作位的动力来源分为手动支腿和液压支腿，其中液压支腿应用最为广泛。液压支腿按不同车辆需求设为单缸双支腿或双缸双支腿[图7-24(a)，常用于随车吊]、四支腿[两支安装在车后部，两支在前后轮之间，图7-24(b)，用于中型和重型起重举升汽车]。按结构形式分为伸缩式支腿和折叠式支腿，可细分为蛙式支腿、H形支腿、X形支腿、辐射式支腿和摆动式支腿等。

(a)双支腿

(b)四支腿

图7-24　起重举升支承配置与布置形式示例

(1)蛙式支腿。蛙式支腿伸缩动作由一个油缸(一腿一缸)完成，结构简单，重量轻，但支腿间在高度上单独调节不易保证车架水平，且支腿摇臂尺寸有限，因而支腿跨距不能很大，支承高度低，适用于小型起重机。蛙式支腿有普通式支腿、滑槽式支腿和连杆式支腿等三种结构形式。普通式支腿在接地时除有垂直位移外，还有水平位移[如图7-25(a)]，引起摩擦阻力，增大了液压缸的推力。滑槽式支腿液压缸与普通式相比，减小了推力[如图7-25(b)]；连杆式支腿的液压缸是不受力的[如图7-25(c)]。

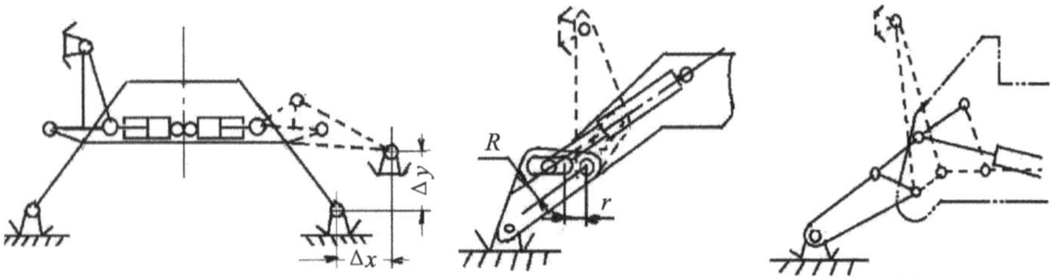

图 7-25　蛙式支腿结构形式

(2)H 形支腿。H 形支腿的每一支腿均有水平和垂直两个油缸,可以单独调节。为保证有足够的外伸距离,左右支腿的固定梁前后错开,如图 7-26 所示。H 形支腿对作业场地和地面适应性好,易于调平,支承高度高,但重量大,支腿高度大,影响作业空间。适用于中、大型起重机。

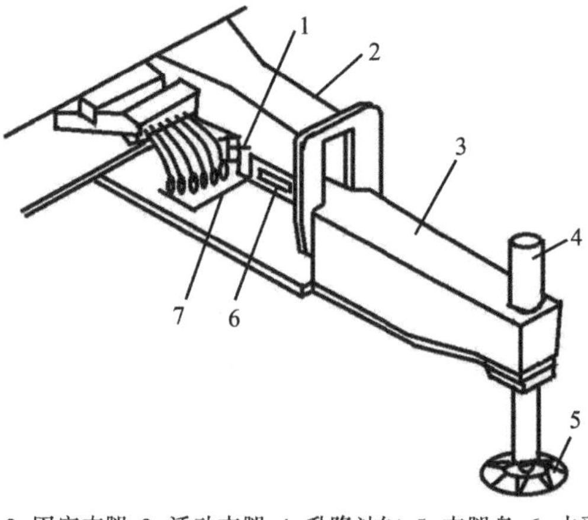

1-活动支腿锁销;2-固定支腿;3-活动支腿;4-升降油缸;5-支腿盘;6-水平仪;7-操作手柄

图 7-26　H 形支腿结构

(3)X 形支腿。X 形支腿的垂直支承液压缸作用在固定腿的中间,每条支腿可以单独调节高度以对车架进行调平,如图 7-27 所示。同时,X 形支腿的叉形布置较 H 形支腿的稳定性更好,但支腿离地间隙较小,且垂直液压缸的压力比 H 形支腿高,在伸支腿接地时有水平位移,故目前已较少应用。

(4)辐射式支腿。辐射式支腿的结构以转台的回转中心为中心直接装在回转支承装置底座上,从车架的盆形架向下呈辐射状向外伸出 4 个支腿,在起重作业时,全部载荷不经过车架而是直接作用在支腿上,因此,可减轻车架自重并降低整机重心高度,保护底盘不受损坏。特点是稳定性好,主要

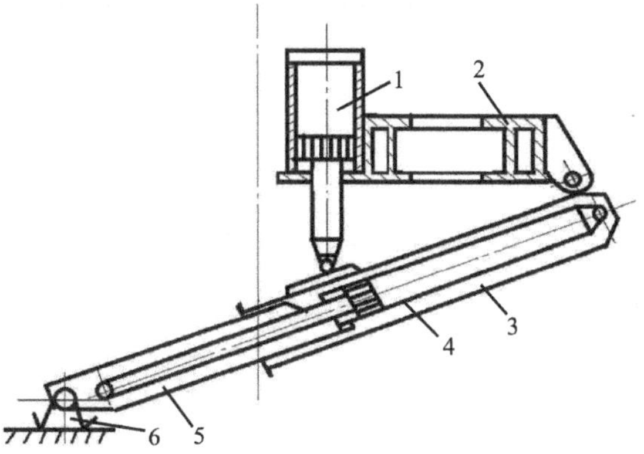

1-垂直支承液压缸;2-车架;3-固定腿;4-伸缩液压缸;5-伸缩腿;6-支腿盘

图 7-27　X 形支腿结构

应用在一些特大型的起重机上。

(5)摆动式支腿。其活动支腿与车架铰接,由液压缸实现水平支腿的收拢或放开。收腿时活动支腿紧靠车架大梁两侧,放开时根据需要可使支腿与车架间形成不同的夹角(能摆动到与车架纵向轴线相垂直的位置上),从而改变跨距。这种支腿的垂直支承液压缸与 H 形支腿相同,但因没有伸缩套筒之间的间隙,其整体刚度比 H 形支腿好。特点是重量轻,但受空间大小的限制,支腿不能太长,横向支承距离较小,常用于中、大吨位的轮式起重机。

汽车起重机支腿的纵向前后跨距取决于车辆的轴距,原则上是起重机在吊臂强度允许的起重量时,其稳定性达到规定要求即可;横向外伸跨距的最小值是要保证起重机在正侧方吊重物时的稳定。需依据《流动式起重机稳定性的确定(GB/T 19924—2005)》规定进行稳定性验证计算,其倾覆线是支撑中心的连线,对四支腿的汽车起重机的示意倾覆线和计算稳定力矩相对的示意倾覆线如图 7-28 所示,稳定性按起重机最不利的位置进行计算,即影响起重机稳定性的固定载荷、平衡重、附件等均应取其最不利的数值和位置来考虑,从而在规定计算载荷条件下,应满足制造商规定的总起重量在任何情况下产生的起重机倾覆力矩应不大于由自重产生的稳定力矩。

当起重机处于卸载状态,所有可移动工作部件缩回到最靠近后倾覆线位置时,还需按力矩法和重力法验证其后翻稳定性,即按对倾覆线计算,由工作风载和惯性力构成的倾覆力矩应不大于稳定力矩的 90%,以及在平静空气中,静止起重机的重心在水平面上的投影位置应不超过从前支点到后倾覆线距离的 80%(如图 7-29)。

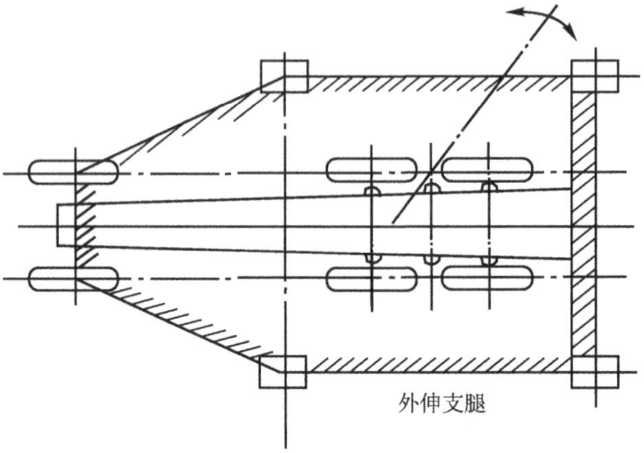

图 7-28　四支腿汽车起重机倾覆线示意图

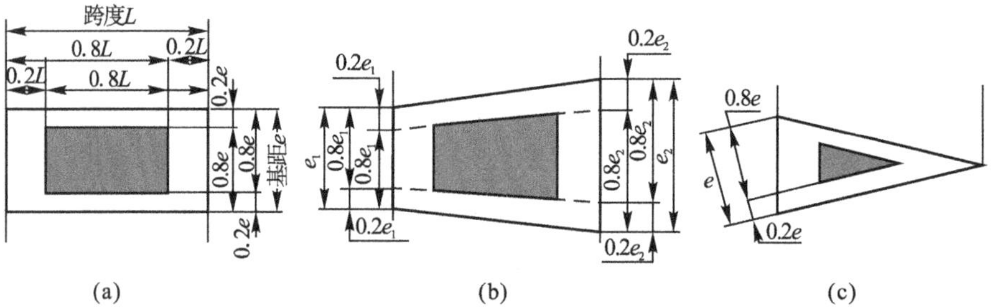

图 7-29　起重机底座外形图

7.4.2.2　回转装置

回转装置通常由回转支承装置和回转驱动装置两部分组成。回转支承装置用来连接起重机的回转部分与非回转部分，并提供保证回转部分具有确定的运动约束和稳固支撑，承受来自回转部分的垂直载荷、水平载荷以及倾覆力矩；回转驱动装置则用来驱动回转部分相对于非回转部分实现回转运动。回转装置是使起重机回转部分能绕其回转中心线，配合其他机构实现货物水平移动的回转运动机构。

(1)回转支承装置。有转柱式、立柱式和转盘式等三大类，转盘式包含支承滚轮式(图 7-30)和滚动轴承式(图 7-31)两种，其中转盘滚动轴承式是现在最为常用的，多用于轮胎式/履带式起重机，内、外滚圈各用高强度螺栓分别固定在回转平台或底盘车架上。回转支承的选用需根据具体使用要求、起重机制造企业的加工条件，并结合回转支承的特点合理确定。

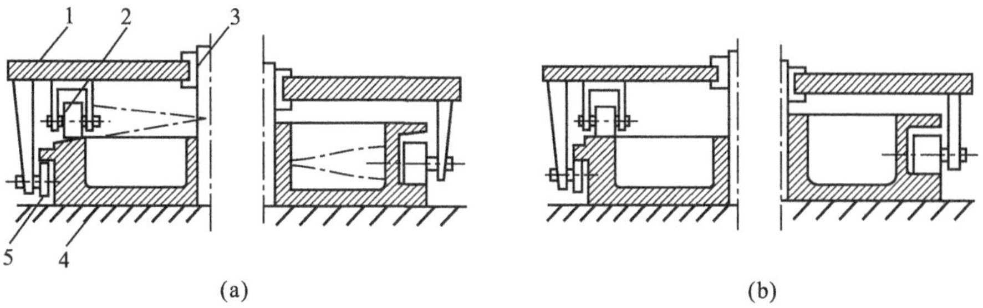

1-转盘;2-滚轮;3-中心枢轴;4-滚道;5-导向滚轮

图 7-30 转盘滚轮回转支承结构

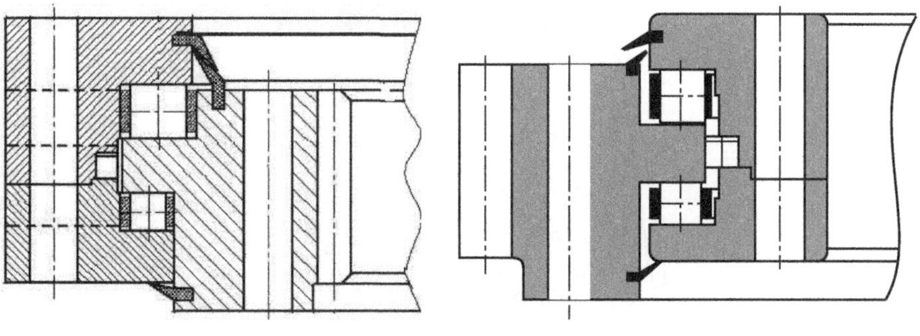

图 7-31 滚动轴承式回转支承结构

(2)回转支承驱动装置。主要由主动机、传动装置(减速、换向和制动装置)和回转小齿轮与回转支承装置上的大齿圈啮合传动等三部分组成,为了保证回转机械可靠工作和防止过载,在传动系统中一般还需装设极限力矩限制器。主动机大多采用电动机,但流动式回转起重机则多数采用内燃机。回转驱动元件大多采用齿轮(或针轮),也有个别起重机采用驱动滚轮或采用绳索牵引。根据起重机的用途和构造,回转驱动装置可以按如下两种方案布置:①驱动部分装在起重机回转部分上,最后一级大齿圈(或针轮)安装在不回转部分的机架上,在港口起重机的回转机构中,绝大多数采用这种形式;②驱动部分装在起重机非回转部分上,最后一级大齿圈(或针轮)则安装在起重机回转部分上,在一些大型的定柱式起重机、塔式起重机中有时采用这种形式。

7.4.2.3 起升变幅装置

起升变幅装置是汽车起重机的工作装置,其基本参数包括起升高度(在一定吊臂长度和幅度下,吊钩距离工作地面的最大高度)、起重量(在一定吊臂最短和幅度最小时,汽车起重机的起重量为额定起重量)、起重臂幅度(起重汽车转台回转中心到吊钩滑轮中心间的距离)等。起重量随吊臂长度、幅度的增加而减小的特性,称为起重特性。起重特性可以用数值或用起重机结构的承载能力、吊臂的起重能力和整机抗倾覆稳定性三条曲线的包络线表示,如图 7-32 所示。

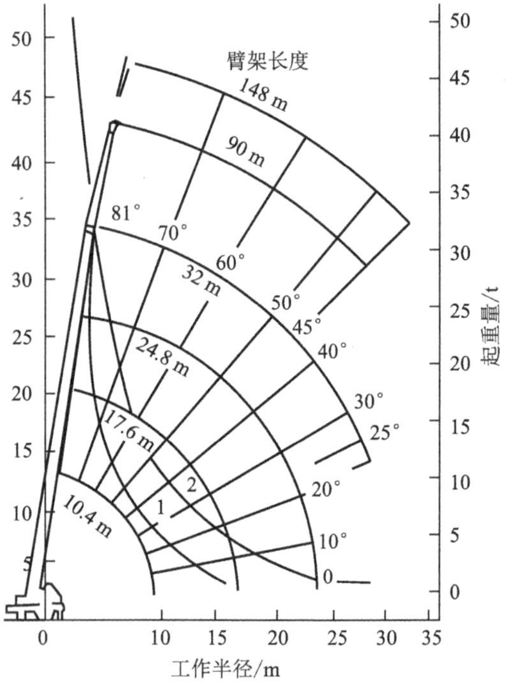

图 7-32 起重特性曲线

根据起重机的受力分析可知,作用在臂架上的起升载荷可以分解为垂直于臂架的倾翻载荷和对臂架的压力载荷,这两个分力随着幅度的变化而变化。在起升载荷不变、臂长不变的情况下,幅度越小,对臂架的压力越大,倾翻载荷越小,因而载荷产生的倾覆力矩也小;幅度越大,对臂架的压力降低,倾翻载荷越大。因此,特性曲线可分为三个区段,在小幅度时,起重量受臂架强度的限制,超载会发生臂架破坏;在大幅度时,起重量受起重机稳定性的限制,起重作业的主要危险是丧失稳定而引起整机倾覆;起重机的最大起升载荷还受钢丝绳强度的制约,超载会导致钢丝绳断裂。超出特性曲线安全区的操作属于违规作业。

吊臂是起升变幅装置的主要总成,汽车起重机的吊臂主要有折叠式和伸缩式两种。折叠式吊臂如图 7-33 所示,由多节矩形截面构件通过铰接的方式组成,在起重时,各节构件由液压缸逐一伸展开,以获得不同的吊臂幅度和起升高度。事实上,有的传统折叠吊臂在第一节和第二节构件间或如图7-33的构件5等也多采用了伸缩组合结构,故这种吊臂严格意义上讲是折叠式和伸缩式的组合成。总体上折叠式起升变辐装置的铰接点较多,其能承担的负荷一般在5 t以下,并常布置在随车吊车体的驾驶室与车厢之间。

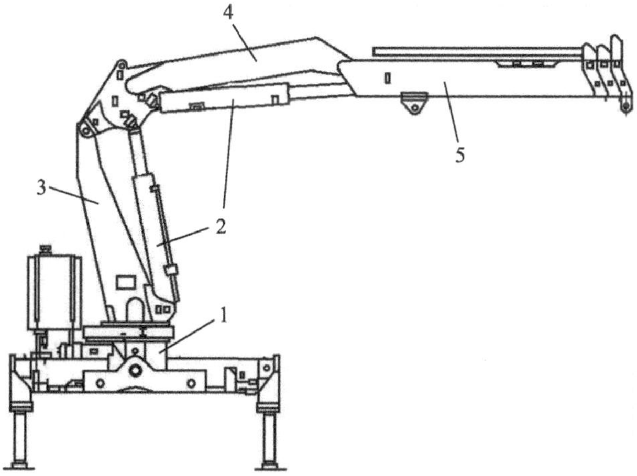

1-回转底座;2-液压缸;3-回转立柱;4-折叠吊臂;5-伸缩臂

图7-33　折叠式吊臂结构

伸缩式吊臂由基本臂(主臂)和伸缩臂组成(如图7-34),主臂铰接于回转机台座上,由变幅油缸控制吊臂的起升和下降,伸缩臂的伸缩由伸缩油缸控制,臂节与臂节之间由滑块定位和导向,并设置托辊支撑和实现节间相对运动时的减阻。图7-35为四节臂及其伸单缸缩原理结构。

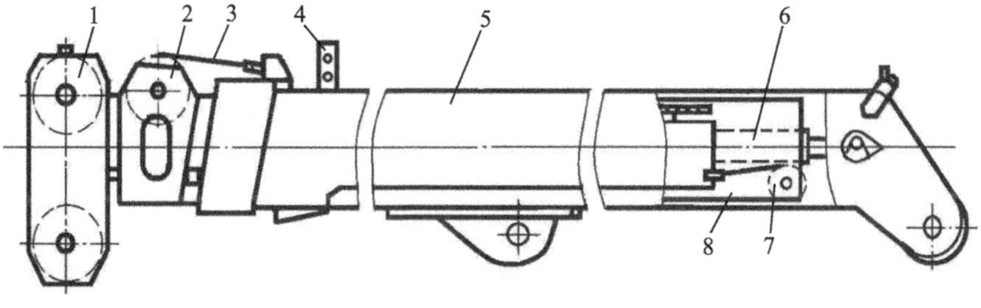

1-导向滑轮;2-吊臂滑轮;3-伸臂绳;4-行程开关(限位开关);5-基本臂;6-伸缩油缸;7-缩臂滑轮;8-缩臂钢丝绳

图7-34　伸缩吊臂结构

(a)

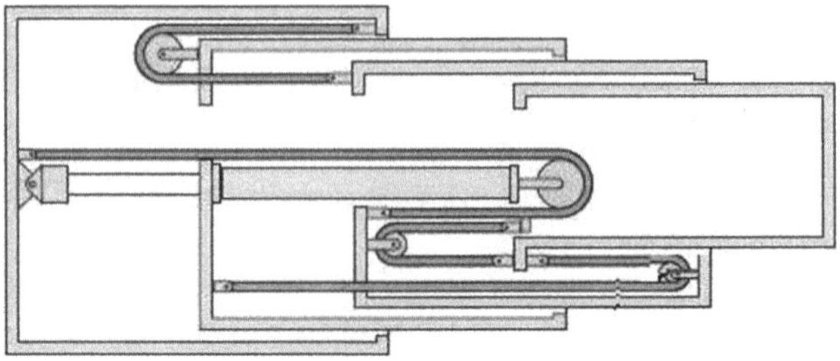

(b)

图 7-35 四节箱型吊臂伸缩原理

起重机货物升降的起升机构几乎都是采用卷扬式，主要由原动机、减速器、卷筒、制动器、离合器、钢丝绳滑轮组和吊钩等组成。起升机构的设计主要涉及结构型式选择、传动系统布置，整机参数与起升机构参数的协调优化等。

7.5 工程专用运输车

工程专用运输车主要包括自卸车辆、罐式车辆和厢式车辆。其中自卸车辆的整备质量要大于相应吨位的通用货车，但其卸货速度快，效率高，主要用于堆积型货物转运；罐式车辆是专门用于诸如汽柴油、液体化学品和水泥等具有一定流动性的散装液体、粉体和气体货物的运输；工程厢式车辆主要是指厢式零担运输车和冷藏保温车等。

7.5.1 自卸汽车

自卸车按照车厢结构的不同，可以分为刚性侧卸式[图 7-36(a)]、刚性后卸式[图 7-36(b)]、铰接式和整体底卸式；按用途不同，可分为普通自卸车、矿用自卸车和专用自卸车。通常情况下，自卸车也多由二类底盘改造而成，因此自卸车设计中主要涉及车厢结构和倾卸机构。

(1)车厢结构

按用途不同大概可将车厢分为普通矩形车厢[图 7-36(b)]和矿用铲斗车厢(图 7-37)。普通矩形车厢用于散装货物运输，车厢板厚一般取为前板 4~6 mm、边板 4~8 mm、后板 5~8 mm 和底板 6~12 mm；后板装有自动开合机构，保证货物顺利卸出。国内应用比较多的开合机构(如图 7-38)主要由手动式开合机构[图 7-38(a)]、链式开合机构[图 7-38(b)]、连杆式开合机构[图 7-38(c)]、液压式开合机构[图 7-38(d)]和气动式开合机构。手动

(a) (b)

图 7-36 自卸车分类示例

式开合机构结构比较简单,常作为自动开门机构的保险挂钩使用,也有部分车型单独使用的。链式开合机构是目前自卸车上应用比较多的一种开合机构,相比于连杆式的开合机构,在受到冲击挤压时,连接铁链有较大的挠性,可靠性较高。液压式和气动式开合机构,控制精确可靠,但结构复杂,成本较高,故在普通自卸车上应用较少,主要应用在自装式自卸车或者环卫车等特种车辆上。

图 7-37 矿用铲斗车厢自卸车

(a) (b) (c) (d)

图 7-38 开合机构

矿用铲斗车厢则适用于大石块等粒度较大货物的运输。考虑到货物的冲击和碰撞,矿用铲斗车厢的设计形状较复杂,用料较厚,而且有些车型在底板上焊接一些角钢,以增加车厢的刚度和抗冲击能力。

在车厢设计中,需要考虑容积利用问题(即容积利用系数),它取决于货物的种类,可用安息角来表达,表7-5为几种常见松散物料的安息角。安息角反映粉体在松散堆积状态下颗粒之间的摩擦特性,在无内聚力或忽略内聚力的情况下,安息角与内摩擦角在数值上几乎相等,它与壁面摩擦角一道对自卸车卸料时车厢起升角度有决定性作用,如果设计不当,会造成自卸车物料无法保证在自身重力作用下顺利卸出或卸出不净等后果。

表7-5 几种常见松散物料的安息角

物料名称	密度(t/m^3)	安息角/(°)		物料名称	密度(t/m^3)	安息角/(°)	
		运动	静止			运动	静止
烟煤	0.8~1.0	30	35~45	焦炭	0.36~0.53	35	50
赤铁矿	2.0~2.8	30~35	40~45	磁铁矿	2.5~3.5	30~35	40~45
细砂(干)	1.4~1.65	30	30~35	镁砂(块)	2.2~2.5	—	40~42
造型砂	0.8~1.3	30	45	铁烧结块	1.7~2.0	—	45~50
白云石(块)	1.2~2.0	35	—	碎石	1.32~2.0	35	45
水泥	0.9~1.7	35	40~45	生石灰(块)	1.1	25	45~50

(2)倾卸机构

倾卸机构是自卸车的核心,是判别自卸车优劣的首要指标,依据液压缸与车厢的连接形式,倾斜机构可分为直推式(图7-39)和连杆式(图7-40)两大类。

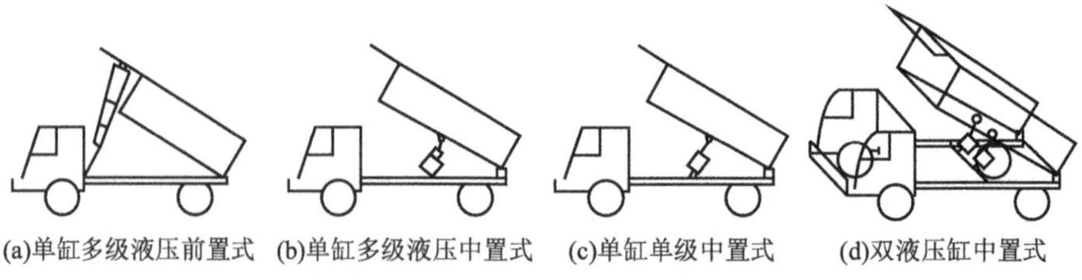

(a)单缸多级液压前置式 (b)单缸多级液压中置式 (c)单缸单级中置式 (d)双液压缸中置式

图7-39 直推式倾斜机构

直推式倾卸机构中,前置式举升力小,而液压缸行程大,举升时横向刚度大;中置式的举升力大,液压缸行程小,但举升时的横向刚度小,若采用双

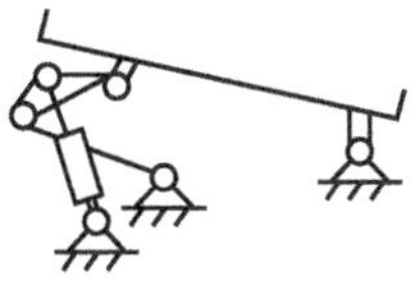

(a)油缸前推连杆组合式

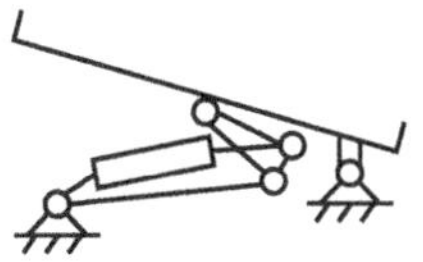

(b)油缸后推连杆组合式

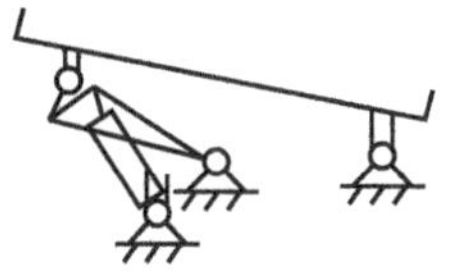

(c)油缸前推杠杆组合式

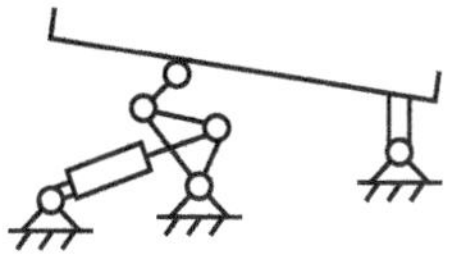

(d)油缸后推杠杆组合式

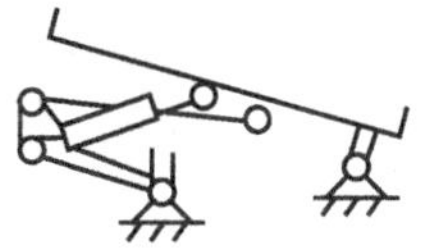

(e)油缸浮动连杆组合式

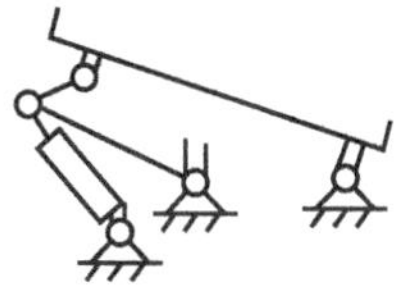

(f)俯冲连杆式

图 7-40　连杆式倾卸机构

液压缸,则需注意两缸液压油压力的同步问题。连杆倾卸机构主要是利用 F 式或 T 式三脚架放大构件,可以以较小的油缸行程使车厢倾斜到一定角度而完成卸货。三脚架放大式倾卸机构是国内使用最多的一种举升方式,结构成熟、举升平稳、造价低,适用载重量 8~40 t,车厢长度 4.4~6 m,但车厢底板与主车架上平面的闭合高度较大。

侧翻液压缸受力较小,行程较小,可设计成单面侧翻或双面侧翻,但其液压管路较复杂,且举升倾卸过程中,需防范翻车事故的发生。

7.5.2　罐式汽车

罐式汽车运输往往具有单向性和专用性、维修成本高的特点。罐式汽车按罐式容器的允许压力可以分为低压罐式汽车[如运水车、轻质燃油车、润滑油车等,一般罐内压力在 0.098 MPa 以下,如图 7-41(a)所示]、中压罐式车[如浓硫酸运输车、沥青运输车等,罐内压力一般为0.147~0.294 MPa,如图 7-41(b)]和高压罐式车[如液化石油气运输车、液氯运输车等,罐内压力一般为 1.177~3.532 MPa,如图 7-41(c)],按卸货方式可分为重力自卸罐车(因有扬尘,一般不用于粉料运输)、动力卸货罐车(如水泥搅拌运输车)和真空卸货罐车(如散装水泥罐车)等。

罐式汽车一般通过在二类底盘上改装罐体和专用设备而成,罐体截面形状有圆形、椭圆形、腰鼓形、矩形等。圆形截面的罐体容积效率最高,罐壁拉应力最小,刚性好,工艺性好,适于高压罐体;椭圆形截面的罐体质心低,稳定性好,但容积效率较低,工艺性较好,适于密度较大、流动性较好的液态物资运输罐车,如洒水车、吸污车等;腰鼓形截面的罐车质心低,稳定性较好,但容积效率较低、工艺性差,多用于密度大,流动性较差的粉体和液态物

(a) (b) (c)

图 7-41　罐式汽车示例

资运输罐车,如散装面粉罐车、混凝土搅拌车等;矩形截面的罐车质心最低,液体对罐壁的冲击力小,工艺性好,但容积效率低,集污性差,常见于鱼罐车。

图 7-42 为承载式半挂罐车和拖挂罐车,而对于要求罐体容量小或有越野需要的罐车则采用半承载式,如图 7-41(a)和图 7-41(b)。

(a) (b)

图 7-42　承载式罐车

图 7-43 为一种液罐罐体结构。在罐体容量不大时,一般可做成一个单室,若容量大,则必须用隔板分隔成多个独立的单室结构(图 7-43),且每个

单室均需设上人孔和底阀座孔。液罐未装满或留有一定空隙，车辆行驶中，会造成液体的前后、左右波动，使整车质心位置发生较大的变化，从而严重影响汽车的行驶稳定性，因此舱室内需设置纵向和横向防波板。为方便维修，每块横向防波板上需设有直径不小于 550 mm 的人孔，且相邻两人孔需交错布置。罐体底部一般还需设计沉淀槽和排污阀。罐体防护框用于保护加注口、溢流阀等上部装置，一般应高于顶端高度 50 mm 以上。上部人孔盖上设有加注口盖、呼吸阀、联通气管接头、加油导管、满装报警器和观察孔等，与罐体采用螺栓连接。

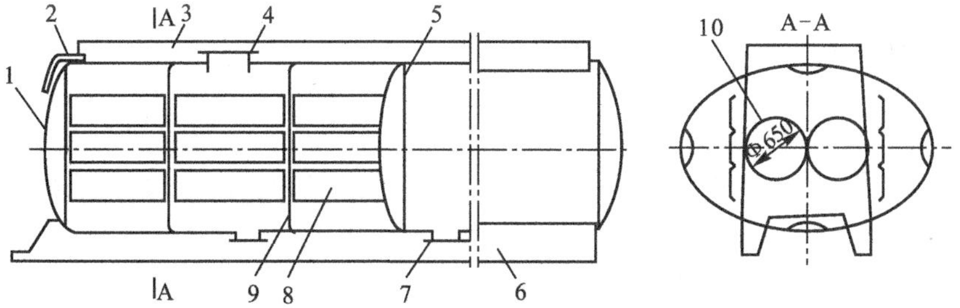

1-封头；2-溢流阀(管)；3-防护框；4-人孔及盖板；5-隔板；6-罐体支座；7-底阀座孔；8-纵向防波板；9-横向防波板；10-人孔

图 7-43　液罐罐体结构

底阀用于液体排出或吸入，包括溢流阀(为确保安全，一般设置 2 个)、气控底阀、带紧急阀式底阀、紧急切断阀、紧急阀及静电消除装置等。油罐车油泵一般都采用压力较低、流量较大的自吸式涡流泵，并配备软管绞盘。

7.5.3　厢式汽车

厢式汽车一般是在二类底盘上改装或制造成单独的厢式挂车，可分为客厢式和货厢式两种。客厢式的车厢与驾驶室为一体式结构[图 7-44(a)]，货厢式汽车的车厢与驾驶室为分体式结构[图 7-44(b)]，车厢形式为矩形，同时，为减小气动阻力，应尽可能作流线形优化。

厢式货车的主要性能参数包括车厢容积、车厢地板高度、整备质量、质心高度等。车厢在底盘上布置时，车厢与货物的质心应在后桥之前的一定距离，长头式后轮双胎取轴距的 5%~10%，平头式后轮双胎取轴距的 10%~20%，为防止货厢与驾驶室相碰，其间应留有 50~100 mm 的间距。

(1)车厢骨架与蒙皮

底架的纵梁和横梁均采用槽型截面的通梁，经相互垂直的搭接焊接而成“井”字形的矩形框架，如图 7-45 所示。其中横梁的截面尺寸可以中间大

(a)

(b)

图 7-44　厢式汽车示例

两端小,以满足轻量化的要求。蒙皮通常采用 0.8～1.5 mm的薄钢板或一定厚度的铝板、玻璃钢等,为提高蒙皮刚度,可采用折边机压制成如图 7-46 所示的三角形、矩形或弧形等截面形状。壁板目前多采用高强度钢塑夹层板制作,具有骨架和蒙皮作用,而且轻量化效果显著。

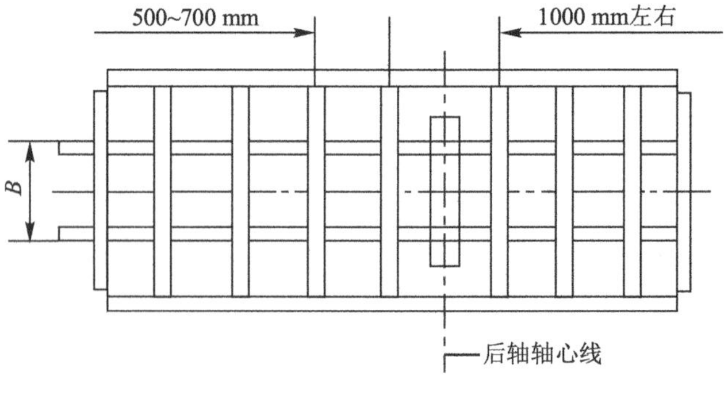

图 7-45　底板骨架结构

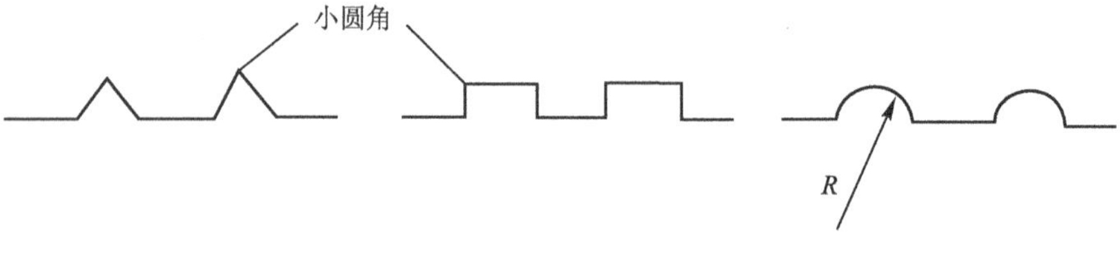

图 7-46　蒙皮截面形状

车厢内饰板一般采用人造夹层板制成,在对接中,需采用装饰压条封口。顶盖与四周壁板间采用装饰角压条封口处理。

车厢与底盘架连接,采用U形螺栓每纵向间隔距离1000~1500 mm一组,将车厢底架纵梁与底盘纵梁紧固连接,连接形式如图7-47所示,在紧固前垫木的高度要使底架角铁下平面与底盘纵梁角铁上平面之间存在3~5 mm的间隙,紧固后该间隙消失,保证连接紧固。

图7-47 车厢与底盘架紧固连接形式

(2)车厢附件

厢式货车的车厢门采用矩形结构,大小应方便货物装卸。一般车厢设置全开式后开门[图7-48(a)],其中对开式和单开式的开启角均为270°,上掀式为90°;长车厢需加设侧开门,侧门宽度为1200~2000 mm,开启角180°,应尽可能设计成左右对开式,以减少开启时占用的空间。

一般厢式货车的车厢不安装开启式或固定式车窗,有时会在货厢前围板上开一有内防护装置(网)的固定式玻璃观察窗,以便驾驶员直接观察车内货物情况。车厢通气孔设置在车厢上部,如采用带防尘结构的百叶式通风窗[图7-48(b)]。

(a)　　(b)

图7-48 车厢附件

7.6 矿用汽车总体设计示例

设计目标:60 t 4×2 型矿用自卸车。

(1)整车参数初步计算确定

通过对所收集的同类车型的分析,可以得到下面的数据:

整车整备质量 m_0:46 000 kg;

满载质量 m_a:106 000 kg(46 000+60 000);

质量利用系数 η_{m0}:1.304;

空载前轴荷 m_{0f1}:27 000 kg;

空载后轴荷 m_{0r1}:19 000 kg;

满载前轴荷 m_{0f2}:35 000 kg;

满载后轴荷 m_{0r2}:71 000 kg;

轴距 L:4300 mm;

前悬设计值 L_F:1413 mm;

后悬设计值 L_R:2800 mm;

前轮轮距 B:3350mm;

最小转弯半径 R:9.7 m;

接近角:54°;

离去角:55°;

最小离地间隙 h_{min}::447 mm;

最高车速 v_{max}::55 km/h;

最大爬坡度:30%。

(2)关键部件选择

1)发动机。可按比功率法、最高车速计算方法和最大爬坡度计算方法分别计算,选用最大值,满足车辆爬坡度、最高车速等性能要求,综合各方面因素,选用 Cummins QSK 19-C760 发动机。

2)悬架。采用参照对比的方法,查询对比相同类型、相似吨位的车辆,前悬架选用的是麦弗逊式独立悬架,后悬架选用自适应变阻尼油气悬挂系统,A 型架、横向稳定杆的非独立悬架。

3)轮胎。参考国内外相同类型的车大致确定一个范围,然后根据设计目标、汽车使用条件、轮胎静负荷、额定负荷以及汽车的行驶速度具体确定其型号。选择的轮胎 24.00-35(36/42PR)。

(3)总体布置

1)发动机倾角。按重型车选为 5°,如图 7-49 所示。

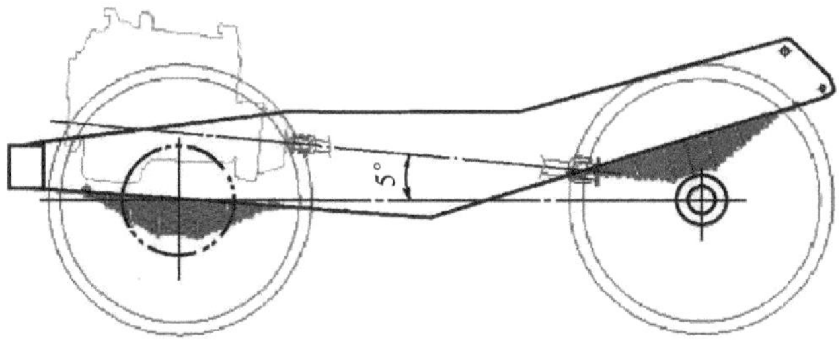

图 7-49 发动机布置倾角

2)车架总成。车架总成建模如图 7-50。

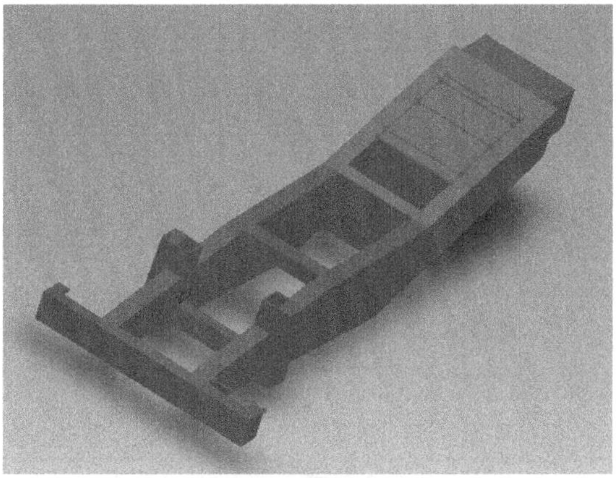

图 7-50 车架总成建模(3D 模型)

3)自卸机构。采用 T 型自卸举升油缸,中置布置。

4)车头及驾驶室。矿用汽车一般采用强悍造型样式,如图 7-51。

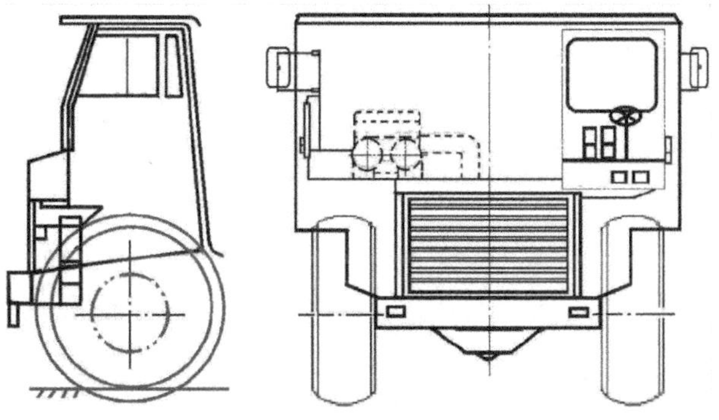

图 7-51 车头及驾驶室布置

5)车厢。矿用汽车质心位置较高,因此采用V形车厢,以提高整车稳定性,如图7-52。

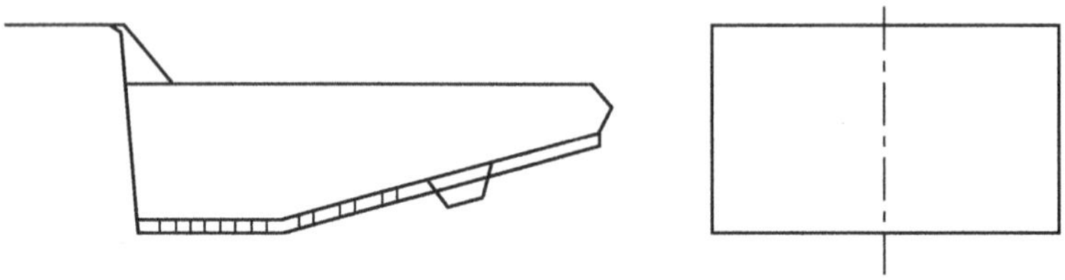

图7-52　车厢样式

总体布置图如图7-53所示。

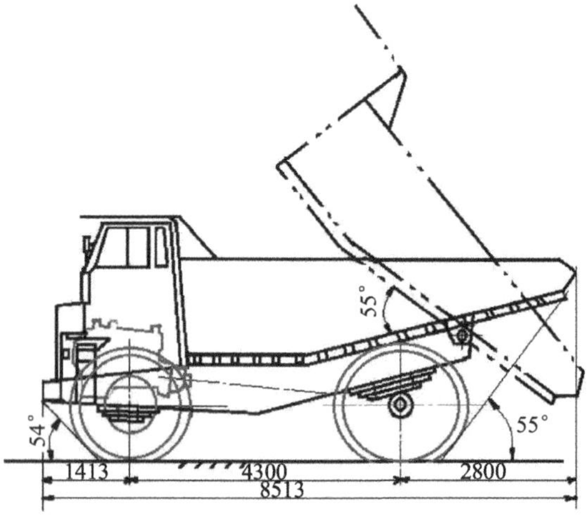

图7-53　60 t 矿用汽车总体布置图

参考文献

[1]徐达,陆锦荣.专用汽车工作装置原理与设计计算[M].北京:北京理工大学出版社,1998.
[2]崔靖.专用汽车设计[M].西安:陕西科学技术出版社,1989.
[3]徐达,蒋崇贤.专用汽车结构与设计[M].北京:北京理工大学出版社,1998.
[4]许光君,李成功.工程机械概论[M].沈阳:东北大学出版社,2014.
[5]张强,刘树伟.工程车辆[M].北京:北京理工大学出版社,2015.
[6]田青云.60吨矿用汽车总体设计[D].郑州:郑州大学,2012.

第 8 章

工程施工机械

8.1 概 述

工程施工机械是机械化施工工程必需的机械装备，我国工程机械行业主要是从通用设备制造业和专用设备制造业大类中分列出来的，产品涵盖 18 大类，包括挖掘机械，铲土运输机械，工程起重机械，工业车辆，压实机械，桩工机械，混凝土机械，钢筋及预应力机械，装修机械，凿岩机械，气动工具，铁路路线机械，军用工程机械，电梯与扶梯，工程机械专用零部件等。其中，普通重工工程机械范围为：

(1)挖掘机械。如履带式单斗挖掘机[图 8-1(a)]、轮斗式和链斗式多斗挖掘机(挖沟机)、滚动挖掘机、铣切挖掘机[图 8-1(b)]、隧洞掘进机(包括盾构机械)等。

(a) (b)

图 8-1 挖掘机械示例

(2)铲土运输机械。如轮胎式和履带式推土机、履带自行式和轮胎自行式及拖式铲运机、履带式和轮胎式装载机[图 8-2(a)]、自行式和拖式平地机[图 8-2(b)]、单轴和双轴牵引运输车、平板车和自卸汽车等。

(a) (b)

图 8-2　铲土运输机械示例

(3)起重机械。如塔式起重机、自行式起重机、桅杆起重机、抓斗起重机等。

(4)压实机械。如轮胎压路机[图 8-3(a)]、光面轮压路机[图 8-3(b)]、单足式压路机、振动压路机、夯实机、捣固机等。

(a) (b)

图 8-3　压实机械示例

(5)桩工机械。如钻孔机(图 8-4)、柴油打桩机、振动打桩机、破碎锤等。

(a)

(b)

图 8-4　桩工机械示例

(6)钢筋混凝土机械。如混凝土搅拌机、混凝土搅拌站、混凝土搅拌楼、混凝土输送泵、混凝土搅拌输送车、混凝土喷射机、混凝土振动器、钢筋加工机械等。

(7)路面机械。如沥青洒布车[图 8-5(a)]、平整机、道碴清筛机[图 8-5(b)]等。

(a)

(b)

图 8-5　路面工机械示例

(8)凿岩机械。如凿岩台车(图 8-6)、风动凿岩机、电动凿岩机、内燃凿岩机和潜孔凿岩机等。

(9)其他工程机械。如架桥机(图 8-7)、气动工具(风动工具)等。

本章仅讲述自行式和拖式工程机械,其典型底盘是汽车底盘和拖拉机底盘,为除了发动机及其罩体、工作装置和驾驶室以外的传动系、行驶系、操纵机构、车架及附属设备等。

图 8-6　凿岩台车示例

图 8-7　架桥机示例

8.2　工程机械底盘

工程机械底盘与轮式运输车辆一样,一般也由传动系、行走系、转向系和制动系等组成。按驱动方式,分为机械、液力(这两种多用于土方作业和铲土运输的工程机械)、液压(小型工程机械)和电力传动(大型工程机械)等工程机械。

8.2.1　传动系统

(1)机械传动:主要使用齿轮变速箱进行调速,轮式机械传动系统构成为发动机⟶主离合器⟶变速箱⟶传动轴⟶主传动器、差速器⟶轮边减速器。图 8-8 为自行式平地机传动系统,其中平衡箱有链传动和齿轮传动两种形式,箱体借助滑动轴承装在后桥壳体上,上下摆动角范围为 ±13~15°,后桥包含传动减速器和差速器。

履带式机械传动系统为发动机⟶主离合器⟶变速箱⟶主传动器(中央传动)⟶终传动装置。

(2)液力传动:是在机械传动的基础上,用变矩器代替了离合器,搭配后置的动力换挡变速器。液力传动以液体为工作介质,可有效缓解冲击载荷,提高元件寿命。同时具有负载自动适应性,可自动调节输出转速的大小。图 8-9 为推土机的传动系统,主要由液力变矩器、变速器和后桥组成,而后桥又由中央传动、转向离合器及转向制动器、最终传动组成。

履带式推土机均采用四冲程柴油发动机,一般为 4 缸机、6 缸机或 8 缸机,如 4105、6112、6114、6121、6135、855 等。

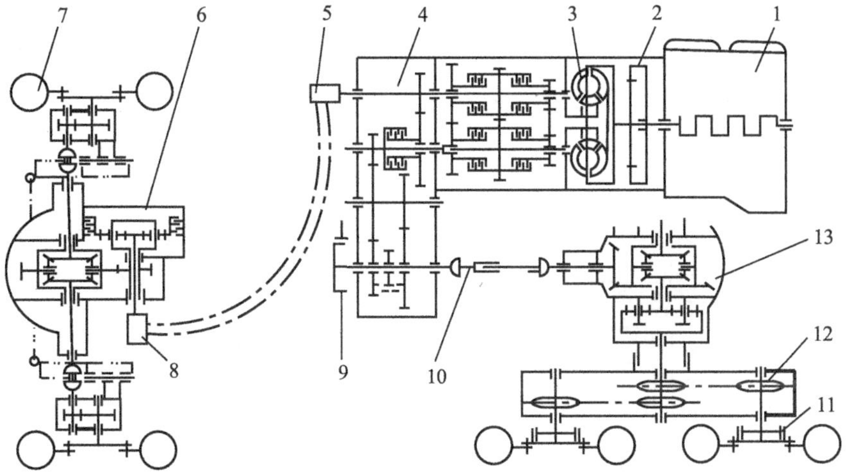

1-柴油机;2-联接盘;3-液力变矩器;4-变速器;5-前桥驱动油泵;6-前桥(差速);7-车轮;8-液压马达;9-停车制动器;10-传动轴;11-行车制动器;12-平衡箱;13-后桥(主减、差速)

图8-8　自行式平地机传动系统

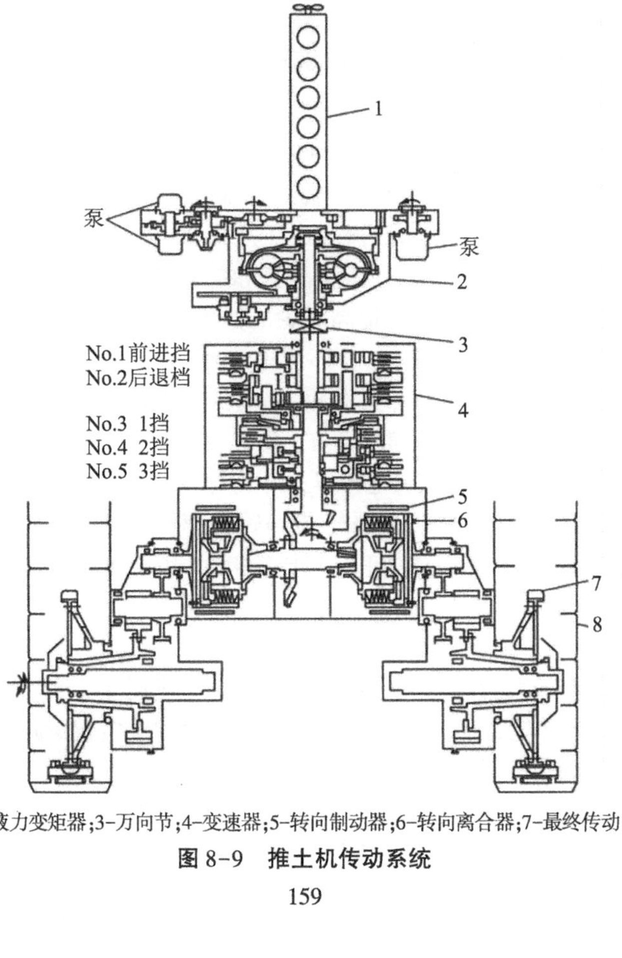

1-发动机;2-液力变矩器;3-万向节;4-变速器;5-转向制动器;6-转向离合器;7-最终传动;8-行走系统

图8-9　推土机传动系统

液力变矩器如图 8-10 所示，其泵轮和涡轮的结构与液力耦合器基本相同，导轮位于泵轮和涡轮之间，且与泵轮和涡轮均保持一定的轴向间隙，通过导轮固定套固定于变速器壳体上。

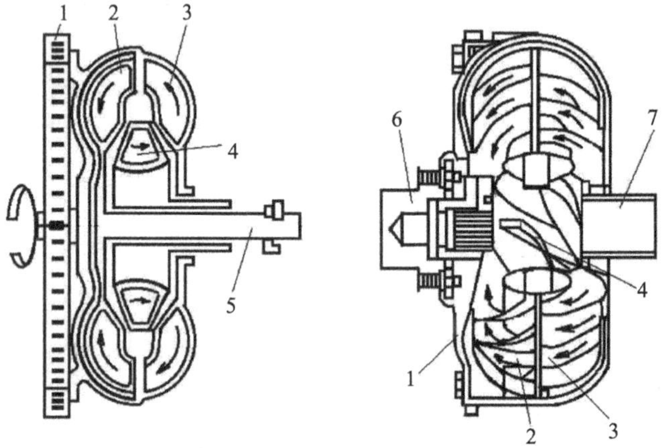

1-飞轮；2-涡轮；3-泵轮；4-导轮；5-变矩器输出轴；6-曲轴；7-导轮固定套

图 8-10　液力变矩器原理结构

发动机运转时带动液力变矩器的壳体和泵轮一同旋转，泵轮内的液压油在离心力的作用下，由泵轮叶片外缘冲向涡轮，并沿涡轮叶片流向导轮，再经导轮叶片内缘形成循环的液流。由于从涡轮叶片下缘流向导轮的液压油仍有相当大的冲击力，只要将泵轮、涡轮和导轮的叶片设计成一定的形状和角度，就可以利用该冲击力来提高涡轮的输出扭矩。

1）涡轮速度低时，涡流速度大，环流速度小，合成液流的方向冲击导轮正面，经导向顺着泵轮叶片槽冲击涡轮，涡轮的输出转矩增大。

$$M_W = M_B + M_D \tag{8-1}$$

式中，M_W 为涡轮转矩；M_B 为泵轮转矩；M_D 为导轮转矩。

2）随着涡轮转速的增加，当泵轮与涡轮转速相接近时，涡流速度最小，环流速度最大，合成液流的方向正好与导轮叶片相切，$M_D = 0$，此时相当于耦合器，对应的转速称为耦合工作点，则有：

$$M_W = M_B \tag{8-2}$$

3）涡轮速度增大，其转速高于泵轮转速涡流速度小，环流速度大，合成液流的方向冲击导轮背面，导轮的转矩反向，涡轮的输出转矩减小。

$$M_W = M_B - M_D \tag{8-3}$$

4）涡轮负载过大停转（如怠速时），而泵轮仍旋转但转速低，变矩器只输入不输出，涡轮得到的转矩不足以克服阻力矩。涡流速度最小，环流速度最大,合成液流的方向垂直冲击导轮背面,导轮的转矩反向且基本等于泵轮的转矩,涡轮的输出转矩最小,仍用于克服摩擦力。

(3)液压传动:使用液压泵和液压马达,具有无级调速能力,可实现行走速度和作业装置之间的最佳匹配,提高作业质量。在相同功率下,液压传动装置结构最为紧密,质量轻。图 8-11 为轮式挖掘机的常用传动系统。

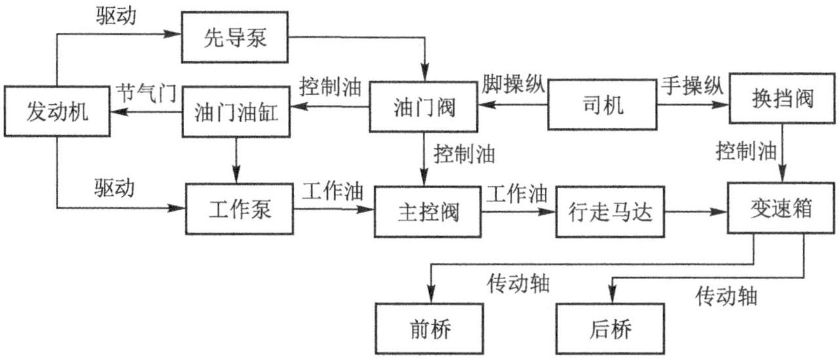

图 8-11　轮式挖掘机液压传动系统

(4)电力传动:利用柴油机带动牵引电机所产生的电能驱动轮毂电机转动,从而驱动车辆(如图 8-12 所示),利用电控系统调节电动机输出轴转速和转向,具有调速范围大,操作方便等优点。

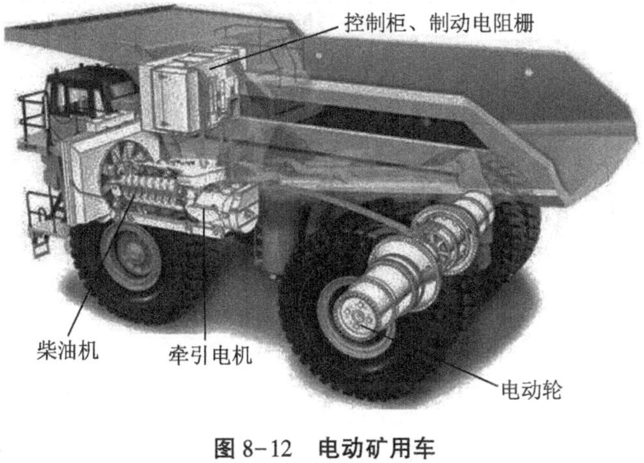

图 8-12　电动矿用车

电传动系统根据装用的发电机和牵引电机的形式不同,可分为 4 种:

1)直流发动机-直流电动机系统(直-直)。发动机发出的电能不经任何装置的转换，而直接送到牵引电动机，因此系统结构简单，但直流电动机体积大，重量大和成本高，转速不能很高，整流火花大。

2)交流发电机-直流电动机系统(交-直)　系统可以达到转速提高，体积缩小，运行可靠和维修简便等效果。载重为 100 t 以上的大型电动轮汽车广泛采用这种方式。

3)交-直-交电传动系统　交流电机发出的三相交流电经整流器变成直流，再逆变成可变频的三相交流电供给牵引电机。目前，AC 型矿用车采用此传动方式。

4)交-交电传动系统　发动机驱动交流发电机发出交流电，经变频器变频后向牵引电机输入变频可控的交流电，该种传动系统有可能代表了电动重型车辆的发展方向。

8.2.2　行驶系统

工程车辆按行走系可分为履带式、轮胎式、轨行式和步行式四种，其中轨行式和步行式是基于履带式和轮胎式根据工况不同而衍生出的。履带式和轮胎式为工程车辆常用的行走方式，两种行走方式各有利弊，如表 8-1 所示。

表 8-1　两种行走结构的对比

性能	履带式	轮式
驱动功率	大	小
接地比压	小(40~150 kPa)	大
制造和维修成本	高	低
运行速度	慢	快
机动性	差	好
爬坡能力	大(一般为 50%~80%)	小
转场能力	差(需借助其他运输车辆)	好
越障性能	好	差
稳定性	好	差(需用专门支腿支撑)

工程机械按牵引原理的不同，也可分为牵引型(如推土机等铲土运输机械)、非牵引型(如振动压路机)两类。牵引型机械与发动机按照全功率进行匹配，为单系统行走液压系统；非牵引型车辆的行走传动仅为工作系统之一，并且在作业时，行走系统常常并不一定为最大功率系统，为多系统车辆，

因而发动机与行走系统之间按部分功率匹配。

牵引性能参数包括轮式工程车辆牵引特性中的力、速度、功率、滑转率、效率等因素。

轮式工程机械行驶机构驱动轮的驱动力为：

$$F_{m} = \frac{M_{k} i_{m} \eta_{m}}{r_{d}} \tag{8-4}$$

式中，M_k 为驱动力矩；i_m 为行驶机构传动比；η_m 为行驶机构传动效率；r_d 为轮胎动力半径。

切线牵引力是驰动力矩通过行走机构与地面的相互作用产生的力。它不仅与驱动力有关，还受限于地面的附着条件。最大附着力是由轮胎型式、充气压力、路面情况、坡道角度和附着重力所决定。

最大附着力为：

$$F_{\varphi} = \varphi G_{\varphi} \cos\alpha \tag{8-5}$$

式中，φ 为轮胎100%滑转附着系数；G_{φ} 为工程机械对地面的垂向载荷力；α 为坡道角度。

滚动阻力为：

$$F_{f} = Gf\cos\alpha \tag{8-6}$$

式中，G 为工程机械的重力；f 为滚动阻力系数，α 为坡道角度。

需要指出的是：当轮式工程机械在松软地面上行驶时，如果前、后轮沿同一轮辙滚动，由于后轮是在已被前轮压实的轮辙上滚动，其滚动阻力比前轮小，因此应取平均滚动阻力系数。平均滚动阻力系数与轮胎形式、充气压力、路面条件和车轮布置方式有关。

由附着条件决定的最大切线牵引力 $F_{k\varphi max}$ 为最大附着力与滚动阻力之和。

$$F_{k\varphi max} = (\varphi G_{\varphi} + fG)\cos\alpha \tag{8-7}$$

因此，切线牵引力 F_k 可由下式确定：

当 $F_m < (\varphi G_{\varphi} + fG)\cos\alpha$ 时，

$$F_{k} = \frac{M_{k} i_{m} \eta_{m}}{r_{d}} \tag{8-8}$$

当 $F_m > (\varphi G_{\varphi} + fG)\cos\alpha$ 时，

$$F_{k} = (\varphi G_{\varphi} + fG)\cos\alpha \tag{8-9}$$

有效牵引力 F_{kp} 用于完成机器的有效作业，是指消耗在克服除滚动阻力之外的外部阻力上那部分切线牵引力。

$$F_{kp} = F_{k} - F_{f} \tag{8-10}$$

轮式工程机械的理论行驶速度 u_t 为：

$$u_t = \frac{2\pi n_k r_d}{i_m} \tag{8-11}$$

式中，n_k 为驱动转速。

轮式工程机械行驶时，轮胎在滚动的同时，由于轮胎在水平方向挤压土壤而相对地面有滑转，滑转率 δ 与路面条件、轮胎型式、充气压力、瞬时有效牵引力、附着重力等因素有关，可采用下列方程表示：

$$\delta = A\varphi + B\varphi^n \tag{8-12}$$

式中，φ 为附着重力利用系数，$\varphi = F_{kp}/G_\varphi \cdot \cos\alpha$；$A$、$B$、$n$ 由路面条件、轮胎型式和充气压力决定的系数。

因此，工程机械的实际行驶速度 u 为：

$$u = u_t(1 - \delta) \tag{8-13}$$

行驶时，行走系的功率损失由两部分组成：一是由滚动阻力引起的功率损失，二是由轮胎的滑转引起的功率损失。

滑动功率为：

$$\eta_f = \frac{F_{kp}u}{F_k u} = \frac{F_{kp}}{F_k + F_f}$$

若全轮驱动，由式(8-3)和 $F_k = G\varphi_i\cos\alpha$ 可得：

$$\eta_f = \frac{\varphi_i}{\varphi_i + f} \tag{8-14}$$

滑转效率：

$$\eta_\delta = \frac{F_k u}{F_k u_t} = \frac{u}{u_t} = 1 - \delta \tag{8-15}$$

行驶系效率 η_x 等于车轮输出功率与车轮输入功率之比。

$$\eta_x = \frac{F_{kp}u}{F_k u_t} = \eta_f\eta_\delta = \frac{\varphi_i}{\varphi_i + f}(1 - \delta) \tag{8-16}$$

将式(8-9)代入式(8-13)可得：

$$\eta_x = \frac{\varphi_i - A\varphi_i^2 - B\varphi_i^{n+1}}{\varphi_i + f} \tag{8-17}$$

求导得：

$$\frac{d\eta_x}{d\varphi_i} = \frac{f - 2Af\varphi_i - A\varphi_i^2 - (n+1)Bf\varphi_i^n - nB\varphi_i^{n+1}}{(\varphi_i + f)^2}$$

当$\frac{d\eta_x}{d\varphi_i}$时，$\eta_x$ 最大，即行驶系最大效率工况应满足下列条件：

$$f - 2Af\varphi_i - A\varphi_i^2 - (n+1)Bf\varphi_i^n - nB\varphi_i^{n+1} = 0 \tag{8-18}$$

由式(8-18)和(8-12)可求出行驶系最大效率工况相应的滑转率 $\delta_{x\max}$

和附着重力利用系数 φ_{xmax}。

8.2.3 转向系统

轮式工程机械常用的转向系统按照转向方式的差异大致可分为偏转车轮转向、铰接式转向和滑移转向，当前这三种转向方式以其各自的特点并存于轮式工程车辆领域。

(1)偏转车轮转向

偏转车轮转向是轮式工程车辆的传统转向方式(如图 8-13)，一般采用整体式车架，其转向驱动桥自带转向油缸驱动梯形机构，从而车轮发生相应偏转实现转向。偏转车轮转向按转向时形态不同，还可分为前轮转向、后轮转向以及四轮转向三种方式。

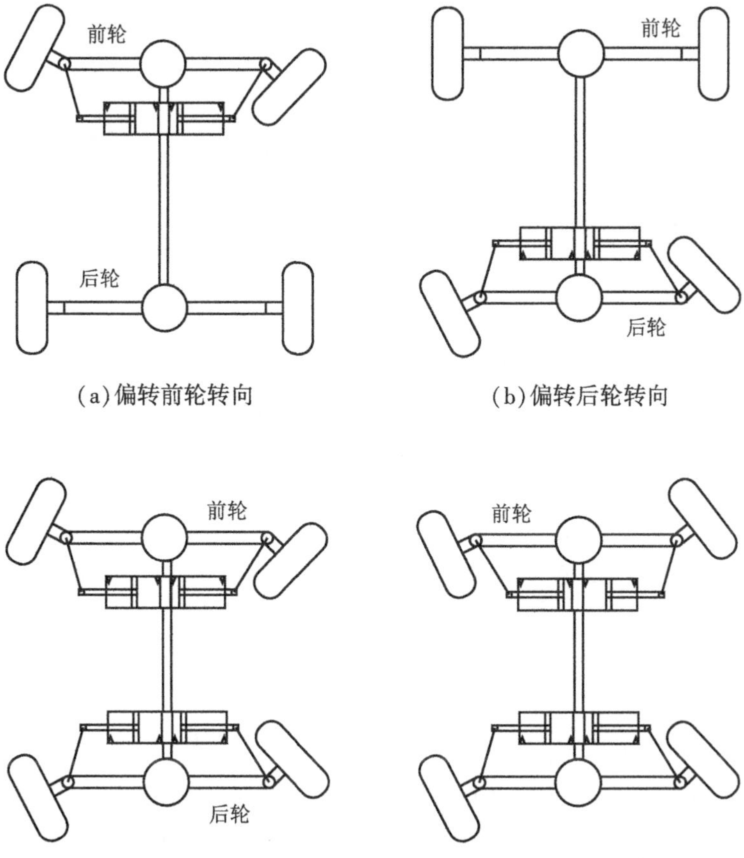

(a)偏转前轮转向　(b)偏转后轮转向　(c)偏转前后轮转向　(d)蟹行转向

图 8-13　偏转车轮转向

目前,前轮偏转转向较为普遍,多应用于一些小型装载挖掘机以及轮式挖掘机;后轮偏转转向常应用于一些车辆前桥承受大载荷或车辆前端存在结构干涉的场合,如叉车;四轮转向具有明显的性能优势,但其结构和控制系统复杂,故多应用于对转向灵活性有特殊要求的机械。

(2)滑移转向

滑移转向(或称单侧制动转向)主要应用于履带车辆,在单侧有两个及以上车轮的轮式工程车辆上也有应用。轮式滑移转向车辆不存在单独的转向系统,而是与行走系统集成一体,因此,结构紧凑、整机尺寸小、可完成原地转向,但在转向过程中的驱动力会大为减小,且轮胎磨损严重。其基本原理是利用车辆两侧车轮的行走速度的差异来实现各种转向需求,即差速转向,因此采用滑移转向的车辆的双侧车轮均需由单独动力驱动。轮式滑移转向常用的布置形式有变量泵-马达-链条-驱动轮[如图 8-14(a)所示]和变量泵-马达-驱动轮[如图 8-14(b)所示]。目前多应用于静液驱动小型装载机,以及在月球车、侦查机器人等军事领域。

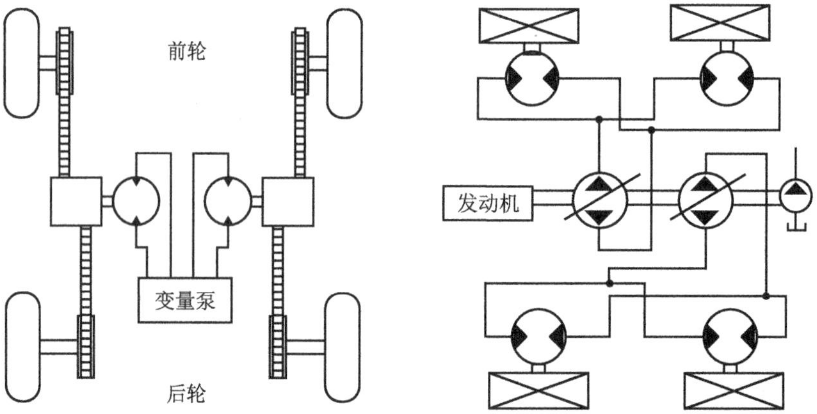

(a)变量泵-马达-链条-驱动轮　　(b)变量泵-马达-驱动轮

图 8-14　滑移转向系统布置形式

(3)铰接转向

铰接转向(或称铰接车架转向)采用非整体式车架,车架通常由前后两段组成,两段车架间用铰链连接,利用油缸推力使两段车架发生相对偏转来实现转向,如图 8-15 所示。显然,这种转向不需要转向驱动桥,转向过程中车辆行驶方向始终和前车架保持一致,其转向结构简单,转向半径小,机动性较好。目前,铰接转向主要应用于铲运车、装载机等机械。

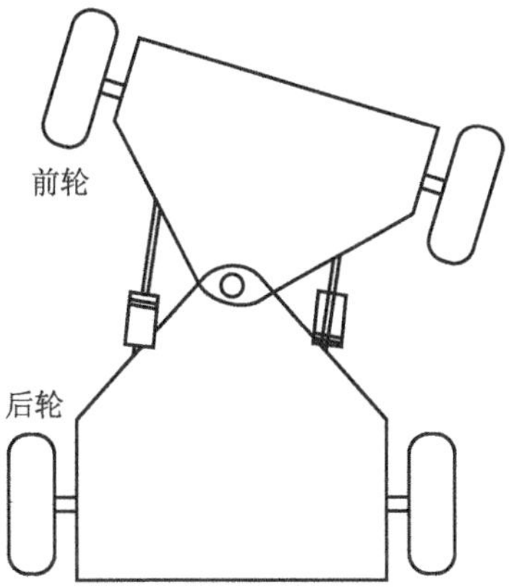

图 8-15　铰接转向示意图

铰接转向车辆的铰接点位置选择对转向性能有重要的影响。在轴距一定的情况下,铰接点和前桥的距离越小,就越类似前桥偏转转向;当铰接点位于前桥上方时(铰接桥式转向),其转向半径较大,但此时的车架可以成为整体式,适用于既需要整体车架,又不能使用转向驱动桥的场合。当铰接点和前桥的距离等于轴距的一半时,类似于四轮转向,此时转向半径最小。需要指出的是,铰接采用分体式车架,转向更加灵敏,转向半径较小,但其抗倾翻的稳定性较低。

8.2.4　制动系统

工程机械制动按用途可分为行车制动、停车制动和辅助制动;按工作原理可分为摩擦式和液力式;按操作方式可分为机械式和动力式;按结构形式可分为蹄式、盘式和带式(如图 8-16 所示)。制动系统包括制动器和制动驱动机构。

(1)气压式制动系统

图 8-17 为 CL7 自行式铲运机气压制动系统原理图。在一般路面上,铲运机以 30 km/h 的速度行驶时制动距离应不大于16 m,其工作原理是:发动机(图中未画出)带动空气压缩机 2,被压缩的空气经油水分离器 9 到压力控制器 5,再进入贮气筒 7(辕架横梁),当气压达到 0.68~0.70 MPa时,空气将由压力控制器 5 放气口排入大气。当踏下制动阀 10 踏板时,贮气筒气体经制动阀进入前后四个制动气室(3、4、8、13),将活塞杆推出,活塞杆推动制动臂,使制动凸轮轴转动,在凸轮作用下,外涨制动蹄片(即摩擦片)刹住制动毂,达到制动车轮的目的。

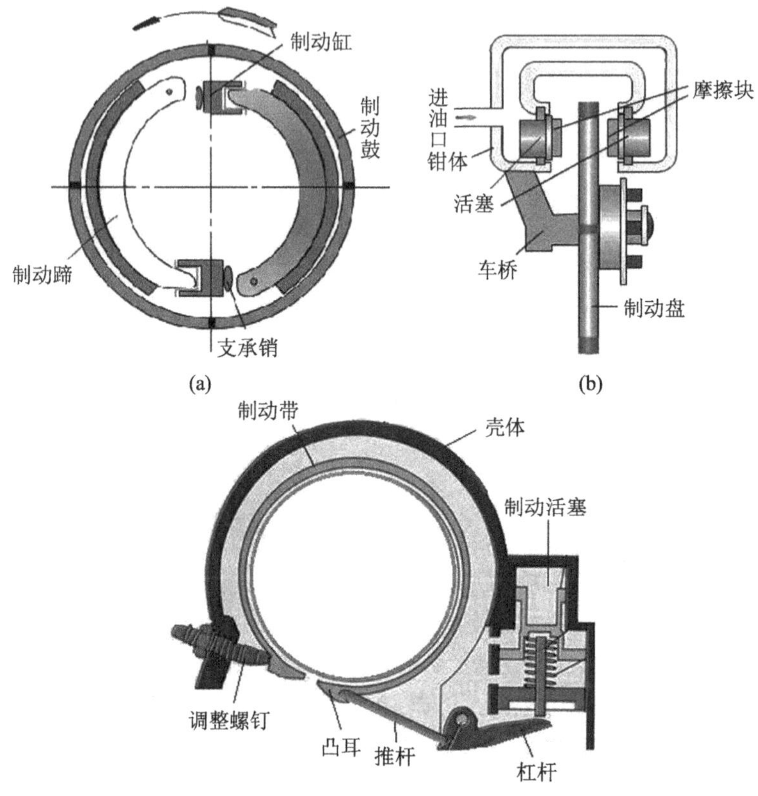

(c)

图 8-16　制动器原理示例

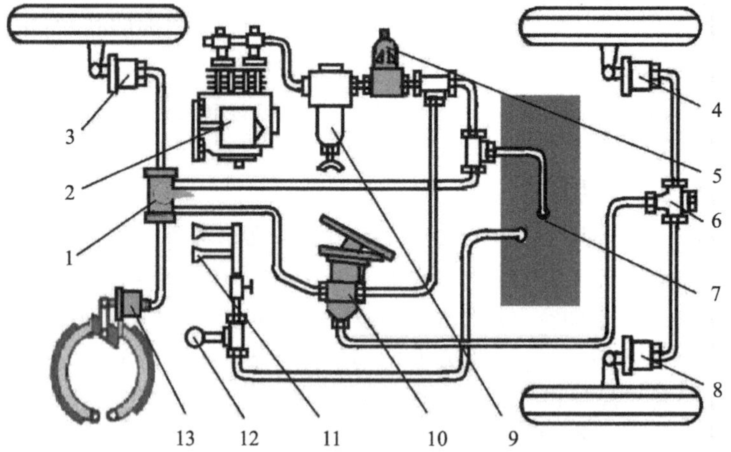

1-气动转向阀;2-空气压缩机;3、13-前制动气室;4、8-后制动气室;5-压力控制器;6-快速排气阀;7-贮气筒;9-油水分离器;10-脚踏制动阀;11-气喇叭;气 12-气压表

图 8-17　CL7 自行式铲运机气压制动系统原理图

(2)液压式动力制动系统

图8-18为WJ-2C型铲运机液压制动系统原理图。当发动机工作时,带动液压泵1工作,液压油经溢流阀3进入充液阀2。从充液阀2出来的液压油进入蓄能器6充液,达到充液阀调定压力10 MPa时,充液阀卸荷,同时经溢流阀4(调定压力为2.5~3 MPa)回油箱,并开始向工作液压系统提供低压油。

铲运机工作时,手动换向阀7处于上位工作,压力油进入制动油缸8,松开后桥制动器,系统处于工作状态。当遇到紧急情况或工作需要时,用脚踏下脚制动阀9,压力油进入前后桥制动器,车辆制动;放开脚踏板,脚制动阀在弹簧力的作用下回位,制动器松开。

当铲运机不工作时,手动换向阀7处于下位工作,制动油缸8通过软轴拉紧变速箱上的蹄式制动器,同时蓄能器6通过脚制动阀9向后桥供压力油,刹住后轮使整机处于停车状态。

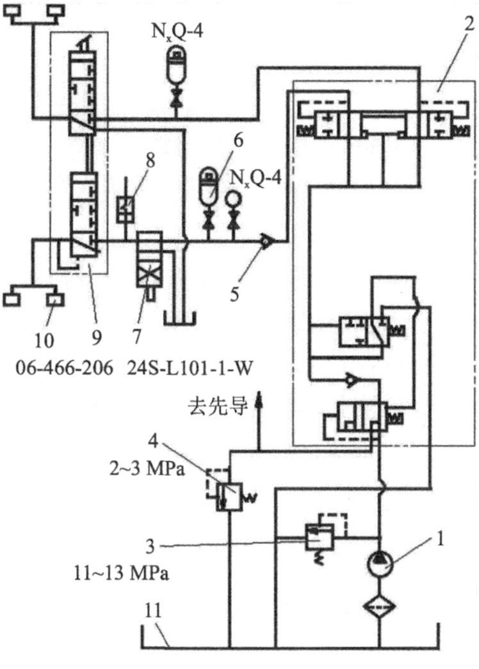

1-液压泵;2-充液阀;3、4-溢流阀;5-单向阀;6-蓄能器;7-手动换向阀;8-油缸;
9-脚制动阀;10-制动器;11-油箱

图8-18 WJ-2C型铲运机液压制动系统原理图

(3)电子液压制动系统

图8-19为集成式电子液压制动系统原理图,主要包括制动踏板、踏板位移传感器、踏板模拟器、电机、减速传动机构、制动主缸和液压力传感器

等。其中。解耦腔起系统解耦的作用,即实现正常制动时制动踏板与制动主缸不固连。

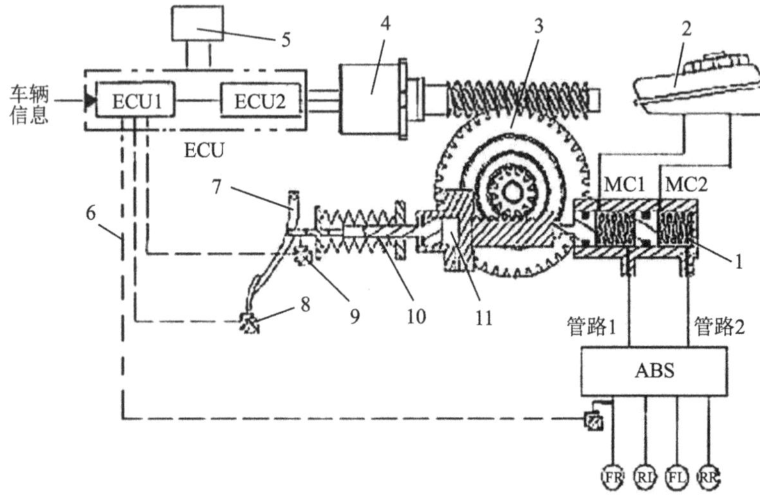

1-主缸;2-油箱;3-减速机;4-电机;5-电池;6-信号线;7-脚踏板;8-液力传感器;
9-位移传感器;10-踏板感觉弹簧;11-解耦腔

图 8-19 集成式电子液压制动系统原理图

正常工作时,驾驶员踩下制动踏板,踏板感觉模拟器模拟踏板感觉,同时解耦腔内预留的空行程使得制动踏板不再直接与制动主缸相连。同时电控单元(ECU)根据踏板位移信号和制动能量回收系统中的再生制动力信号,计算液压制动力和系统电机 4 转矩作为指令发给电机。电机通过减速机构推动主缸产生压力,制动液流向各轮制动缸而产生制动力。

8.3 压实机械

压实机械是利用机械力使土壤、碎石等填层密实的土方机械,按工作原理,可分为静力压实(如图 8-20 的平碾、羊足碾、轮胎碾等)、夯实(如板夯、电动夯和爆炸夯等)和振动压实[如图 8-20(e)的梅花碾]等。其中,梅花碾、羊足碾单位压力较大,压实层厚,适用于路基、堤坝的压实。轮胎式压路机轮胎气压可调节,可增减压重,单位压力可变,压实过程有揉搓作用,使压实层均匀密实,且不伤路面,适用于道路、广场等垫层的压实。压实机械选择需要针对土质进行,砂性土一般选用振动式较好,夯击式次之,而碾压式较差;黏性土选用碾压式或夯击式较好,而振动式较差甚至无效。

(a)平碾 (b)羊足碾 (c)轮胎碾

(d)电动板夯 (e)梅花碾

图 8-20 压实机械示例

8.3.1 压实参数计算

(1)平碾

平碾的单宽压力较低,压实干密度小,适于含水量高或干密度要求较低的黏性土压实,压实过程中的接触应力可按下式计算:

$$\sigma_{max} = 0.1\sqrt{\frac{QE_0}{bR}} \tag{8-19}$$

式中,Q 为平碾重量(N);R 为碾筒半径(cm);b 为碾筒宽度(cm);E_0 为土变形模量,黏性土 $E_0=20\sim30$ MPa,非黏性土 $E_0=10\sim15$ MPa。为获得好的压实效果,接触应力一般取土壤强度极限 σ_p 的 80%~90%。

可得平碾的重量为:

$$Q = (3.2 \sim 4.1)\frac{bD\sigma_p^2}{E_0} \tag{8-20}$$

式中,σ_p 为土壤的强度极限(MPa);D 为碾筒直径(cm)。

当土料含水量 $\omega<\omega_0$(最优含水量)的铺土厚度 H 可以按下式估算:

$$\text{黏性土壤}\quad H = 0.28\frac{\omega}{\omega_0}\sqrt{\frac{QR}{10}}$$

$$\text{非黏性土壤}\quad H = 0.35\frac{\omega}{\omega_0}\sqrt{\frac{QR}{10}} \tag{8-21}$$

(2)羊足碾

羊足压实是利用其接触面积小,单位压力大的特点,在羊足插入土体时,使其受到挤压及揉搓的联合作用,上下土层结合质量较好,适于黏性土和天然高密度土料的压实。羊足的接触应力可按下式计算:

$$\sigma_{max} = \frac{0.01Q}{ns} \tag{8-22}$$

式中,n 为滚筒表面轴向排的羊足个数;s 为每个羊足顶端的面积(cm^2)。

铺土厚度为:

$$H = L + 2.5b - h_p \tag{8-23}$$

式中,L 为羊足长度(cm);b 为羊足底面最小边长(cm);h_p 为被翻松土层厚度,一般重型碾为 8~15 cm。

碾压遍数:

$$n = K\frac{S_b}{ms} \tag{8-24}$$

式中,K 为羊足印迹分布不均匀修正系数,一般取 $K=1.3$;m 为羊足总数;S_b 为羊足碾滚筒的表面积(cm^2)。

(3)轮胎碾

轮胎碾是一种既能压实黏性土,也能压实砾质土和砂性土的良好压实机械。随着土体密实度的增长,气胎的变形和气胎与土体的接触面积也相应增大,而且土体愈密实,轮胎变形也愈大,也即与土体的接触面积也愈大,压力分布也愈均匀,土体达到均匀压实。

轮胎碾的接触应力主要取决于气胎内压力。当压力一定,载荷增加时,仅增加轮胎的变形和接触面积,而接触应力并不改变,所以在轮胎允许变形范围内,可尽量增加载荷。对不同的土料,调整轮胎内的充气压力即可改变接触应力的大小,从而达到适应不同土质的压实需要。需要指出的是,轮胎碾压实土料的上下土层之间的结合强度不如羊足碾。

轮胎碾的轮胎接触应力由轮胎内的充气压力决定,并用下式计算:

$$\sigma = \frac{p_0}{1 - \vartheta} \tag{8-25}$$

式中,p_0 为轮胎充气压力(MPa)(表 8-2);ϑ 为轮胎静止刚性系数(表 8-3),与轮胎结构、载荷及充气压力有关:

$$\delta = 1 - 236\sqrt{120 - B_e}B_e^{\frac{1}{2}}\frac{0.01p_0}{Q} \tag{8-26}$$

式中,B_e 为轮胎受压后增加的实测宽度(cm);Q 为轮胎承受的总载荷(N)。

表 8-2 一般采用轮胎气压

土料名称	砂、砂砾	砂壤土	黏性土	粉质黏土
轮胎压力/MPa	0.2~0.4	0.3~0.4	0.5~0.6	0.6~0.8

表 8-3 轮胎静止刚性系数

轮胎压力/MPa	0.1	0.2	0.3	0.4	0.5	0.6
ϑ	0.60	0.50	0.38	0.28	0.22	0.10

轮胎碾重：

$$Q = 100N\lambda m_i \tag{8-27}$$

式中，N 为轮胎刚性模数(MPa)(表 8-4)；λ 为轮胎允许变形量(cm)；m_i 为轮胎个数。

铺土厚度按 H·A·乌理杨诺夫的最优厚度公式估算：

$$H_Y = 0.2\frac{\omega}{\omega_0}\sqrt{\frac{p_0 q}{1-\vartheta}} \tag{8-28}$$

式中，q 为单个轮胎承受的载荷(N)。

表 8-4 轮胎刚性模数

轮胎类型	轮胎压力/MPa				
	0.2	0.3	0.4	0.5	0.6
34×7	37.0	45.0	49.6	54.0	—
12.00~20	36.0	51.0	62.5	70.5	78.0
14.00~20	43.0	54.5	64.0	71.5	78.5
18.00~28	64.5	82.5	98.0	—	—

(4)振动碾

振动碾是一种将振动和碾压作用相结合的压实机械，其振动功以压力波方式向土体内传播，使土料颗粒产生相应的震动和重新排列而达到紧密压实的状态。振动力的大小取决于振动频率和振幅。目前各种振动碾的重量一般为静力碾重的 1~4 倍，平均约 2.5 倍。

压实层厚度可依据 П·М·切尔卡索夫推荐的经验公式进行计算：

$$H_0 = \frac{1}{\delta^2}K_i\frac{\omega}{\omega_0}\sqrt{\frac{0.1S_0Q}{E_0}} \tag{8-29}$$

式中，δ 为土料密实度(0.9~1.0)；K_i 为不同土料动力冲量的传播系数，壤土和黏土为 0.08 cm^{-1}，砂壤土为 0.12 cm^{-1}，砾石土 0.18~0.2 cm^{-1}，砂土为 0.25 cm^{-1}；ω 为土料含水量；ω_0 为最优含水量；S_0 为碾筒与土料的接触面积

(cm^2)；Q 为振动碾筒的重量(N)；E_0 为压实土的变形模量，非黏性土 10~15 MPa，黏性土 15~20 MPa。

8.3.2 压实机械结构

(1)静力压路机

常见静力作用压路机结构布置形式如图 8-21 所示，主要有两轮两轴式[图 8-21(a)]、三轮两轴式[图 8-21(b)]和三轴三轮式[图 8-21(c)]。其中，质量 5~8 t 的为轻型，一般采用二轮两轴；质量 8~10 t的为中型，可采用两轮两轴或三轮两轴；质量 12~15 t、18~21 t 的为重型，可采用三轮两轴或三轮三轴。

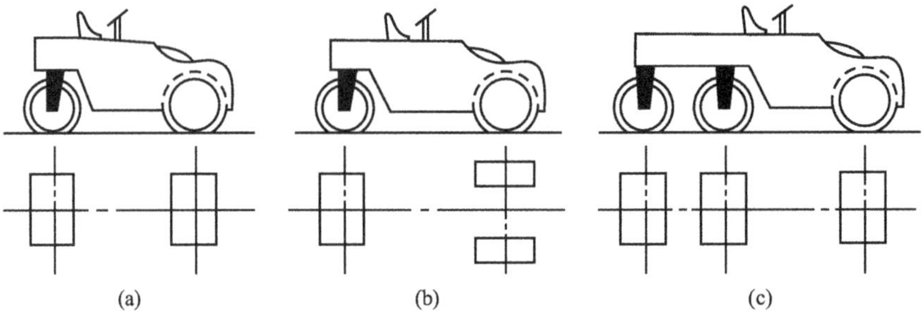

图 8-21 静力作用压路机布置形式

表 8-5 分别为 3Y12/15A 型压路机性能参数和外形图，其传动系统如图 8-22，其中差速器带差速锁，换向机构位于变速器后外部，发动机动力由离合器传给变速箱，再经主减速器、差速器、换向机构、终传动箱传给驱动轮。

表 8-5 3Y12/15A 型压路机性能参数

压轮直径(mm)	前轮(转向轮)	ϕ1060		
	后轮(驱动轮)	ϕ1600		
压轮宽度(mm)	前轮	1250		
	后轮	500×2		
单位线压力(N/cm)	不加载	>780		
	加载后	>970		
行驶速度(km/h) Ⅰ，Ⅱ，Ⅲ		1.9	3.2	7.5
柴油机	型号	4135K-2C		
	额定功率/kW	58		
外形尺寸 长×宽×高(mm)		4760×2116×2663		

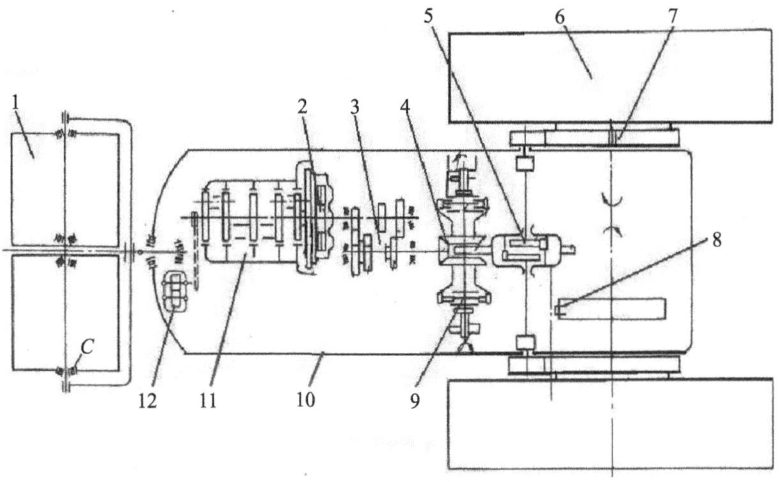

1-方向轮;2-离合器;3-变速箱;4-主减速器;5-行星齿轮差速器;6-驱动轮;7-终传动箱;8-制动器;9-换向离合器;10-机架;11-发动机;12-油泵

图 8-22　3Y12/15A 型压路机传动系统

图 8-23 为 3Y12/15A 型压路机的全液压转向系统,该系统为内反馈系统(方向盘与方向轮之间无机械连接)。转向时,来自油泵 6 的压力油进入转向器 1,在经过计量马达(图中未画出)进入转向油缸 2 的左腔或右腔,推动转向臂 3 带动方向轮左转或右转。压路机直行时,来自油泵 6 的压力油则经转向器 1 直接回油箱。

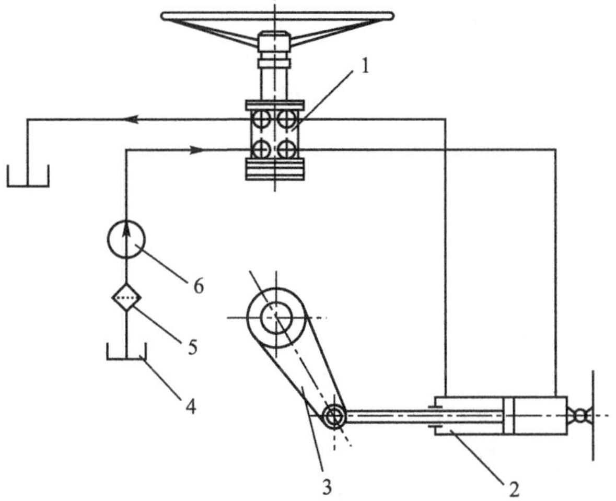

1-方向盘转向器;2-转向油缸;3-转向臂;4-油箱;5-过滤器;6-油泵

图 8-23　3Y12/15A 型压路机全液压转向系统

图 8-24 为 3Y12/15A 型压路机换向机构，锥齿轮 1 与变速箱输出轴锥齿轮(图中未画出)啮合输入动力，经离合器外壳 7，传动给主动摩擦片 8，压抓架 12 加力活动后压盘使主从动摩擦片结合，带动轴套 9、横轴 3、小驱动齿轮 17，带动差速器。当操纵杆处于中位时，左右两离合器在分离弹簧 16 作用下处于分离状态，主动部分在横轴 3 上空转；当操纵杆 11 处于左或右结合位置时，一边离合结合，另一边离合分离，结合一边大锥齿轮通过主从摩擦片的摩擦力带动横轴及小驱动齿轮旋转，输出动力。另一边结合时，输出动力相同，而旋转方向相反。

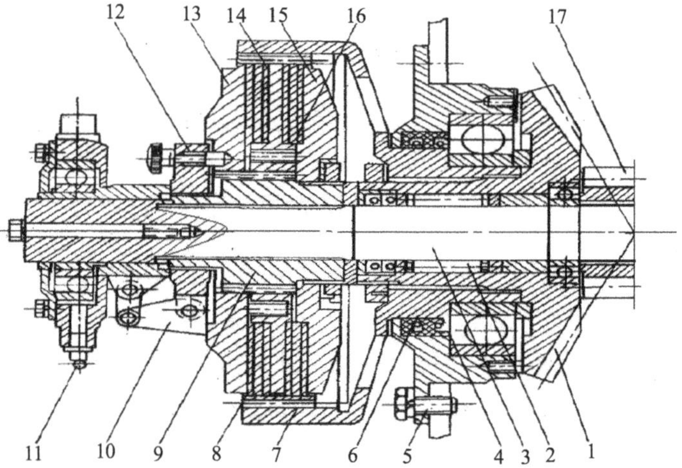

1-从动锥齿轮；2-滚柱轴承；3-横轴；4-球轴承；5-端盖；6-油封；7-离合器外壳；8-离合器主动片；9-离合器轴套；10-压抓；11-操纵离合器分离杆；12-压抓架；13-活动后压盘；14-中间压盘；15-固定压盘；16-分离弹簧；17-小驱动齿轮

图 8-24　3Y12/15A 型压路机换向机构

将压抓架脱离后压盘的定位孔，转动压抓架即可调整摩擦片间隙。调整结束后再将弹簧锁销插入调整后的销孔内即可。

图 8-25 为 3Y12/15A 型压路机的方向轮结构，采用 Π 架形式以固定前轮轴 1，Π 形架 8 与转向立轴 11(上端与转向臂 13 固联、立轴轴承座 15 与机架 12 焊接)间采用横销 9 铰接；方向轮为两个完全相同的滚轮(轮圈 5 与轮辐 4 焊接而成)，并通过轴承 2 与轮轴 1 装配总成，其中储油管 6 用于储存润滑脂供轴承 2 润滑，轮圈内可通过圆形挡板 3 加注砂或水，以调节压路机重量。当转向油缸的活塞杆推动转向臂 13 和立轴转动，并带动 Π 形架 8 以及滚轮总成转动，实现压路机向左或向右转动所需的角度。Π 形架 8 和转向立轴 11 间的横销铰接，可以在地面不平时维持机身的水平，保证压路机的横

向稳定性。

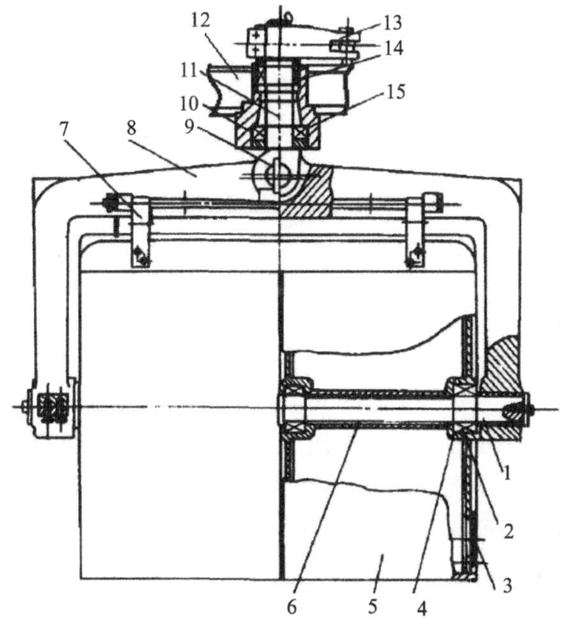

1-方向轮轴;2-圆锥滚柱轴承;3-圆形挡板;4-轮辐;5-轮圈;6-储油管;7-刮泥板;8-Π形架;9-横销;10、14-轴承;11-转向立轴;12-机架;13-转向臂;15-转向立轴轴承座

图8-25 3Y12/15A型压路机方向轮结构

(2)冲击压实机

图8-26为5YCT20型冲击式压实机。当牵引车拖动五边弧形轮5(或称梅花形冲击轮)向前滚动时,其重心的离地高度呈现出先向上提高,再下降产生的势能向前、向下冲击地面;五边弧形冲击轮每旋转一周,其重心抬高和降低5次,对地面也就产生5次冲击和振动作用,以此通过五边弧形轮顺序连续地冲击地面而达到压实的目的。

牵引车1输出功率约为150 kW,工作质量为19000 kg,行驶速度一般为8 km/h。牵引装置2类似于万向节,由牵引板、十字头、销轴、牵引轴和法兰盘等组成,能保证牵引机构与冲击压路机之间具有3个转动自由度。机架3由钢板拼焊而成,其前端通过牵引装置2与牵引车1相连,机架后部安装有行走轮机构(图中为编号)和缓冲减震装置8,通过缓冲减震装置8和摆架6将五边弧形冲击轮5装配在机架上,缓冲减震装置8和摆架6可协同减少冲击轮工作时对车架产生的巨大冲击力。冲击式压实机作短途转移和更换施工场地时,需要依靠举升机构7和行走机构,举升机构通过其举升液压缸使

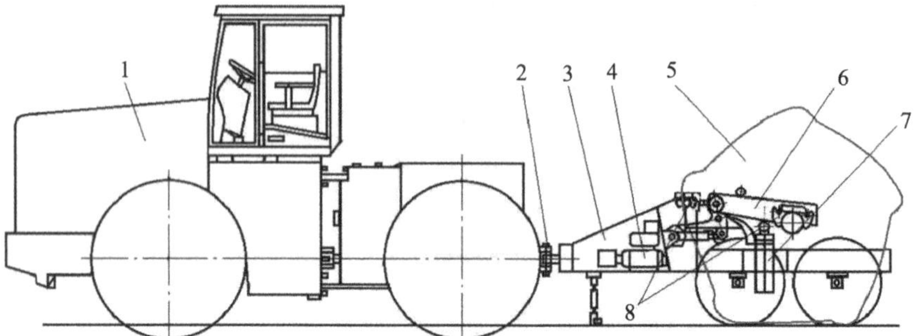

1-牵引车;2-牵引装置;3-机架;4-缓冲蓄能装置;5-梅花形冲击轮;6-摆架;
7-举升机构;8-双向缓冲减震机构

图 8-26 5YCT20 型冲击式压实机

冲击轮脱离地面,由行走机构的车轮支承整个压实工作装置的重量再由牵引车拖行实现转场。显然,冲击压实是依靠冲击轮的五边形轮廓实现的,因此其轮重、外形轮廓的曲率半径及工作速度的选取至关重要。

(3)振动压路机

主要由发动机、传动系统、振动轮和操纵系统等组成,有轮胎驱动单钢轮振动压路机[图 8-27(a)]和双钢轮串联式振动压路机[图 8-27(b)]等两种类型。轮胎驱动单钢轮振动压路机的振动轮与牵引部分通过铰接车架相连接,减振问题易于解决,能适应多种铺层材的压实需要,同时,振动轮可以替换为多边形冲击轮,具有行驶速度快、横向稳定性好,且转场方便等特点。双钢轮串联式振动压路机的压实能力和作业效率较高,尤其适用于沥青路面的压实。

(a)

(b)

图 8-27 振动压路机示例

1)振动参数。主要指振动频率f(即振动加速度峰值对应的主频率)、参

振质量 m、名义振幅 A_0、激振力 F_0、动作用力 F_s、振动系统功率 p_z 等。当振动频率接近或等于土体的固有频率时,压实效果最佳。振动频率为:

$$f=\frac{1}{T}=\frac{n}{60} \tag{8-30}$$

式中,T 为振动周期(s);n 为激振器转速(r/min)。

由于振动轮的实际振幅很难测定,故用振动轮悬空后的振幅替代,名义振幅 A_0:

$$A_0=\frac{M_0}{m_d g} \tag{8-31}$$

式中,A_0 为名义振幅,对压实路床路基可取 1.4~2.0 mm,压次基础层可取 0.8~2.0 mm,压沥青混凝土及路面可取 0.4~0.8 mm;M_0 为静偏心力矩(kg · m),$M_0=me$,m 为偏心块质量,kg;e 为偏心块的偏心距(mm);m_d 为参振质量(参与路面振动压实的所有部件和零件质量的总和)(kg)。

激振力 F_0 是振动钢轮内的偏心块高速旋转所产生的离心力形成,即:

$$F_0=me\omega^2=M_0\omega^2$$

式中,e 为偏心块的偏心距(mm);ω 为偏心块旋转角速度,$\omega=2\pi f$。

可进一步将激振力写成:

$$F_0=m_d g A_0(2\pi f)^2 \tag{8-32}$$

由式(8-32)可见,激振力与振动频率的平方成正比,与参振质量也是成正比的。显然,足够大的参振质量是保证振动压路机压实能力的基本条件。

压路机振动功率 N_{ev} 可按经验公式计算:

$$N_{ev}=m_d A_0 \lambda n_v \tag{8-33}$$

式中,A_0 为振动轮名义振幅(m);n_v 为振动轮个数;λ 为振动频率修正系数,按表 8-6 选取。

表 8-6 振动频率修正系数

频率/Hz	25~30	31~35	36~40	41~45	46~50
λ	5.5	6.5	7	7.5	8

2)结构参数计算。对振动轮采用当量线载荷来表达:

$$q=K_0\frac{G+F_0}{b} \tag{8-34}$$

式中,q 为当量线载荷(N/cm),在最初设计时,串联振动压路机可取 $q=300\beta^{5/8}$,单轮振动压路机 $q=300\beta^{3/4}$($\beta=0.1$ W);K_0 为考虑振动作用的超加系数，$K_0=4.5-\frac{F_0}{5G}$；G 为振动轮的分配载荷(N)；b 为振动轮宽度(m)。

振动轮直径 D 取：

$$D=\lambda_D\sqrt{q} \tag{8-35}$$

式中，λ_D 为直径系数，光轮振动压路机取 7~9.5。

振动轮宽度 B 取：

$$B=\frac{\sqrt{Dh}}{s_j} \tag{8-36}$$

式中，s_j 为压轮与铺层材料的接触面积(mm^2)；h 为压轮压陷高度(mm)。

3)全液压振动压路机。图 8-28 为某型压路机外形结构，其为双钢轮振动压路机，适合于稳定土、沥青混凝土材料的压实工程。采用全液压转向器和振动系统，由振动轮、驱动轮、前车架(安装有燃油箱)、后车架(包含柴油发动机舱、液压油箱、操纵台)及铰接架、前后水箱及洒水系统，以及液压驱动系统、液压振动转向系统、电器系统、动力系统等构成。其主要技术参数如表 8-7 所示。

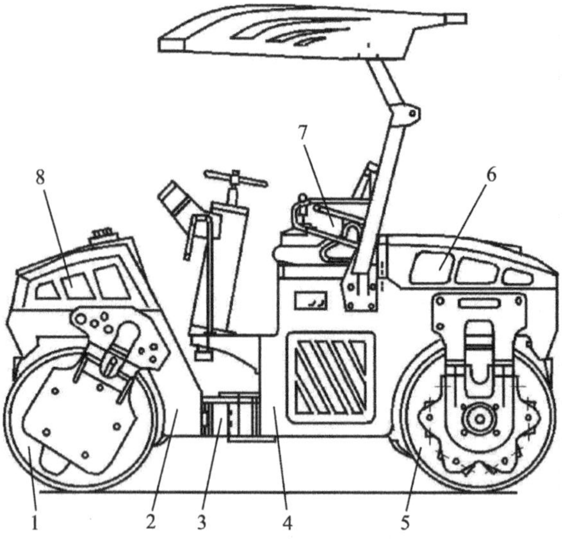

1-振动钢轮；2-前车架；3-中心铰接架；4-后车架；5-驱动钢轮；6-后水箱；7-驾驶室；8-前水箱

图 8-28 LDS203H 全液压振动压路机

表 8-7 LDS203H 压路机主要技术参数

工作质量/kg	3000	静线载荷/(N/cm)	120/153
振幅/mm	0.5	振动频率/Hz	50

续表 8-7

激振力/kN	32	最高行走速度/(km/h)	7.8
爬坡能力/%	20	转弯半径/mm	4500
振动轮宽度/mm	1090	振动轮直径/mm	780
轴距/mm	2050	最小离地间隙/mm	260
柴油机功率/kW	22	外形尺寸/mm	2850×1210×2555

压路机前后车架采用叉脚式支承与前后钢轮连接。振动钢轮(图 8-29)通过两端轴承座,减振块及减振块支架与机身连接,其偏心轴通过两个振动轴承支撑在两端轴承座上,轴承座与轮体连接在一起,安装在端盖上的振动马达通过花键套与偏心轴连接,带动偏心轴旋转,产生激振力,而振幅大小通过偏心块位置的改变进行调节。振动轴承的润滑靠振动偏心轴转动溅油润滑。

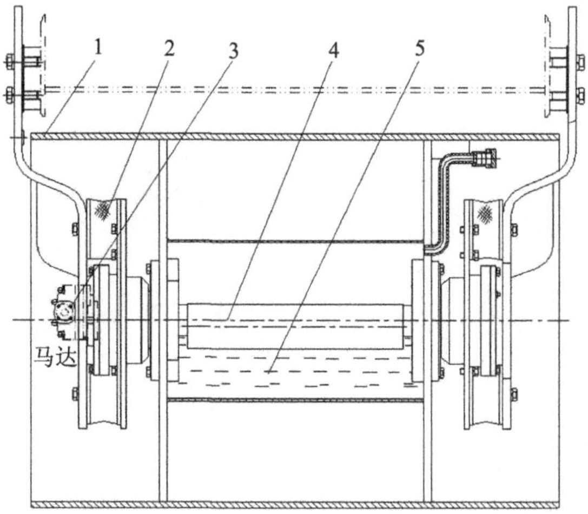

1-滚筒;2-减振块;3-振动马达;4-偏心轴;5-偏心块

图 8-29　振动轮结构

图 8-30 为驱动轮结构,由一个滚筒钢轮组装而成。驱动轮一端安装的驱动马达、轴承座分别与叉脚连接,叉脚再用高强度螺栓固定在后车架上,通过液压马达传递动力,带动驱动轮使压路机行走。

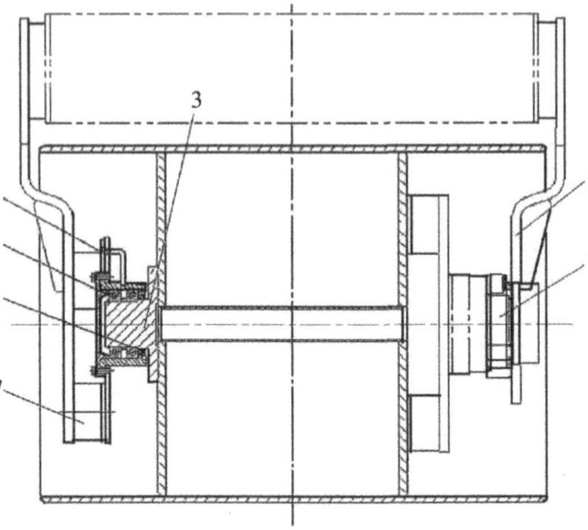

1-驱动马达;2-车架叉脚;3-滚筒转轴;4-润滑脂注入口;5-轴承;6-油封;7-减振块

图 8-30　驱动轮结构

图 8-31 为前后车架连接的中心铰接架,分为前铰接架 1 和后铰接架 4 两个部分。在液压油缸的作用下,后车架与前车架在水平方向通过铰链 3 作向左或向右的相对运动,达到转向的目的;同时在行车时前后车架也可上下有一定角度的摆动,以自动调整压路机的平衡位置。

1-前铰接架;3-油缸;3-垂向铰链;;4-后铰接架;5-横摆限制连杆

图 8-31　铰接架

8.4　平地机

平地机是一种利用装在机械前后轮轴之间,能升降、倾斜、回转和外伸的刮刀平整地面的土方机械,适用于构筑路基和路面、修筑边坡、开挖边沟,也可搅拌路面混合料、扫除积雪、推送散粒物料,以及进行土路和碎石路的养护工作。

平地机有双轴式和三轴式两种,其中三轴式(如图 8-32)最为常用。三轴式平地机后桥为双轴四轮,装有平衡器,使各轮受力均衡;而前桥为单轴双轮,装有差速器,以利于施工中的转向。

图 8-32 三轴式平地机

8.4.1 平地机选型

平地机的主要技术参数是发动机功率和刮刀长度,按刮刀长度可分为轻型、中型和重型等三种类型,对应技术参数如表 8-8。

表 8-8 平地机类型及主要技术参数

类型	拖式	自行式		
	刮刀长度/m	刮刀长度/m	发动机功率/kW	机械质量/t
轻型	1.8~2.0	<3	44.1~66.2	5~9
中型	2.0~3.0	3~3.7	66.2~110.3	9~14
重型	3.0~4.2	3.7~4.2	110.3~220.7	14~19

(1)生产效率

平地机平整作业生产效率可按下式计算:

$$\eta = \frac{L}{t} \tag{8-37}$$

式中，L 为平整地段长度(km)；t 为平整作业工时，可按下式计算：

$$t = K_p\left[\frac{2n_1L}{v_1} + \frac{2n_2L}{v_2} + \frac{2(n_1 + n_2)t_s}{3600}\right] \tag{8-38}$$

式中，K_p 为时间利用系数，一般取值范围为 0.85～0.90；v_1、v_2 为铲土、推运平整速率(km/h)；n_1、n_2 为铲土、推运平整所需往返次数；t_s 为平地机每次调头的时间(s)（一般取 40～50 s）。

(2)牵引力

平地机工作过程的总阻力包括机械传动系统阻力 W_1、刮刀工作阻力 W_2 和坡度阻力 W_3 等，总阻力为：

$$W = W_1 + W_2 + W_3 \tag{8-39}$$

式中，$W_1 = 10\mu G_0$，$W_3 = 10G_0\sin\alpha$，W_2 按式(8-39)计算。α 为坡度倾角(°)。

$$W_2 = \frac{G_a(\sin2\varphi + \sin2\alpha)\cos(\theta - \alpha)}{2\sin2\varphi} \tag{8-40}$$

式中，G_a 为铲刀推土板前的土堆重量(kg)；φ 为土壤的自然安息角(°)；θ 为铲刀切削角(°)；G_0 为平地机质量(kg)；μ 为平地机运行阻力系数，一般取 0.15～0.25。

由此，平地机需要的牵引功率为：

$$P = W[v_1, v_2]_{\max} \tag{8-41}$$

8.4.2 平地机结构

平地机一般由发动机、机械及液压传动系统、工作装置、电气与控制系统，以及底盘和行走装置等部分组成，按机架可分为整体式和铰接式两种类型，图 8-33 所示为铰接式平地机构造。刮刀是平地机平整地面的主要部件，其刮土深度由油缸调节，刮刀铲土角大小的调节由油缸来实现。

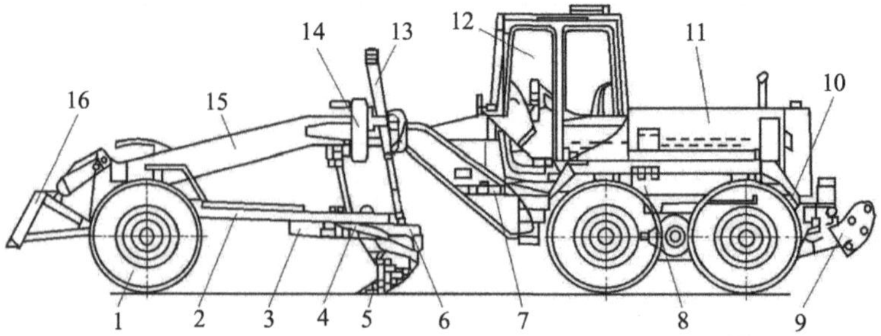

1-转向轮；2-牵引架；3-转盘齿圈；4-铲土角变换油缸；5-刮刀；6-松土耙；7-转向油缸；8-底盘；9-后松土器；10-后机架；11-发动机罩；12-驾驶室；13-刮刀升降油缸；14-摆架；15-前机架；16-前推土铲

图 8-33 平地机构造

平地机传动系统主要有机械传动、液力机械传动，以及全液压传动等三类传动形式，如图 8-34 所示。机械传动平地机的发动机动力经过机械或动力换挡变速器、驱动桥(主传动轮边减速和平衡箱)传给驱动轮，其变速箱档位多设置为八个以上前进挡和四个以上后退挡；液力机械传动是目前最为广泛采用的一种型式，它是在变速器前装有液力变矩器，变速箱一般仅设置六个前进挡和三个后退挡；全液压传动的动力传递路线依次为发动机、变量液压泵、变量液压马达、平衡箱、驱动轮，该传动方式易于通过自动控制实现无级调速。

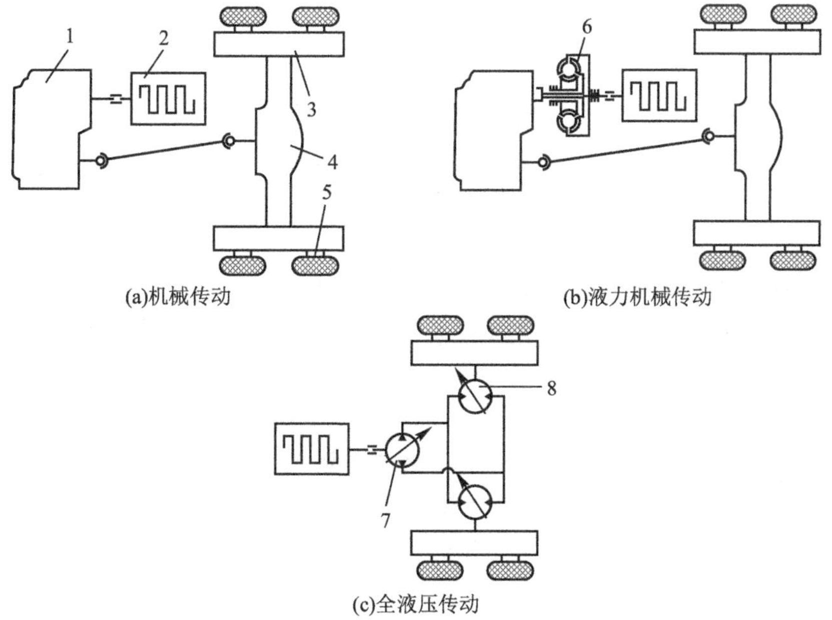

1-变速箱；2-发动机；3-平衡箱；4-驱动桥；5-驱动轮；6-液力变矩器；7-变量液压泵；8-液压马达

图 8-34　平地机传动系统

刮土工作装置(如图 8-35)是平地机的主要工作装置。牵引架 8 的前端与车架间为球铰连接，使牵引架具有充分的横向摆动和上下运动的自由度；回转齿圈 4 支承在牵引架 8 上，在回转驱动装置 9 的驱动下带动刮刀 1 绕牵引架水平面内转动，以调整刮刀与平地机中心线间的工作夹角大小；刮刀背面设有上下两条滑轨，与两侧角位器的滑槽装配成移动副，在油缸 3 的驱动下，可使刮刀沿其长度方向作侧向移动，按需要调节刮刀横向两侧的伸出量；松开螺母 11，油缸 11 可驱动角位器发生角摆动，带动刮刀改变铲土角的大小。

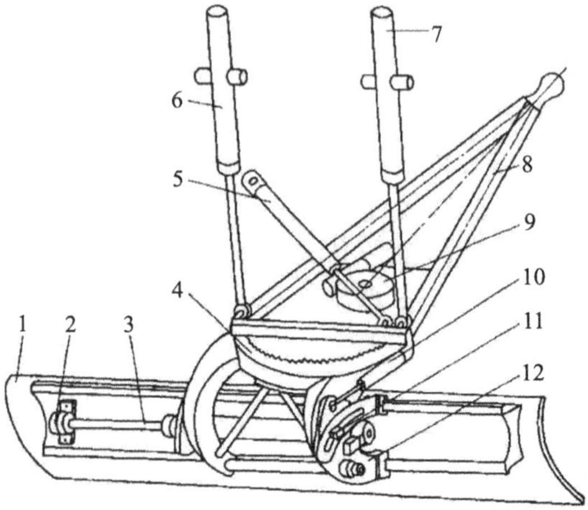

1-刮刀;2-活塞杆头铰支座;3-刮刀侧移油缸;4-回转齿圈;5-牵引架引出油缸;6-左升降油缸;7-右升降油缸;8-牵引架;9-回转驱动装置;10-切削角调节油缸;11-角位器紧固螺母;12-角位器

图 8-35　刮土工作装置

前推土铲结构如图 8-36 所示,主要用于大型平地机,进行辅助推土作业。图 8-37 为松土耙,主要用于疏松坚硬土壤,清除土壤中的树根和石块,以及翻修碎石、砾石路面,一般安装在刮刀的背面,主要由耙齿、杆轴、安全弹簧等组成,耙齿个数可选装,装在杆轴上。当需要松土器工作时,将安全弹簧拆下,通过手柄将杆轴拉出即可将耙齿放置在工作位置,在耙齿放下后,需再将把杆轴推回。松土作业深度需利用刮刀升降油缸调节。不作业时,耙齿尖朝上,并由安全弹簧定位。

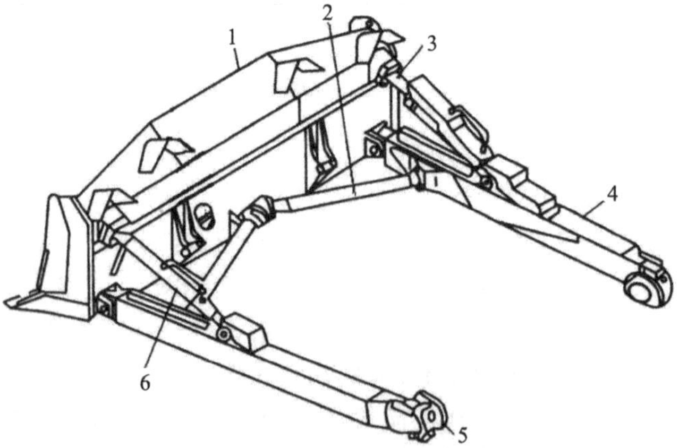

1-前推土铲刀;2-中央拉杆;3-斜拉液压油缸;4-顶推梁;5-框销;6-拉杆

图 8-36　前推土铲结构

图 8-37 松土耙

8.5 装载机械

装载机由发动机，变矩器，变速箱，前、后驱动桥等四大件组成，如图 8-38 所示，主要用于铲装土壤、砂石、石灰、煤炭等散状物料，也可对矿石、硬土等作轻度铲挖作业，换装不同的辅助工作装置还可进行推土、起重，进行木材等物料的装卸作业。

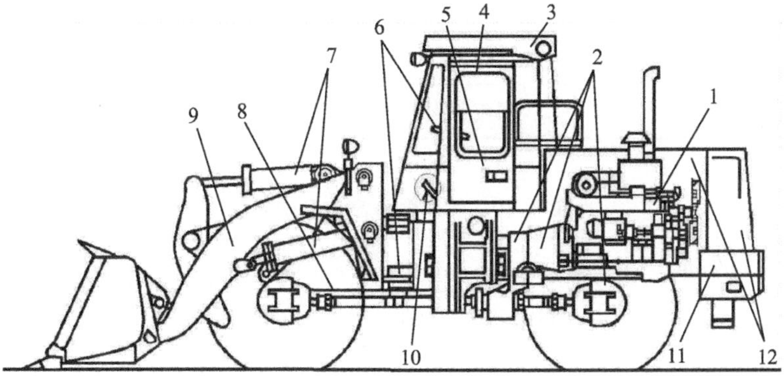

1-柴油机；2-传动系统；3-防翻滚与落物保护装置；4-驾驶室；5-空调系统；6-转向系统；7-液压系统；8-车架；9-工作装置；10-制动系统；11-电器仪表；12-覆盖件

图 8-38 装载机构造

装载机技术性能指标主要包括发动机功率、斗容（几何斗容、额定斗容）、载重量、牵引力（与铲斗插入料堆的插入力直接相关）、铲起力、车速、最大爬坡度、最小转弯半径、卸载高度与卸载距离、铲斗倾卸角(卸料中,允许有几次振抖卸料的通常取50°)、动臂上升、下降和铲斗前倾时间等。

8.5.1 工作阻力

装载机工作阻力主要有插入阻力、提升动臂时的铲起阻力和翻起铲斗时的转斗阻力矩。插入阻力是料堆对铲斗的反作用力,与物料类型、料堆高度、铲斗插入深度和铲斗结构等有关,可用以插入深度和铲斗宽度为显性参数的经验公式计算:

$$F_C = K_1K_2K_3K_4L_C^{1.25}B_C \tag{8-42}$$

式中,F_C 为插入力(kg)。K_1 为被铲掘物料的块度和松散程度的影响系数。小块物料取0.75;细粒料取0.45~0.5;对松散较好的物料,块度小于300 mm、400 mm和500 mm,分别取1.0、1.1和1.3;对松散较差的物料,对应松散较好的各取值分别增加20%~40%。K_2 为物料类型影响系数,见表8-9或查询有关手册。K_3 为散状物料料堆高度影响系数,见表8-10。K_4 为铲斗形状的斗型系数,一般在1.1~1.8。L_C 为铲斗插入料堆深度(cm);B_C 为铲斗宽度(cm)。

表8-9 物料类型影响系数

散状物料种类	K_2	散状物料种类	K_2	散状物料种类	K_2
河沙	0.12	黏土	0.1	炉渣	0.07
煤	0.08	石灰石	0.1	泥页岩	1.0
砂石	0.12	细粒花岗岩	0.14	矿石	0.17

表8-10 物料料堆高度影响系数

堆料高度/m	0.4	0.6	0.8	1.2	1.4
K_2	0.55	0.80	1.00	1.10	1.16

铲起阻力是铲斗插入料堆一定深度后,提升动臂时料堆对铲斗的反作用力,受块度、松散性、容重、温湿度、物料之间及物料与斗壁之间的摩擦力大小的影响,并随动臂的提升而逐渐减小,铲斗刚刚开始提升时的铲起阻力最大可按下式确定,该力可近似认为作用在铲斗的斗尖后面100 mm处。

$$F_q = 2.2K_TL_CB_C \tag{8-43}$$

式中,K_T 为铲斗开始提升时物料的单位面积剪切阻力,可从表8-11中选取或通过试验确定。

表 8-11 铲斗提升时物料剪切阻力

铲斗宽度/m	0.75	1.0	1.25	1.5
K_T/(kg/m²)	4000	3500	3400	3300

转斗阻力矩是铲斗插入料堆后,转斗液压缸使转斗向上翻起时,料堆对铲斗的反作用阻力矩,其最大值为铲斗翻起最开始时刻的静力矩(或称初始静力矩),如图 8-39,大小可用下式求出。

$$M_C = 1.1F_C[0.4(x - \frac{1}{3}l_C) + y] \tag{8-44}$$

式中,M_C 为初始转斗静阻力矩(kgf·m,1 kgf·m=9.8 N·m)。

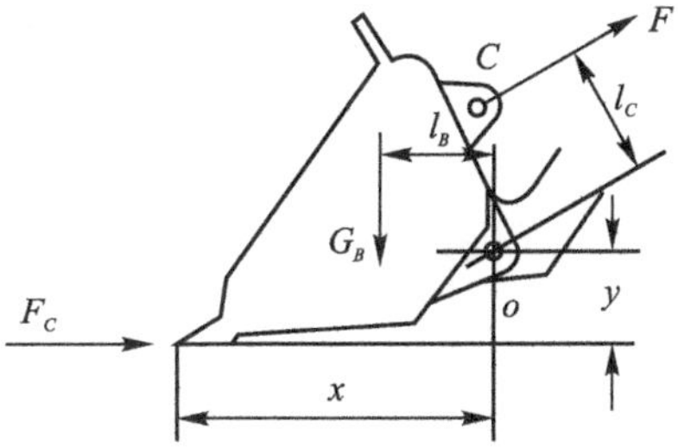

图 8-39 铲斗初始翻起时的受力分析

翻起中还需存在铲斗自重的阻力矩,因此转斗总阻力矩 M 为:

$$M = M_C + G_B l_B \tag{8-45}$$

式中,G_B 为转斗及铲斗中物料的质量总和(kg),l_B 为铲斗重心到铲斗回转中心的水平距离(m)。

在铲斗离开料堆坡面时,铲斗则仅受自重及铲斗中物料形成的阻力矩,数值上远小于式(8-38)的计算值,同样,此时作用在连杆铰链 C 处的力也最小。由图 8-39 的力矩平衡,还可写出作用在铲斗连杆铰链 C 处的作用力 F:

$$F = M/l_C \tag{8-46}$$

8.5.2 铲斗斗形

铲斗切削刃有直线形[图 8-40(a)]和非直线形[图 8-40(b)]两种,直线形结构简单,可用于刮平地面;非直线形有 V 形和弧形两种(V 形最为常见)，比直线形更有利于插入料堆和基本避免偏载切入问题，但装满系数比直线形小。

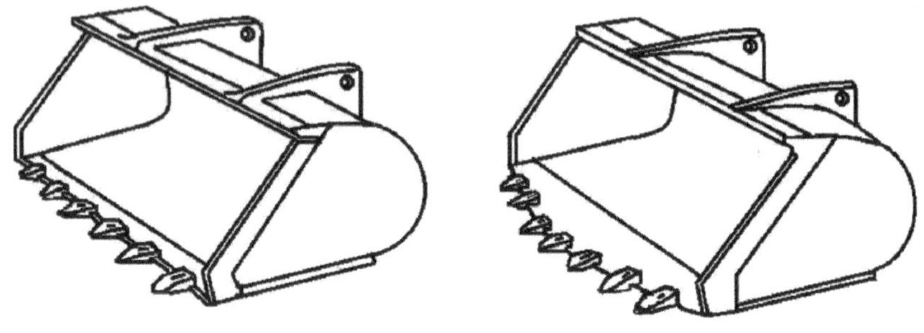

图 8-40　铲斗切削刃形式

为减小物料在铲斗内滑动和滚动阻力，以及在卸料时易于倒空，铲斗底板一般采用圆弧形，铲掘泥土的弧度大的流动性好，而对流动性差的岩石块，则一般采用加长底边(但不得过长，否则铲起力会明显变小)和减小弧度，增大铲斗容积来解决。铲斗参数简图如图 8-41。

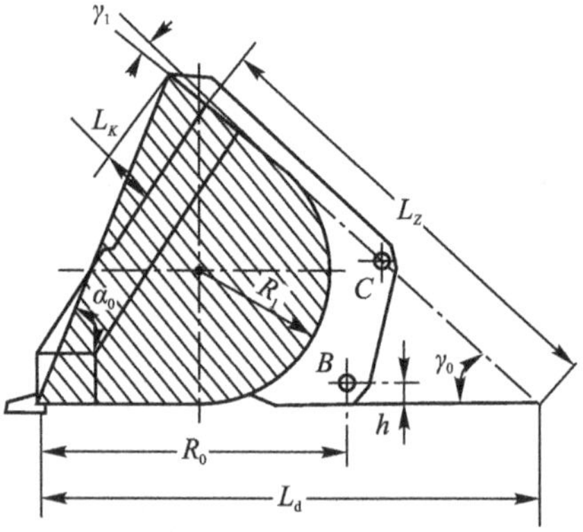

图 8-41　铲斗参数简图

铲斗回转半径(铲斗转铰中心 B 到切削刃之间距离)R_0 按下式计算：

$$R_0=\left(\frac{V_{CD}}{B_e\left\{0.5\lambda_L(\lambda_Z+\lambda_K\cos r_1)\sin\gamma_0-\lambda_K^2\left[\cot\frac{\gamma_0}{2}-0.5\pi\left(1-\frac{\gamma_0}{180^\circ}\right)\right]\right\}}\right)^{\frac{1}{2}}\tag{8-47}$$

式中,V_{CD}为几何斗容量,设计任务书给定(m^3);B_e 为铲斗内侧宽度(m);λ_L 为铲斗的斗底长度系数,一般取 1.4~1.5;λ_Z 为后斗壁长度系数,一般取 1.1~1.2;λ_K 为挡板高度系数,一般取 0.12~0.14;λ_R 为斗底圆弧半径系数,一般取 0.35~0.40;γ_0 为斗底与后斗壁间的夹角,一般取 48°~52°;γ_1 为挡板与后斗壁间的夹角,一般取 5~10°。

斗底长度按下式计算取值:

$$L_{CD} = \lambda_L R_0 \tag{8-48}$$

后斗壁长度按式(8-49)计算取值:

$$L_Z = \lambda_Z R_0 \tag{8-49}$$

挡板高度可按式(8-50)计算取值:

$$L_K = \lambda_K R_0 \tag{8-50}$$

铲斗圆弧半径按下式计算取值:

$$R_1 = \lambda_R R_0 \tag{8-51}$$

铲斗与动臂铰链距斗底高度按下式取值:

$$h_w = (0.06 \sim 0.12) R_0 \tag{8-52}$$

铲斗侧壁切削刃倾角 $\alpha_0 = 50° \sim 60°$。

铲斗容量由其几何尺寸确定,计算简图如图 8-42 所示。有挡板时的平装几何容量按下式计算:

$$V_{CD} = AB_e - \frac{2}{3}h^2 b \tag{8-53}$$

式中,A 为铲斗横截面积(图 8-42 中阴影部分)(m^2);h 为挡板高度(m);b 为刃口到挡板最上部的距离(m)。

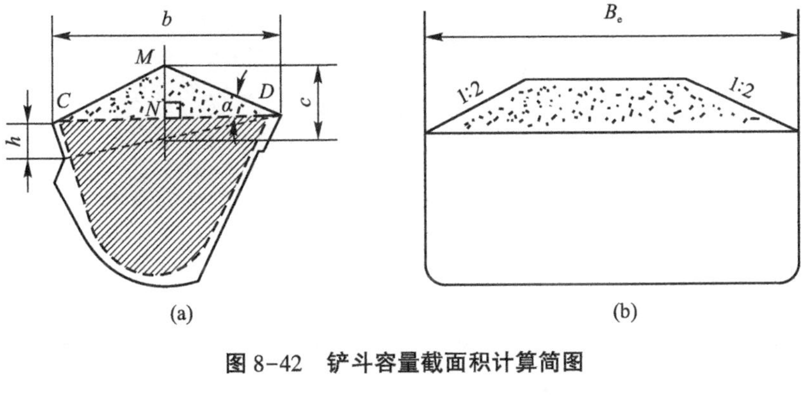

图 8-42 铲斗容量截面积计算简图

无挡板时的平装几何容量按下式计算:

$$V_{CD} = A_0 B_e \tag{8-54}$$

式中，A_0 为不含挡板的横截面积(m^2)。

铲斗的额定堆装容量是指斗内堆装物料的四周坡度均为 1∶2时的容量，对装有挡板的铲斗可按下式计算：

$$V_e = V_{CD} + \frac{b^2 B_e}{8} - \frac{b^2}{6}(h + c) \tag{8-55}$$

式中，C 为物料堆积高度(m)，可用作图法确定。

未装挡板时，按下式计算：

$$V_e = V_{CD}' + \frac{b^2 B_e}{8} - \frac{b^3}{24} \tag{8-56}$$

8.5.3 装载机结构

图 8-43 为柳工 ZL50D 装载机，工作重量 15800 kg，额定载重量5000 kg，标准斗容量 3 m^3，卸载高度(卸载角 45°) 2970 mm，卸载距离(卸载角 45°) 1200 mm，最大掘起力 160 kN，最大牵引力 160 kN，最小转弯半径 7720 mm (铲斗外侧) 和 6750 mm(车轮外侧)，发动机为 6 缸直列、水冷、直喷的潍坊斯太尔 WD615.67G3-36A，额定功率 158 kW。

图 8-43 柳工 ZL50D 装载机

工作装置采用单缸、单摇臂、单拉杆"Z"形反转转斗机构，横置液压缸动臂举升机构，单板、单横梁式动臂。

ZL50D 装载机传动系统如图 8-44 所示，主要由双涡轮液力变矩器、定轴式动换挡变速箱、前后桥(索玛驱动桥)组成，为常四轮驱动。工作液压系统(图 8-45)主要由工作泵、分配阀、液压缸组成，采用了带过载补油阀的

DF32 型分配阀，系统工作压力 15.7 MPa。转向系统（图 8-46）主要由转向液压泵、大排量摆线式全液压转向器、安全阀及转向液压缸等组成。

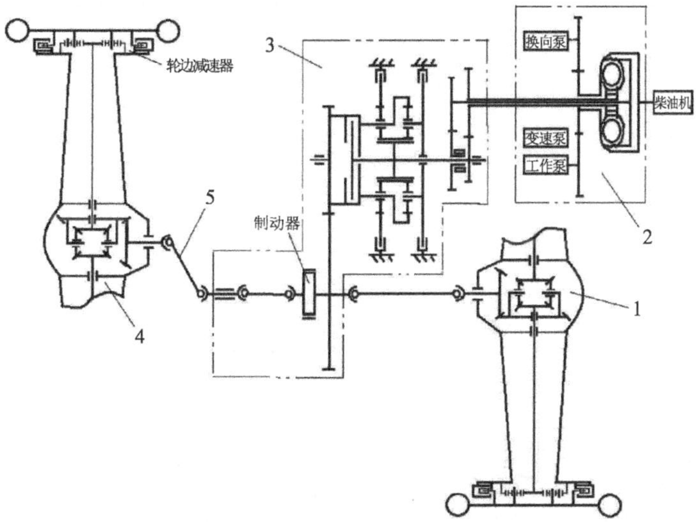

1-后桥；2-变矩器（换挡变速箱）；3-变速器；4-前桥；5-前传动轴；6-后驱动轴

图 8-44　ZL50D 装载机传动系统

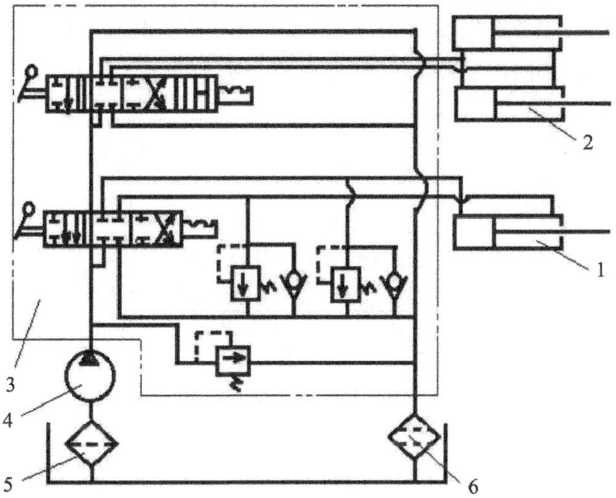

1-液压油缸；2-油缸管路；3-分配阀组；4-工作泵；5-进油过滤器；6-回油过滤器；7-油箱

图 8-45　工作液压系统

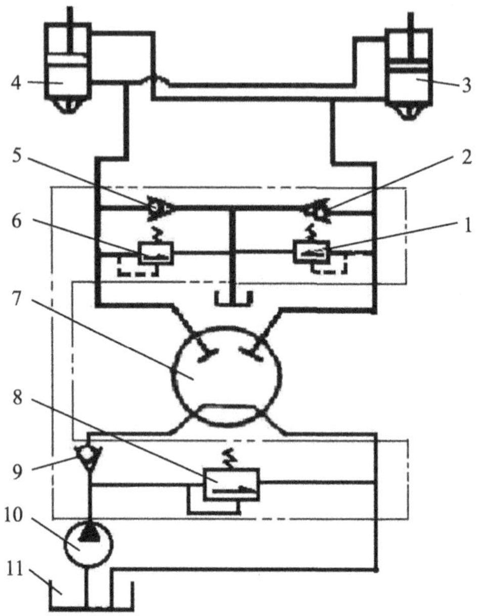

1,6-溢流阀;2,5,9-单向安全阀;3,4,8-转向液压油缸;7-全液压转向器;10-转向液压泵;11-油箱

图 8-46 转向系统

行走制动采用气顶油双管路的四轮钳盘制动(如图 8-47 所示),并与紧急制动共用一套断气系统。按下紧急制动阀手柄 9 时,由压缩空气解除停车(紧急)制动状态,并使变速分配阀 8 隔离,阀杆处于工作位置。当装载机遇

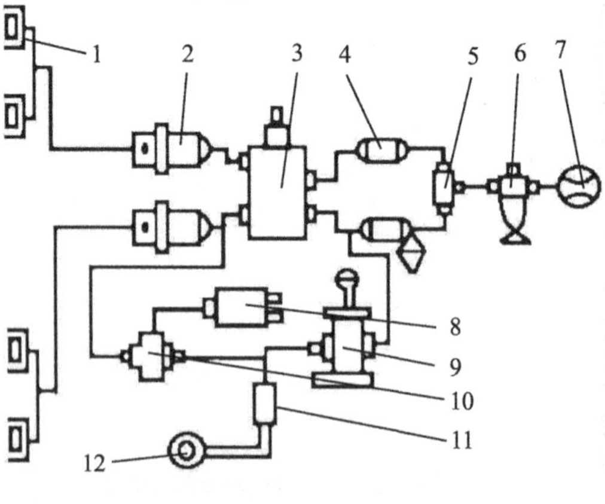

1-制动钳;2-加力器;3-制动总阀;4-贮气筒;5-双回路保险阀;6-油水分离器;7-空压机;8-变速分配阀;9-紧急制动阀;10-气控阀;11-弹簧贮能制动室;12-手制动器

图 8-47 制动系统

到紧急情况或较长时间停车时,可将紧急制动阀9的手柄拉起,制动室11的活塞在弹簧力的作用下实施制动,隔离阀杆在弹簧作用下处于切断动力的位置。当制动气压低于265 kPa时,前述动作均可自动发生。发动机刚启动时,贮气筒中气压低于343 kPa时,监控器的行走、停车、紧急制动故障部位指示灯、主警告灯、蜂鸣器会同时报警而不能开机工作;当气压高于353 kPa时,停止报警,此时可按下紧急制动阀手柄进入正常工作状态。

参考文献

[1]许光君,李成功.工程机械概论[M].沈阳:东北大学出版社,2014.
[2]司志海.平地机传动系[J].建筑机械,1994(8):16-19.
[3]贾忠东.CL7自行式铲运机制动系统故障分析及排除[J].山西机械,2002(A1):52-53.
[4]苏跃臣,李达伦,于会学.WJ-2C型铲运机液压制动系统改造[J].矿山机械,2005,33(9):113-114.
[5]余卓平,韩伟,熊璐.集成式电子液压制动系统液压力变结构控制[J].汽车工程,2017,39(1):52-60.
[6]张伟.液压车辆牵引特性研究[D].西安:长安大学,2009.
[7]刘秉镛.压实机械的选择及其原理Ⅰ[J].制冷空调与电力机械,1991(1):12-15.
[8]刘秉镛.压实机械的选择及其原理Ⅱ[J].制冷空调与电力机械,1991(2):23-29.
[9]郑玉和.5YCT20冲击式压实机性能结构分析[J].建筑机械,2007(9S):94-96.
[10]赵铁栓,陈新轩.压路机运用技术[M].西安:陕西科学技术出版社,2005.
[11]张强,刘树伟.工程车辆[M].北京:北京理工大学出版社,2015.
[12]郭健,张健健.振动压路机振动参数选择及计算[J].消防界,2016(7):43,68.
[13]彭红伟,黄淑芳,谢永胜.LDS203H全液压振动压路机[J].中国科技博览,2015(33):181-182.
[14]廉胜宇.对推土机作业阻力计算方法的探讨[J].建筑机械,1991(4):39-43.
[15]吴仁智,郑赛花.平地机三种典型传动系统特性对比分析[J].中国工程机械学报,2014(2):151-157.

[16]卜莉莉,魏静.平地机前机架两种截面结构分析[J].建筑机械化,2018,39(4):28-29.
[17]吉林工业大学工程机械教研室,轮式装载机设计[M].北京:中国建筑工业出版社,1982.
[18]杨占敏,王智明,张春秋.轮式装载机[M].北京:化学工业出版社,2006.
[19]杨英根,王受沆.ZL50D 轮式装载机[J].工程机械,1990(7):2-4.